ら始める

エギング入門

イラストと写真で基礎から解説

お手軽だけど
奥の深いエギングで
人気のアオリイカを
釣ってみよう

コスミック出版

グラビア エギングってこんな釣り

第1章
絶対釣らせるエギング入門
これさえ覚えれば基本は完璧!

第2章
エギング上達ロード
ちょっと踏み込んだ各論を習得してさらなる上達を目指す

第3章
知っておきたいエギのあれこれ
エギの使い分けと使いこなし知ると知らぬでここまで違う

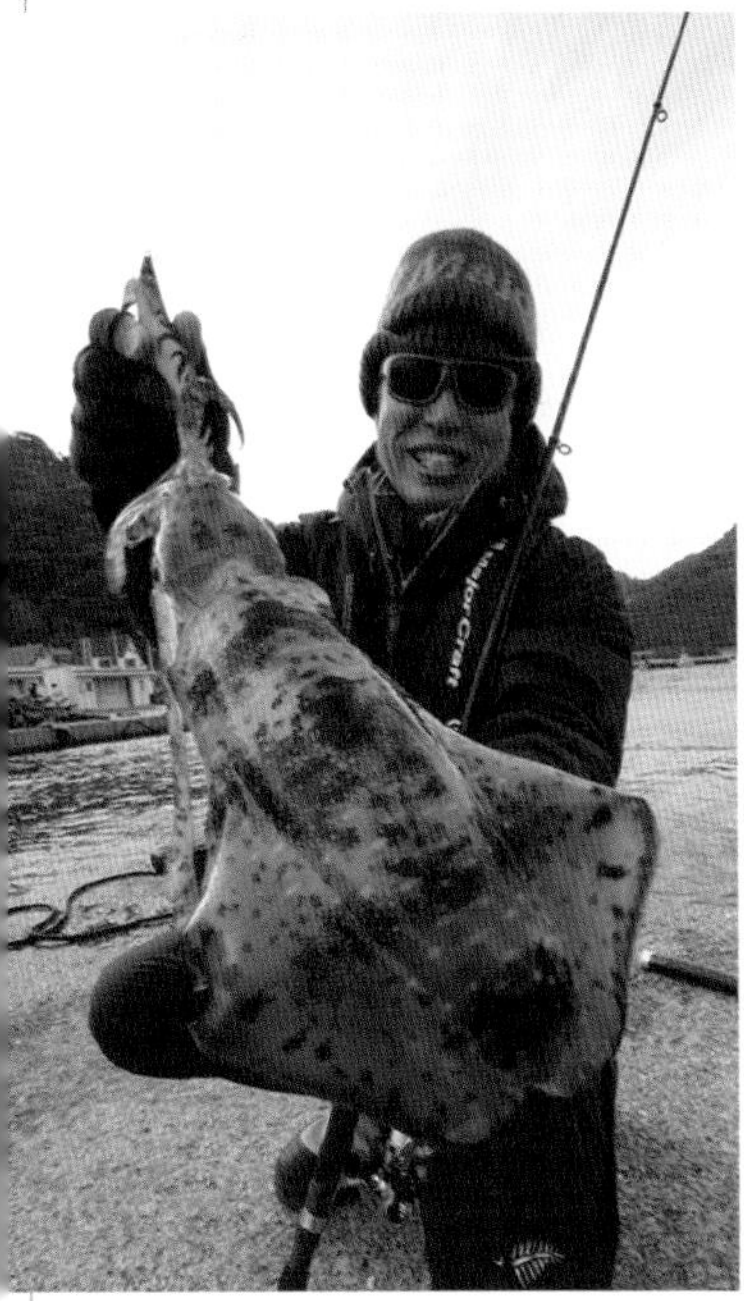

第4章
シチュエーション別 実践エギング
釣果をより確実にするスキルアップ術

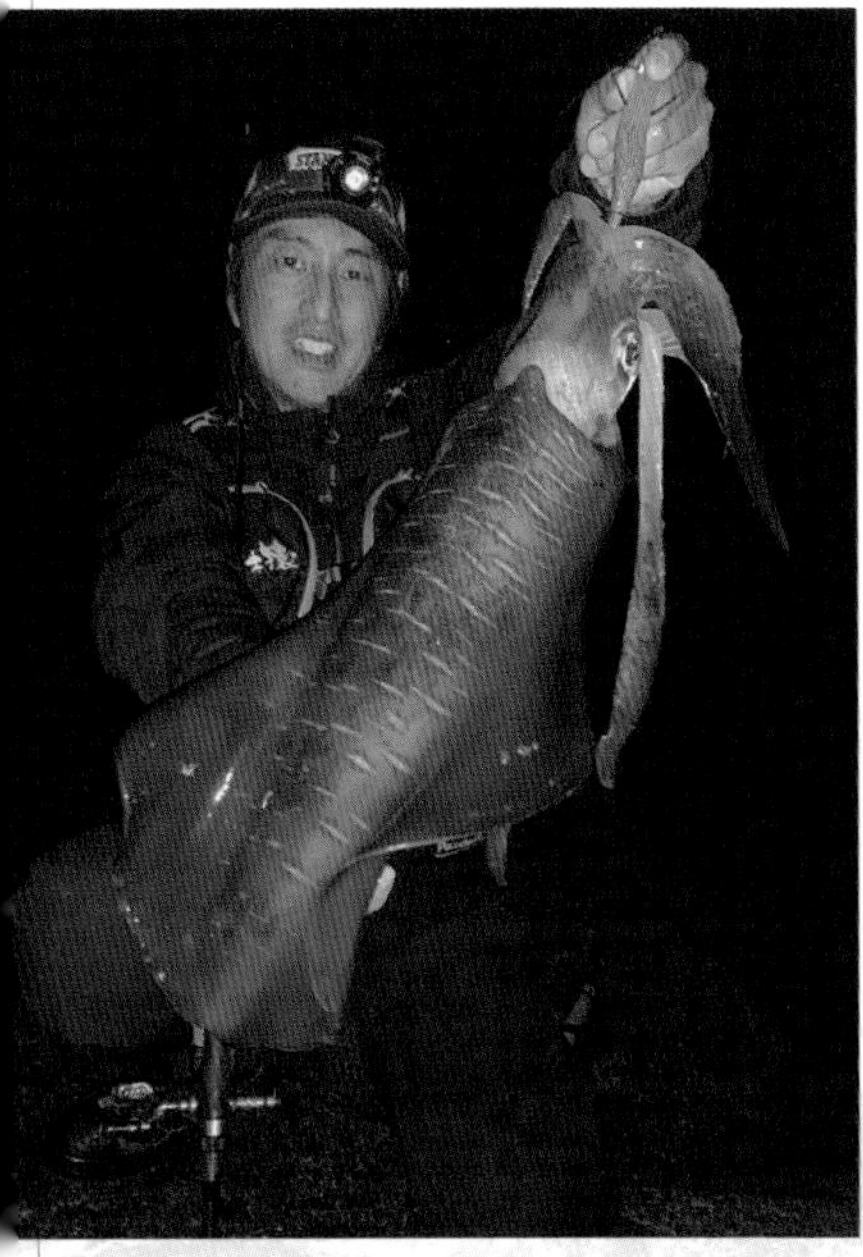

第5章

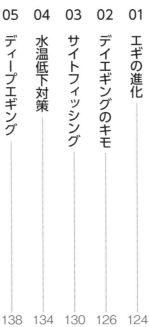

明るい昼間、お手軽な堤防で楽しめるのが、秋のエギング。ここでエギングの楽しさを体感するところから始めよう。

ようこそエギングの世界へ

エビや小魚を模した和式ルアー・エギを岸から投げ、さまざまなイカ・タコ類を釣るルアーフィッシング、それがエギングだ。お手軽な釣り場で楽しく釣るか、がんばって記録更新を目指すか、楽しみ方は人それぞれだ。

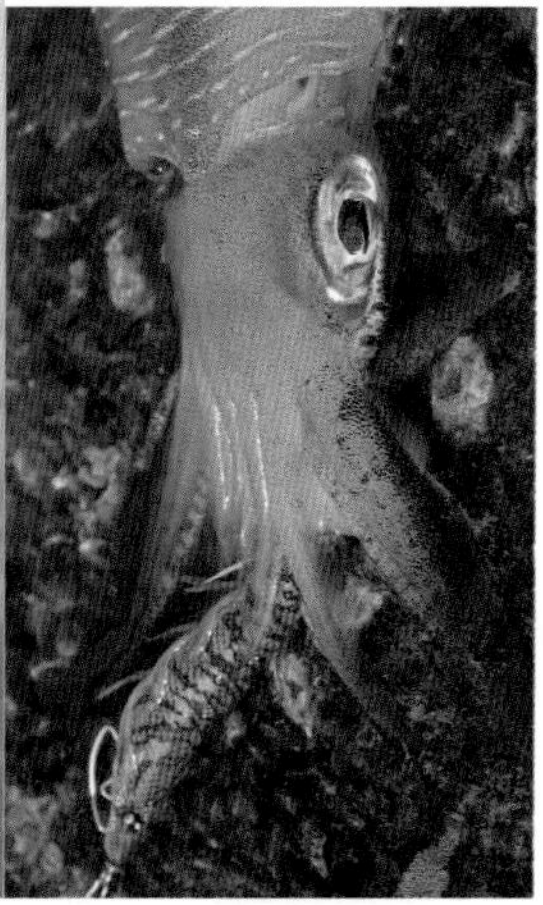

触手でエギをがっちりとつかみ、そして触手の中心にある口でかじりつこうとするアオリイカ。未体験だとちょっと信じられない絵面だが、一度でも釣ればこれが本物だとおわかりいただけるはずだ。

餌木からエギへの変身

エギはもともと「餌木」つまり木製の疑似餌として、古くから日本の職漁師が使っていた漁具だった。これがルアーフィッシングの一環として、ルアーアングラーが陸っぱりの釣りで使うようになったのが、１９８０年代の後半。このときは夜限定の通好みの釣りとして、まだマイナーなジャンルだった。

そんな餌木を使った釣りがいっきに変わったのが、１９９０年代末のことだった。細くても強度が確保でき、また伸びもほとんどないＰＥラインが爆発的に普及したことに伴い、現在の主流となった、ガンガンシャクって昼に釣るというスタイルが確立したのだ。

マニア向けの「餌木釣り」が、広く人気をほこる「エギング」と呼ばれるようになったのも、ちょうどこ

こんな道具を使う

　最も人気のあるアオリイカのエギングを例に、この釣りで使うタックル（道具）をご紹介しよう。

　まずは、長さ8～9ft（約2.4～2.7m）のエギングロッドと呼ばれる専用の釣り竿と、扱いが簡単な小型のスピニングリールを用意する。このリールに、細くて強く伸びのほとんどないPEラインを巻き、先端にリーダーと呼ばれる先糸を接続する。

　PEラインは、細い繊維をより合わせて作るという構造上、摩擦には弱い。そこで先端に、PEラインに比べて伸びるが摩擦には強い、ナイロンやフロロカーボンといった素材でできたリーダーを接続するのだ。

ロッドは8フィート台のミディアムライトクラス、リールは2500～3000番のスピニング。秋の数釣りから春の大型まで広くカバーする、汎用性に優れた組み合わせのロッドとリール。

弾丸ブレイド（メジャークラフト）。現代のエギングには、PEラインは不可欠だ。エギング用のラインはよく見えるよう、ピンクや緑といった目立つ色に着色されていることが多い。

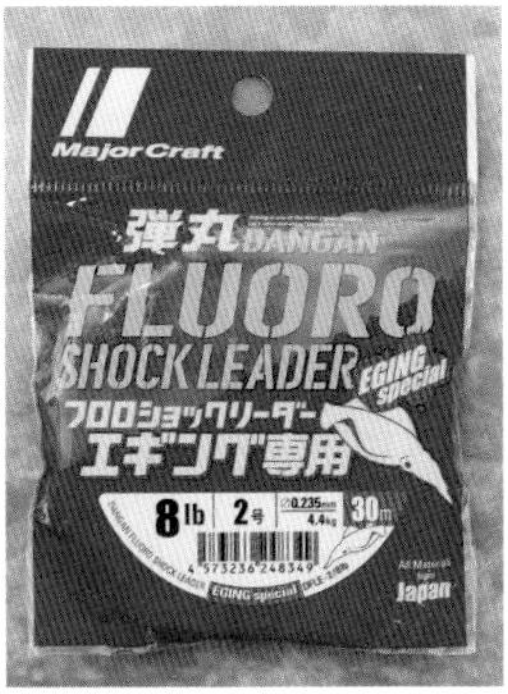

弾丸フロロショックリーダー（メジャークラフト）。PEラインの先端に、このような先糸を接続する。

のあたりである。それ以降の人気に関しては、いまさら説明するまでもないだろう。

人気の秘密はどこにある？

　海で行なうルアーフィッシングには、エギングのほかにもシーバス、メバル、アジ、青物などを対象にしたものがある。これらほかの魚は、釣っていてもちろん楽しいのは確かだが、そのなかからエギング、とりわけアオリイカ狙いのエギングが人気となった秘密は、どこにあるのだろうか。

　それはおそらく、初心者や家族連れでも、大物の記録を更新したいというベテランでも、いろいろな人たちがそれぞれの好みと都合に合わせ、好きなように楽しめるところだろう。程度の違いこそあれ、どんな人でも楽しめる。これこそエギング最大の魅力である。

エギの号数ってなに？

エギのサイズは「g」や「㎝」といった一般的な単位ではなく、「××号」と表記されることをまず覚えておこう。釣り方の解説も仕掛けの説明も、ほぼすべてこの「号数」という単位が用いられている点に注意だ。

一般的なエギングタックルで、岸から投げて釣る場合は、1.8～4.0号のエギが用いられる。なかでも最も多用されるのが、2.5～3.5号だ。2.5号から3.0号は秋の小型・中型狙い、3.5号以上は春の大型狙いでそれぞれ用いられる。

陸っぱりの釣りだけでなく、乗り合い船やプレジャーボートに乗って、沖で釣るエギングもある。

エギ王 K 3.5号（左）とエギ王LIVE 2.5号（右、ともにヤマシタ）。3.5号は大型、2.5号は小型～中型用にそれぞれ使う。

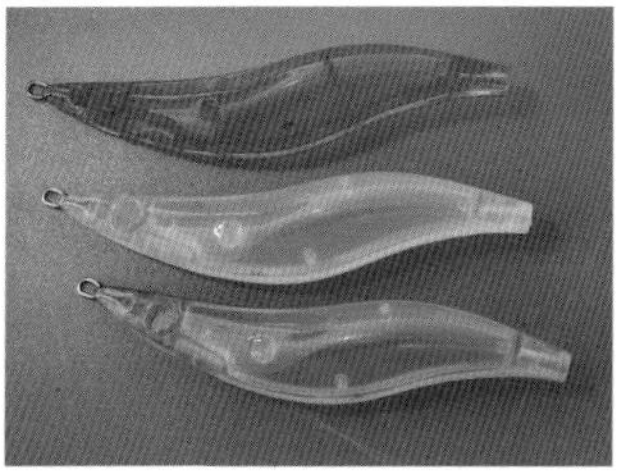

木製が主流だったエギだが、なかには餌木蔵（メジャークラフト）のように、透明なプラスチックを素材とするものもある。

秋から冬にかけての夜釣りでは、このヒイカのように、細長い胴体を持つイカが釣れることもある。

まずは秋の数釣りから

エギング未体験の方が、そのおもしろさを手っ取り早く体感したければ、秋を待つといいだろう。この時期は、この年の春から夏にかけて産まれたアオリイカの子供が成長し、活発にエギを追い回すようになる。とにかく数が多く、ポイントを選びさえすれば、誰がなにをどうやっても釣れるくらいの勢いで釣れまくるからだ。

ここでエギのキャストや基本操作を覚え、そしてアオリイカの引きの楽しさを知ったら、次は冬の釣りだ。こちらは秋の延長戦といえる展開で、釣れる数は減るものの、サイズは格段に上がる。1kgを超える個体が釣れ始めるのもこの時期だ。

年末年始から立春あたりまでの短いシーズンオフを終えたら、次はいよいよ春シーズンの開幕だ。冬の間

大型を狙いたいなら、やはり春だ。産卵を控えたアオリイカは、大人が片腕で持てるぎりぎりの重さにまで成長する。

型も数も欲張りたければ、ちょっとがんばって夜に釣るという手もある。視界の確保などの手間はかかるが、昼より格段に釣れる。

のぼる朝日とともにキャスト開始。さて、これからどんな一日が待っているだろうか？

エサを食べて大きくなったイカは、春の終わりに産卵を控え、岸近くでエサを探しつつ産卵場所を探すようになる。このときは２kg、３kgは当たり前、ときには４kgオーバーも交じる大型が釣れ盛るようになる。

さまざまなイカ・タコが対象

ここまでは最も一般的なアオリイカのエギングについての話だが、エギングで釣れるのはアオリイカだけではない。地方や季節によって種類は異なるが、細長い胴体を持つ「ツツイカ」と呼ばれる各種のイカ、そして丸っこい体に甲羅を持ったコウイカといったほかのイカ類、さらにはイカと同じような生息域と食性のタコも、エギングの人気ターゲットとして親しまれている。

次のページから、エギングで釣れるこれらのイカ・タコについて、簡単にご紹介していくことにしよう。

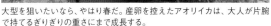

短い足が8本、触腕とも呼ばれる長い足が2本、あわせて10本の足を持つのがイカ。「十腕形上目」とはよくいったものである。

エギングで釣れるこんなイカ

エギングの対象といえばアオリイカがまず思い浮かぶが、それ以外のイカも釣れる。ここでは生物学的な話にちょっとだけ踏み込みつつ、エギングの対象となるさまざまなイカを、釣り人の目線から簡単に紹介してみよう。

水中ではこのように、目があるほうを前、エンペラのある胴体を後ろにしてゆっくりと泳ぐことが多いアオリイカ。

2つの「目」に大別されるイカ

「軟体動物門・頭足綱・十腕形上目」。いきなり漢字の羅列でなんのことかと思った方もいるかもしれないが、これはいわゆる「イカ」を、生物学的に分類した場合の呼び方だ。

軟体動物にはイカやタコ、そして貝類が含まれる。そこから複数の足を持ち、運動能力や視力に優れたイカやタコが属する頭足綱（頭足類とも呼ぶ）、その頭足綱のなかで10本の足を持つ種を分けた結果が十腕形上目、つまりイカである。

この十腕形上目から、さらに4つの「目」に分かれる。つまりイカには、4種類に分類された仲間がいるということだ。もっとも4つの目のうち2つは、日本近海のエギングで釣れることはまずないため、ここでは割愛しよう。エギングの対象として注目すべきは、ツツイカ目・そし

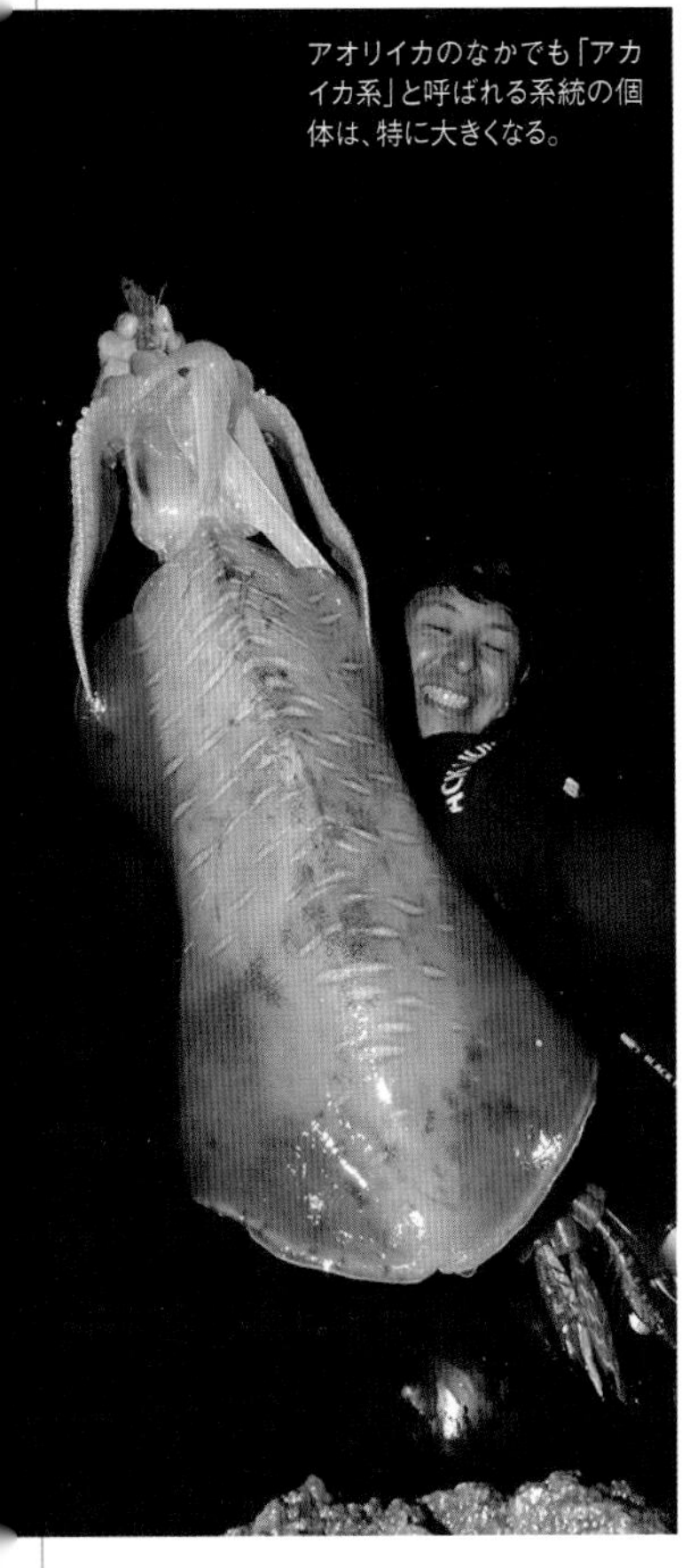
アオリイカのなかでも「アカイカ系」と呼ばれる系統の個体は、特に大きくなる。

頭足綱ツツイカ目・アオリイカ

おなじみのアオリイカ。エギングの対象として、ヤリイカやスルメイカといった「ツツイカ類」とは別扱いされることが多いが、分類学上は同じツツイカ目に属する。

太平洋岸では茨城県の鹿島灘付近、日本では新潟県より南を生息域とするが、対馬暖流の影響を受ける北日本の日本海側でも、ときおり釣果報告がある。

秋シーズン、よく釣れる５００g前後の個体。エギングといえばこのサイズを思い浮かべるという方も、少なくないはず。

イカの例にもれず、アオリイカも体色を変える。同じく釣り上げた直後でも、黒っぽい個体と白っぽい個体がいたりする。

てコウイカ目、２つの目に属するイカたちだ。

多数派を占めるツツイカ目

細長い胴を持ち、体内に大きな甲羅を持たないのが、イカのなかでも多数派を占めるツツイカ目だ。スルメイカやヤリイカといった種が代表だが、実はアオリイカもここに含まれている。

これらのイカは種類が多いだけでなく、個体数も膨大なことが多い。大きな群れを作るため、水産資源としても重要な役割を占めている。食材として市場に出回るイカの多くは、このツツイカ目に属する種だ。

種類が多いだけに、その行動パターンも多彩だが、エギングの対象として確立しているのは、アオリイカなど一部に過ぎない。まだまだ発展の可能性が残されているというわけだ。

頭足綱ツツイカ目の仲間たち

釣り人には「ツツイカ類」と称される、細長い胴体を持ったイカの仲間。「イカヅノ」「スッテ」と呼ばれる、エギとはまた別系統の疑似餌を使って船から釣ることが多いが、陸っぱりからエギをキャスティングしても、もちろん釣れる。

スルメイカより長いエンペラが、槍の穂先を思わせる形状であることが名前の由来となった、ヤリイカ。

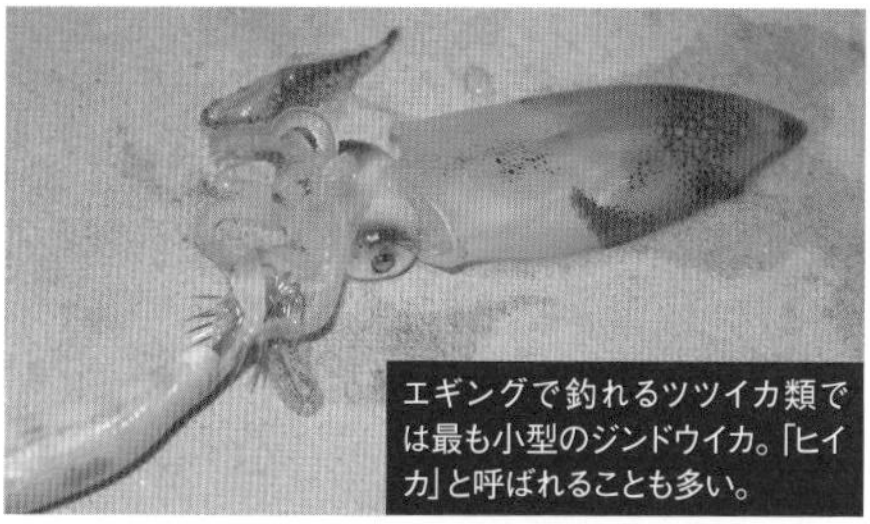

エギングで釣れるツツイカ類では最も小型のジンドウイカ。「ヒイカ」と呼ばれることも多い。

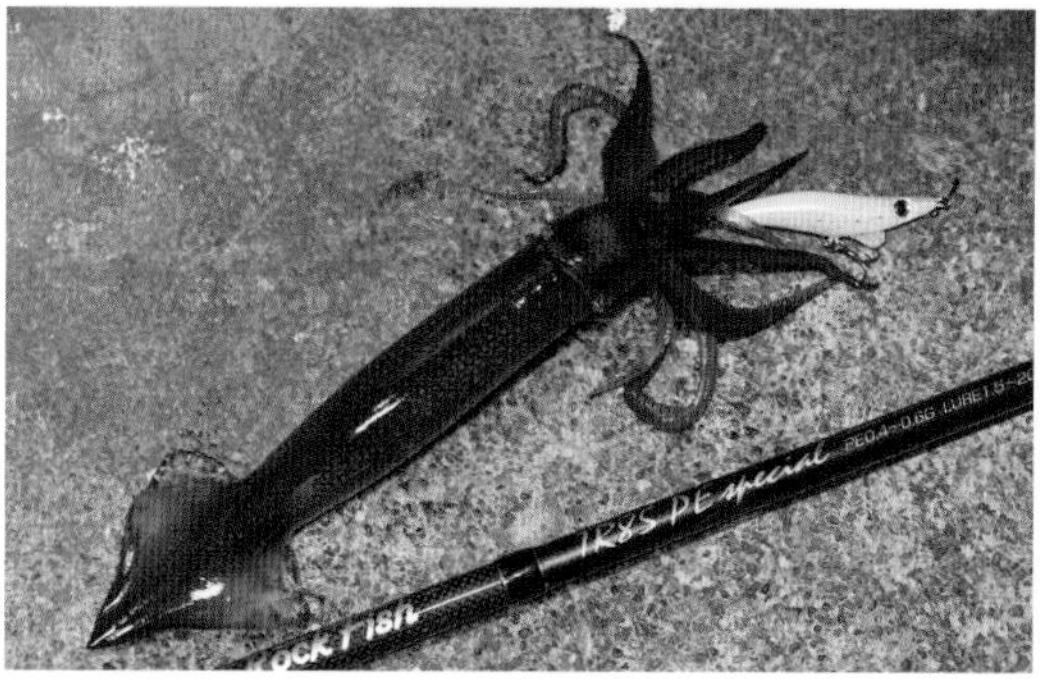

ツツイカ類の代表、スルメイカ。漁獲数・市場への流通量とも群を抜いている。一辺が短い三角形のエンペラが特徴。

ヤリイカの近似種で、アカイカ・マルイカ・シロイカと多くの地方名を持つケンサキイカ。

熱帯に多いコウイカ目

ツツイカとは対照的な丸っこい体に、石灰質の甲が入っているのが、ツツイカ目と双璧をなすコウイカ目に属するイカだ。おもに熱帯の海に多く生息するが、日本近海のような温帯に生息する種も、もちろんいる。

そのなかでもエギングの対象として注目すべきは、目名と同じ和名を持つコウイカだろう。関東より南の日本全国の海に生息するコウイカは、コウイカ目では例外的に冷たい水に強く、アオリイカがシーズンオフとなるような真冬でも釣れる。釣れるたびに大量のスミを吐き出すことから「スミイカ」とも呼ばれているが、このスミはイカスミ料理の食材としてもよく用いられる。

もう1種、日本近海で釣れるコウイカ目に、コブシメという種類がいる。こちらは九州南部から沖縄と

頭足綱コウイカ目の仲間たち

　丸みを帯びた体の中には、石灰質の甲が骨のように入っている。ツツイカ類より底を好むため、エギングで釣るなら、必ず底までエギを沈める必要がある。ツツイカより居着きの性質が強いため、台風などの悪条件に見舞われなければ、安定して釣れる傾向が強い。

別名スミイカとも呼ばれるコウイカ。日本近海では、真冬の寒いさなかでもよく釣れる。

コウイカよりさらに大型に成長するモンゴウイカ。アオリイカと同様、５００g前後の個体であれば、エギングで簡単に釣れる。

「頭足綱八腕形上目」ことタコの仲間も、ひと工夫すればエギングで釣れる。掛けるのは難しくないが、底に張り付かれると少々厄介だ。

いった、かなり南まで行かないと釣れないが、コウイカのなかでも世界最大級のサイズから繰り出される迫力満点の引きは、機会があったらぜひ体験したいものだ。

タコもエギングの対象だ

「軟体動物門・頭足綱・八腕形上目」。8本の足を持つ頭足類といえば、もうお察しのことだろう。タコのことである。

　タコ、とりわけ日本近海で数多く生息するマダコも、エギングの対象として注目すべき存在だ。「テンヤ」と呼ばれる、エギとはまた別の漁具で釣るのが一般的だが、海底から少し離した位置に定位させることができれば、エギでもよく釣れる。

　イカ同様、食材としても喜ばれるタコだが、イカ以上に陸上での動きがすばやく巧妙なため、釣り上げたあとの脱走には要注意である。

お手軽な釣りで最初の1パイを釣ってみよう

漁港や堤防といったお手軽な釣り場で、昼間から飽きない程度に数が釣れるのが、エギングの魅力のひとつ。まずはここで、最初の1パイを釣るところから始めよう。エギを追うアオリイカの姿を見ながら釣るのは楽しいぞ。

大人の手のひらくらい、重さにして200g前後の、通称「コロッケサイズ」。夏の終りから秋の漁港でよく見られる、もっとも釣りやすいアオリイカがこちら。

秋の漁港が狙い目

夏に卵からかえったアオリイカは、秋には「コロッケサイズ」と称される、大人の手のひらほどの大きさへ成長する。この時期は、警戒心より好奇心や食欲が勝っていることと、そして数が多いことなどが重なり、小型～中型の数釣りがお手軽なポイントで楽しめる、入門には最適な時期となる。

こんなアオリイカを釣るには、漁港や堤防といった、足元が舗装されていてアクセスも簡単な釣り場がぴったりだ。ほかの季節であれば、外洋の近くで新鮮な海水が入ってきたり、海藻帯が生い茂っていたりといった条件がアオリイカを釣るうえで要求されるが、この時期はエサとなる小魚、そしてその小魚のエサとなるプランクトンやエビさえいれば、アオリイカは釣れる。港の奥や、

おすすめポイント

本文中でも触れたとおり、水中の地形や流れなどの変化に小魚が寄り、そしてその小魚を食べにアオリイカが寄ってくる。これらの変化は、大掛かりなものでなくともかまわない。漁港や堤防といった静かな水面では、数cm単位の地形の変化や、ロープ一本でできた影だけでも、立派な変化なのだ。周囲と少しでも違う箇所を見つけたら、まずは小魚がいるかどうか確かめてみよう。

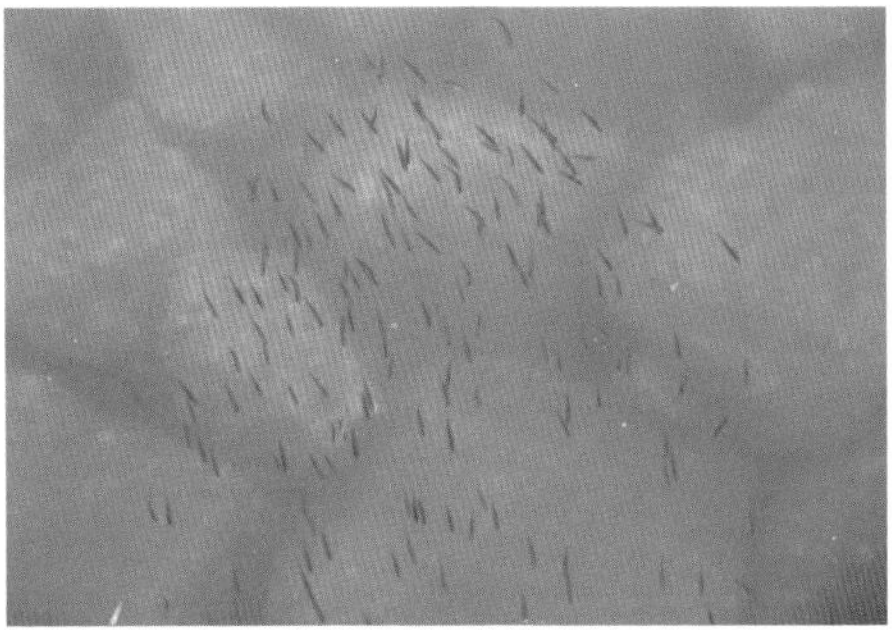

昼なら水中の小魚も見える。こういった小魚がいれば、そこはポイントとして有望だ。

係留用のロープやブイが作り出す影を、小魚やプランクトンは好む。

使用タックル

長さ8.3～8.6ft、適合エギサイズ2.5～3.5号という、標準的なエギングタックルがちょうどいい。

使用エギ

2.5～3.0号のノーマルタイプ、もしくは動きが派手なダートタイプと呼ばれるものが定番。

数歩歩いてすぐ着くような堤防の曲がり角のような場所でも、こういったエサとなる小動物が着けば、アオリイカのポイントとなるのだ。

変化はすなわちポイント

堤防の壁や曲がり角、水中に見え隠れする海藻帯、水面に浮かぶブイやロープなど、漁港や堤防にはさまざまな変化がある。こういった変化の近くでは潮の流れが変わり、さまざまな方向へ流れるようになった複数の潮がぶつかりあった結果、常に一定の速さで流れが動き続ける「潮目」という現象が発生する。

この潮目には、アオリイカのエサとなるような小魚が集まるため、当然アオリイカも頻繁に回遊してくる。よってアオリイカを狙うのであれば、前述したようななにかしらの変化をまず探し、その周辺に潮目ができているかどうかを確認しよう。

誘い方とアワセのタイミング

好奇心旺盛な秋のアオリイカにアピールするためには、派手なアクションが有効だ。ビシビシと派手にシャクリを入れ、活性の高いイカを順に釣っていこう。

誘い方の基本は、シャクったあとエギを水底まで沈め、その際のフォールでアタリを待つというものだ。エギが底に着いたら、今度は糸フケを取ってから大きくシャクリを入れ、エギを跳ね上げさせる。また糸フケを取ってフォール、またシャクって糸フケを取って……と、いう動作を繰り返そう。

アタリはほとんどフォール中にやってくる。サオ先をグイッと引っ張るわかりやすいものだけでなく、ラインの動きが止まる、不自然に引き込まれるというパターンもある。なにかおかしいと思ったら、積極的にアワセを入れてみよう。

キャスト

タラシを50cmほど取ってフルキャストし、広範囲を探る。

フォール

エギが着水したら、底に着くまで沈める。釣り場の水深にもよるが、20〜30秒待つのが一般的だ。

アタリに備える

シャクったあとはサオ先を水面に向け、ややラインテンションをかけながらエギをフォールさせる。アタリの多くは、このフォール中に発生する。

シャクリ

ラインの放出を止めた状態で、ロッドを上下に鋭く動かす。こうすることで、エギが水中で激しく動くようになる。

エギングの魅力が詰まっている

漁港や堤防といった手軽なポイントで、イカの居場所もさほど遠くなく、釣れる時間が明るい昼間という条件がそろうと、エギを追いかけ、最後には触手で抱きつくアオリイカの姿を見ながらの釣りができることがある。このように、狙う魚（この場合はアオリイカ）の姿を見ながらルアーを操作する釣りを「サイトフィッシング」と呼ぶ。

かつては夜の漁港や磯に出向く必要があり、通好みの釣りとして一部のマニアのみが楽しんでいたアオリイカのエギングだったが、２０００年代初頭にこのサイトフィッシングのやり方、そして使用タックルが確立されたのをきっかけに、初心者からベテランまで楽しめる間口の広い釣りへと変わった。

ポイントはお手軽、時間帯は過ご

足元近くにイカが群れているのを発見した。これはサイトフィッシングのチャンス。

シャクってきたエギに、アオリイカが着いてきた。エギを止めると……スーッと寄ってエギを抱いてきた。

あとはタイミングよくアワセを入れればOK。

しやすい昼間、そして水中のアオリイカがよく見えるうえ、釣っても釣っても釣れ続く。このように、秋の漁港や堤防でのサイトフィッシングには、エギングの魅力が詰まっているといってもいいだろう。

上達への近道でもある

このサイトフィッシングは、釣っていて楽しいだけではない。水中のエギはどう動くのか、それを見ていたアオリイカはどんな動きを見せるのか。すべて自分の目で見ることで、次に投げる際の改善点がすぐに思いつく。これを繰り返していくうちに、どんどんエギングという釣りが上達していくのだ。つまり楽しいだけでなく、より釣れるためのステップアップという役割も担っている。初めてのエギングで、まずは1パイ釣ってみたいという方には、最適な釣り方といえよう。

1kgオーバーは当たり前、2kg・3kgも珍しくないのが、春に釣れるアオリイカ。数釣りが楽しめた秋と違い、それなりの準備とタックルが要求される。

春の大型を確実に狙うスラック釣法

夏に卵からかえったアオリイカは、翌年の春には産卵のため岸際に押し寄せてくる。小型から中型の数釣りが楽しめた秋のエギングとは正反対の、数少ない大物との緊張感あふれる勝負を楽しもう。

春のエギングは、浅いところを攻める場合も多い。沈みの遅い「シャロータイプ」と呼ばれるものがおすすめ。サイズは3.5号以上が基本だ。

春は藻場への備えが必須

春は大型のアオリイカが狙えるシーズンだ。前年の夏に産まれたアオリイカは、秋から冬を経て、翌年の初夏に産卵を迎えるが、この産卵に備えたアオリイカが、栄養をたくわえるべく岸近くへ寄ってくるからだ。

こういったアオリイカは警戒心が強く、身を隠せるような障害物のないところでは、まず釣れない。岩と岩の隙間、深場になっている溝、そして海藻帯といった隠れ場所を伝うように回遊し、最終的に岸近くに生い茂った海藻帯へ卵を産んだのち、その寿命を終える。

よって春の大型アオリイカを釣るためには、海藻帯をはじめとする障害物のそばにエギを通す必要がある。とはいえ、縦横に長い海藻帯や岩場といった障害物に向け、横方向

おすすめポイント

春の大型アオリイカは、エサを求めて広範囲を回遊する。ピンポイントに着いているものもいるにはいるが、それはあくまで移動の途中で休んでいるだけだ。アオリイカは移動するものと割り切り、潮通しのいいポイントで待ち構えよう。

目安としては、潮流になにかしらの変化が生じている「潮目」と呼ばれる箇所や、アオリイカが身を隠しながら移動できそうな水中の溝やエグレ、水中に影を作り出すイケスやロープといった漁業施設が挙げられる。

また、沖へ向かって大きく突き出た突堤や足元に残ったスミ跡など、地上で得られる情報だけでポイントと判断できる場合もある。

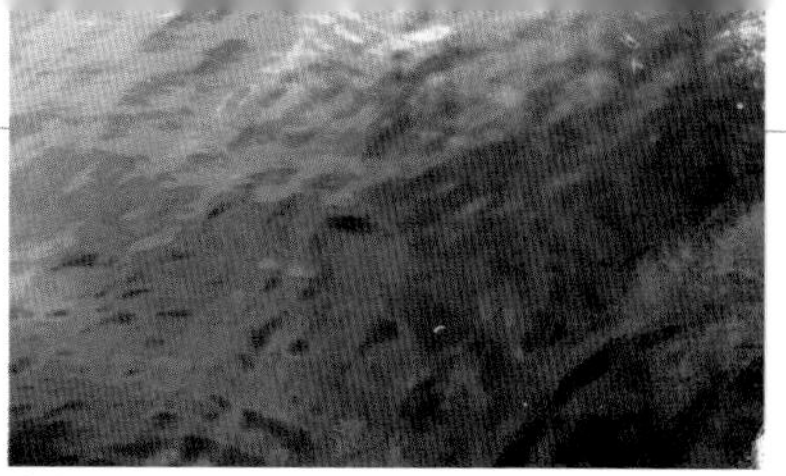
水中になにか黒いものが広がっていたら、それは海藻帯だ。アオリイカはここに身を隠して移動したり、卵を産みつけたりする。

静かな水面に、波の立ち方や水の色が違う帯状の変化が見られたら、それが潮目だ。障害物が見当たらなければ、まずここを目標に投げてみよう。

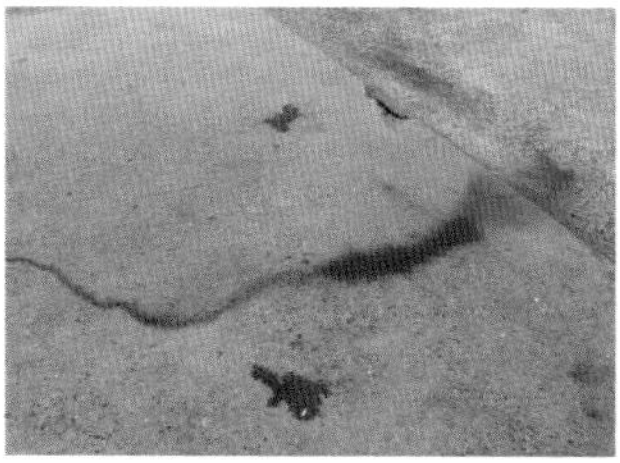
足元のコンクリートに、アオリイカが吐いたスミの跡が残っていた。これは釣れている証拠だ。

イケスやロープといった人工設置物が作り出すちょっとした影でも、アオリイカは身を隠せると思って積極的に近づいてくる。

このように折れ曲がった形の突堤周辺では、潮の変化がよく発生する。この形だけでも探るに値する。

にエギを通してしまうと、あっという間に根掛かりしてしまう。

ゆっくり沈めてアピール

そこで頼りになるのが、縦方向のアピールだ。具体的には、岩と岩の隙間や、海藻帯にぽっかり開いた「ポケット」と呼ばれる場所の上まで、まずは根掛かりしないような浅い水深を保ちつつ、エギを引っ張ってくる。そして、アオリイカが潜んでいそうな穴状の場所にエギが到達したら、そこで引っ張るのをやめて沈ませ、縦方向のアピールを入れてやるのだ。

この縦方向のアピールには、沈下速度が遅めで、浅場でも十分なアピール時間を稼ぐことのできるエギを、狭い範囲で繰り返しフォールさせる必要がある。そんなエギの性能を生かし切れるのが、次項で紹介する「スラック釣法」だ。

スラック釣法のシャクリ

エギをフォールさせるためには、シャクリを入れて水中で跳ね上げ、上方向にいったん移動させる必要がある。スラック釣法でも、これは変わらない。

変わっているところといえば、スラックが生じていることによりエギへ伝わる動きが鈍くなるため、通常のシャクリよりも移動距離が短くなることだ。

だがこれは裏を返せば、同じ移動距離をより小刻みに探れるということだ。通常のシャクリでは一度のシャクリとフォールですぐ横切ってしまうような狭い隙間も、スラック釣法のシャクリとそれに伴うフリーフォールであれば、何度もシャクリとフォールを入れることで探れるようになる。海藻帯のなかで､少し海藻の密度が薄くなった「ポケット」と呼ばれる場所を探るには、最適の方法といえよう。

ラインスラックでエギへ伝わる力のロスが生じるぶん、シャクリは大きめに入れる。

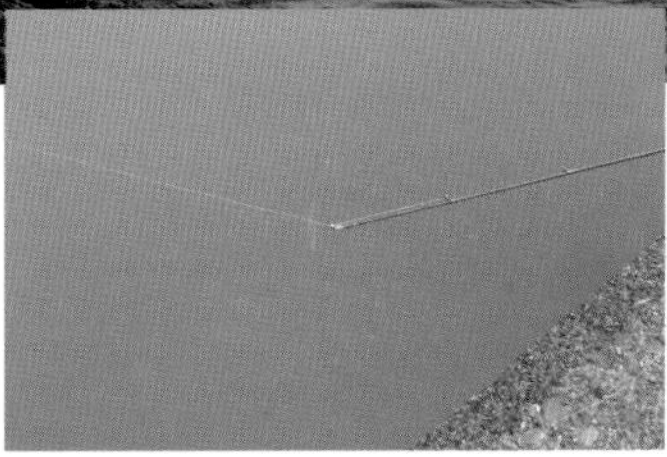

アタリは感触ではなく、ラインの動きを見て判断する。視覚が頼りだ。

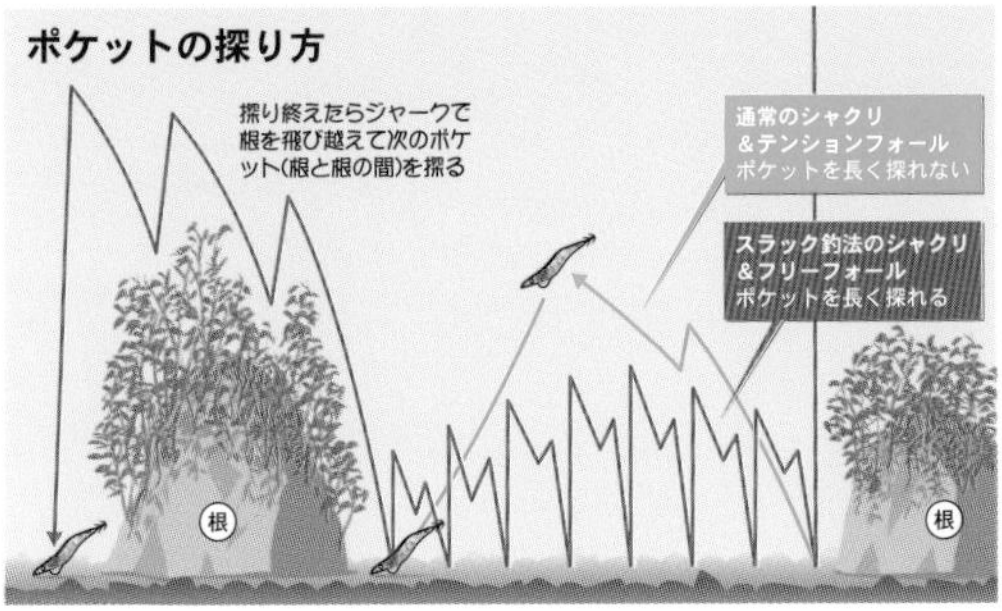
ポケットの探り方
探り終えたらジャークで根を飛び越えて次のポケット(根と根の間)を探る
通常のシャクリ&テンションフォール ポケットを長く探れない
スラック釣法のシャクリ&フリーフォール ポケットを長く探れる
根
根

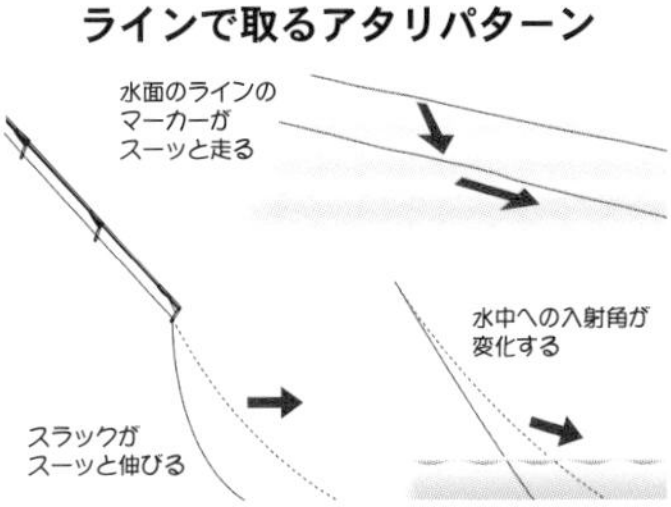
ラインで取るアタリパターン
水面のラインのマーカーがスーッと走る
水中への入射角が変化する
スラックがスーッと伸びる

スラック釣法とは!?

エギをシャクった際、ラインにたるみが生じるのはご存知だろう。このたるみをイトフケ、またはラインスラックと呼ぶ。

一般的なルアーフィッシングであれば、ルアーの動きを鈍らせ、またアタリを感知する邪魔となるため、真っ先にリールを巻いてラインを張り直し、このラインスラックを解消するのが定石だ。

だが春のエギングは、このラインスラックをあえて発生させ、積極的に利用していくという特徴がある。ラインを張った状態でエギを沈めると、ラインに引っ張られたエギは、斜め方向へカーブを描くように沈んでいくが、この斜めの動きは、縦方向に伸びる障害物とぶつかってしまい、根掛かりの多発につながってしまう。これが、ラインスラックを発

手のひらに乗るくらいだった秋とは大違い。大人が両手を使ってやっと持てるくらいの大きさと重さにまで成長した。

やや長めのロッドを使おう

足元近くでもエギが浮かないように、また大型が掛かっても余裕のファイトができるように、春はやや長めのロッドを使うといいだろう。エクスチューンS92ML+（シマノ）のように、9ft以上でパワーがMLのものがおすすめだ。

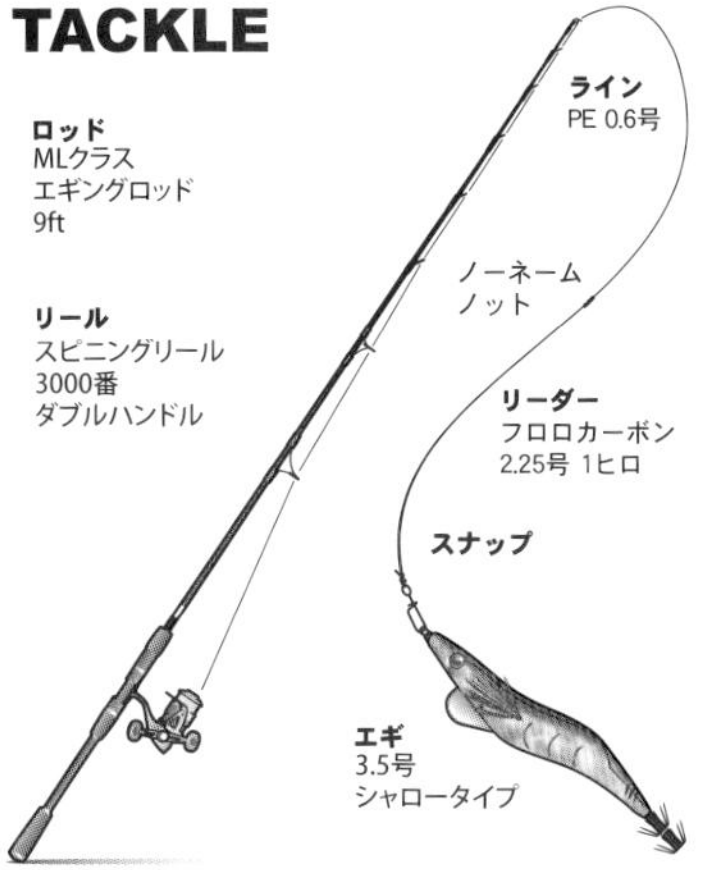

生させてエギを自由に沈めると、横方向の動きを伴わない、純粋な縦方向の動きとなる。これを利用するのだ。

アタリの取り方に注意

スラック釣法の課題は、アタリをいかに逃さないかという点にある。通常であれば、ピンと張ったラインがアタリをロッドまで伝えてくれるが、たるみが生じていることが前提のスラック釣法では、この感触によるアタリ感知は当てにならない。

そこで頼りになるのが視覚、つまり目で見てアタリを感知するやり方だ。水面を漂うラインの動きを注視し、なにか異変があったらアタリと判断、アワセを入れるのだ。

水面で渦巻いていたラインが、急に水中に引き込まれたら、それはもうアタリと思っていい。大きなアワセを入れ、フッキングしてやろう。

夏でも2kg近い大型のアオリイカが狙えることがある。

春よりシビア!?夏のエギングを制する

本来であれば、夏には産卵を終え寿命を迎えるアオリイカだが、産まれるタイミングが遅かったり、平均以上に長生きする個体が交ざるため、夏でもエギングで釣れることがある。春の延長戦ともいえる大型狙いを楽しもう。

夏のエギングは、春以上にチャンスが少ない。仲間と楽しく釣り歩こう。また情報を共有することで、少ないチャンスをより確実にすることもできる。

夏はシーズンオフではない

春の終わりから初夏にかけて産卵を終えたアオリイカは、1年という本来の寿命を全うし、梅雨が明けて本格的な夏が到来するころには、ほとんど釣れなくなる。

だが、釣果が皆無になったわけではない。前年に産まれたタイミングが他の個体より遅かったり、純粋に長寿だったりする個体が少ないながら交ざっているため、こういったイカが真夏でもエギングで釣れてくるのだ。

九州や四国に比べて梅雨明けが遅い東海や関東、あるいは水温の上昇が他の地方より遅い北陸や東北の日本海側で、こういった個体は多く見受けられる。これらの地域にお住まいの方、あるいはよく遠征に出かける方は、夏でも積極的に狙ってみる価値がある。

ロケッティアアキュレイド（バレーヒル）。サイズは3.5号。広い釣り場を探ることが多いため、飛距離が出るタイプが有利となる。

夏のエギングでは8ft台半ばで、3.5号前後のエギを扱えるロッドがちょうどいい。

2500～3000番台のスピニングリールは、1年を通して使える。

夏のポイントは足で稼ぐ

春以上に個体数が減る夏にアオリイカを狙うには、春のような回遊待ちより、こちらから積極的にポイントに出向いていくラン＆ガンが効率的だ。

まずは春同様、水中に変化がないか、辺りを確かめてみよう。周囲に比べて色が黒くなっていれば、そこは海藻帯。真っ先に狙うべきだろう。

ときには、水中をふわふわと漂うように浮かんでいるイカの姿が、水面から見られるときもある。さっそく近くへエギを落とし、誘ってみよう。

水面近くをふわふわと漂うイカの姿が見えた。さっそく近くへエギを投げてみると、しっかりと追って抱いてきた。

スミを吐いて抵抗するアオリイカだが、ここまで寄せれば勝ったも同然。

それとは別に、九州や四国の太平洋側、紀伊半島の南端付近といった地域は、黒潮の影響を受け年中水温が高いため、季節を問わずアオリイカが釣れる。こういう地方へ足を伸ばして狙うというのも、ひとつの方法といえる。

夏は春の延長戦

夏のアオリイカは、春の行動パターンをそのまま維持していると思っていい。つまりポイントや釣り方、使用タックルなどは、春に準じたものをそのまま流用できる。

エギのサイズも、春と同様、3・5号が基本となる。これで底を取り、イカの警戒心を上げないよう、じっくりと攻めるのが基本だ。ポイントも春同様、海藻帯などアオリイカが身を隠せそうな場所や、潮通しがよくエサがたくさん集まりそうな場所が有望となる。

表面の光り方が違うだけで、水中のイカからはかなり違ったものに見えるらしく、これでアタリが倍増することも珍しくない。

動きはあまり派手にせず、それでいてエギの存在に気づいてもらうために、既存のエギに装飾シートを貼るという手もある。

夏パターン＝底を取る！

　エギを底まで確実に沈めたのち、シャクリ、フォール、また着底、またシャクリ……というオーソドックスな釣り方が、夏パターンを制する一番の方法だ。この際、イカを警戒させないよう、秋や春に比べて控えめに、じっくり攻めるということは、本文中でも触れたとおりだ。

　ただし、激しいアクションをあえて入れることで、周囲のイカにエギの存在を広くアピールし、捕食行動のスイッチを入れるというやり方もある。この緩急をつけたアピールは、釣り場を移動して最初にキャストする際、活性の高い個体をまず拾っていきたいという場合にも有効だ。

ときには遠投がほしくなるときもある。ただし、どれだけ遠くへ飛ばしたとしても、エギを確実に底まで沈めることは忘れずに。

入り組んだ地形の内湾は、潮通しもよく水深があるため、大型アオリの実績が高い。こういった水深がある場所こそ、底まできっちり沈めて探りたい。

時合いの絞り込みが難しい

　アオリイカに限らず、海で釣れる魚の多くは、朝マヅメやタマヅメと呼ばれる、昼と夜の境目付近の時間帯でよく釣れる。またこれ以外にも、止まっていた潮が動き出したり、満潮から干潮へ移行したりするタイミングでも釣れ始めたりする。こういった、アオリイカなどのターゲットが釣れ始める時間を「時合い（じあい）」と呼ぶ。

　アオリイカを含め、たいていの釣りの対象は、この時合いがだいたい決まっているが、春から夏にかけてのアオリイカは例外だ。この時期のアオリイカには、卵を産みつけやすい藻場を探す個体と、エサを探して回遊している個体が混じっている。そのため、特定の時間帯でこのポイントを探れば釣れる……という、条件の絞り込みができないのだ。

夏のエギングは、緩急のつけ方が重要だ。暑いなかでずっと歩き回っていたら、すぐ疲れてしまう。ときには休憩をとりつつ、周囲の状況を確認してみよう。

このサイズが釣れれば、暑いなかを歩き回った甲斐もある。こんな大型が釣れて大喜びするのも、夏のエギングならではだ。

時合い到来！　こうなったら動くのみだ。貴重なアタリを逃さず、確実に取り込む。

ナイトゲームが狙い目

それでも、まったく手がかりがないわけではない。夕方から夜にかけ、太陽が沈んで光量が減ったタイミングで、一気に食いが立つことが多くなる。このタイミングであれば、暑さを避けて釣り場に出向くことができるため、アングラー側にとっても都合がいい。

光量がどんどん減りつつある釣り場に向け、思い切りエギをキャストしたら、春よりさらに控えめなシャクリで、ジワジワとスローに誘っていこう。警戒心の強い、成長した個体が相手のため、激しいアクションを最初から見せると、一気に警戒されてしまう。パターン自体は、底までエギを沈め、シャクり上げては落としてまた底を取るという、基本に忠実なものでＯＫだ。

食べごろサイズの数狙いが
できる秋イカシーズン。

秋の数釣りは入門にもピッタリだ

春から夏にかけて産まれたアオリイカは、秋にはちょうど釣りごろのサイズへと成長する。ちょっとしたコツをつかむだけで、爆釣も夢ではない。しかも10月に入れば、数釣りだけでなく型狙いもできるようになるのだ。

おもに釣れてくるのは、コロッケサイズと称される100〜200g前後の小〜中型。だが、とにかく数が釣れる。しかもこのサイズながら、食べてもうまい。

エギングを始めるなら秋

9月から10月にかけては、エギング入門に最適のシーズンだ。数が釣れるだけでなく、広い地域で同じような釣果が期待できる。太平洋側なら茨城県の鹿島灘より南、日本海側なら秋田県より西であれば、ほとんどの漁港や堤防がポイント候補となる。

釣れるサイズは、9月のうちは500g前後、触手を除いた胴体部分のサイズがコロッケやとんかつに相当する、「コロッケサイズ」「とんかつサイズ」と称されるものが中心になる。このサイズでも釣って楽しいし、また食べてもおいしいのだが、10月になればもっと大きな、1kg前後のものも交じるようになる。春や夏の大型と違い、まだまだ警戒心が薄い一方で、その引きは大型に準じるという、釣っていて一番楽しいサ

おすすめのタックル&エギ

200ｇ前後の秋イカをスムーズに抱かせるには、2.5号から3号といった、小〜中型のエギがちょうどいい。これらのエギは軽く、また対象となるイカも小さく身も柔らかいため、あまりパワーの強すぎるロッドではエギが投げにくく、またアワセを入れたときにイカが身切れしてしまう。適合エギ2.5〜3号前後と表記された、L〜MLクラスのロッドが適している。

同じポイントでも、人が攻めていないピンスポットを攻略できるよう、エギはいろいろなサイズを用意しておくといいだろう。基本はノーマルタイプで十分だが、風が強かったり潮が速い場合は、やや重量のあるディープタイプが有利になる。

本文中で、シャクリに緩急をつけてエギのアクションに変化を加えると触れたが、このほかにもエギのカラーをローテーションすれば、さらにイカのスレを抑えることができる。ピンクやオレンジといったおなじみのカラーに加え、青系や茶系のナチュラルカラーも効果大だ。

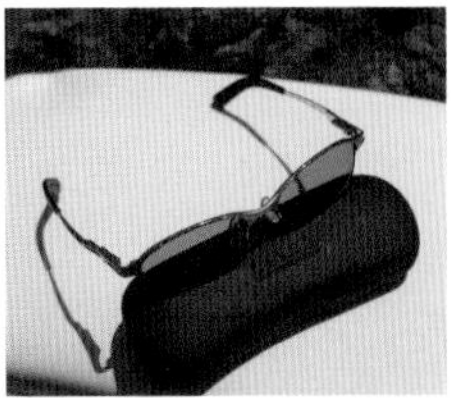

秋のデイゲームでは、水中の障害物や水中でのエギやイカの動きを見るために、偏光グラスが欠かせない。

荷物はウエストバッグやボディバッグにまとめて収納。手にはロッドとリール以外持たないようにする。

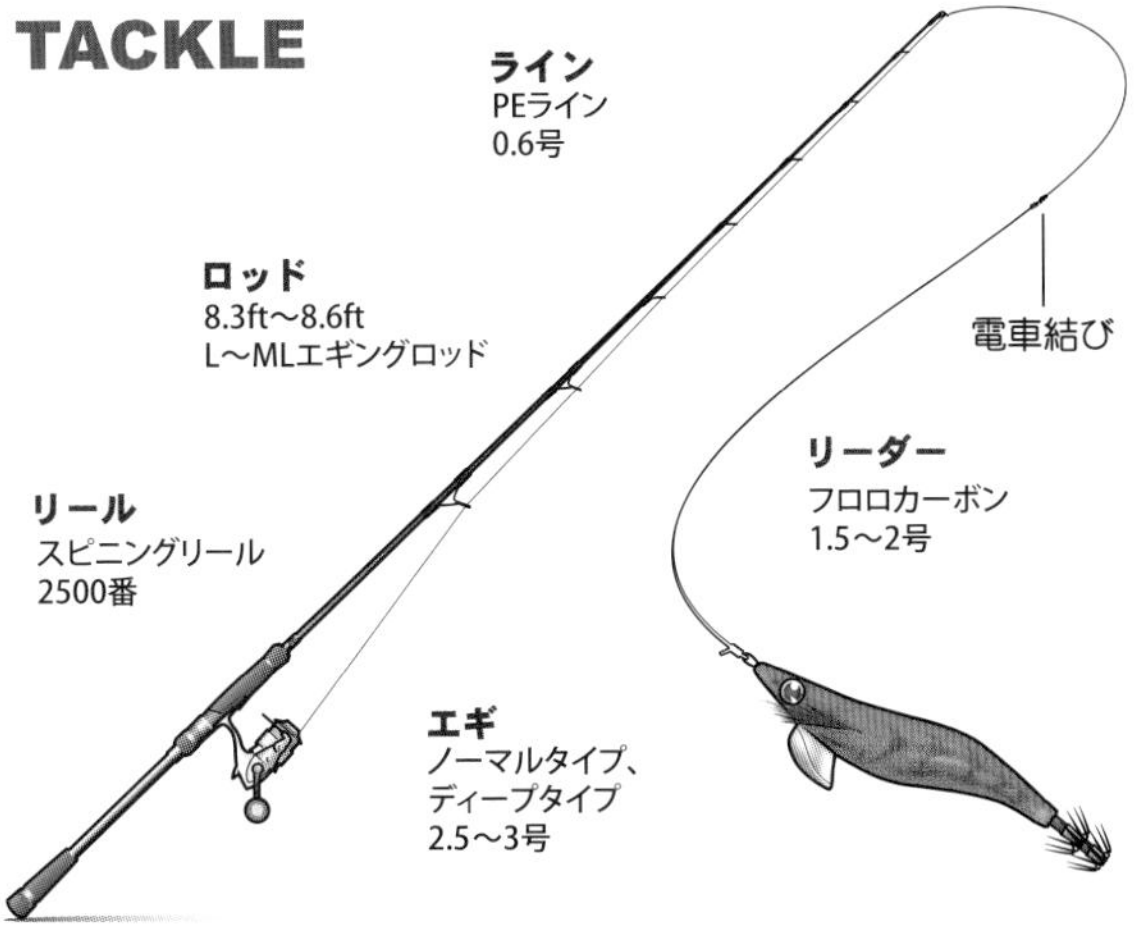

イズだ。

シーズンのズレに注意

夏の陽気で温められた水温は、秋に最高潮に達したのち、冬にむけて徐々に下がっていく。アオリイカのシーズンは、この水温が下がり切るまで続くわけだが、水温の下がり方は各地方によってズレがあるため、シーズンも当然ズレが生じてくる点には注意したい。

黒潮の影響が大きい太平洋岸であれば、カレンダーが冬になってもまだ釣れるポイントが残っているが、日本海側や瀬戸内海といった黒潮の影響を受けない地方では、早ければ11月ごろに終了してしまう場合もある。その一方で、秋が深まれば深まるほどアオリイカの成長は進むため、9月より10月、10月より11月のほうが、よりサイズアップが期待できるのも確かだ。

イカはここにいる！

初心者におすすめなのは、なんといっても足場のいい漁港や堤防だ。舗装されたコンクリートの足場に立ち、消波ブロックや藻場といったポイントめがけてエギを投げよう。ただし、こういうわかりやすい場所にいるイカはスレていることも多く、なかなかエギを抱いてこない。こんなときは、沖の潮目を探してみよう。

堤防や漁港で基本を覚えたら、少し足を伸ばして、小磯やサーフへ出向くのも手だ。荒波が押し寄せるような本格的なものでなく、足場がやや荒いこと以外は堤防と変わらない、穏やかな場所で十分だ。

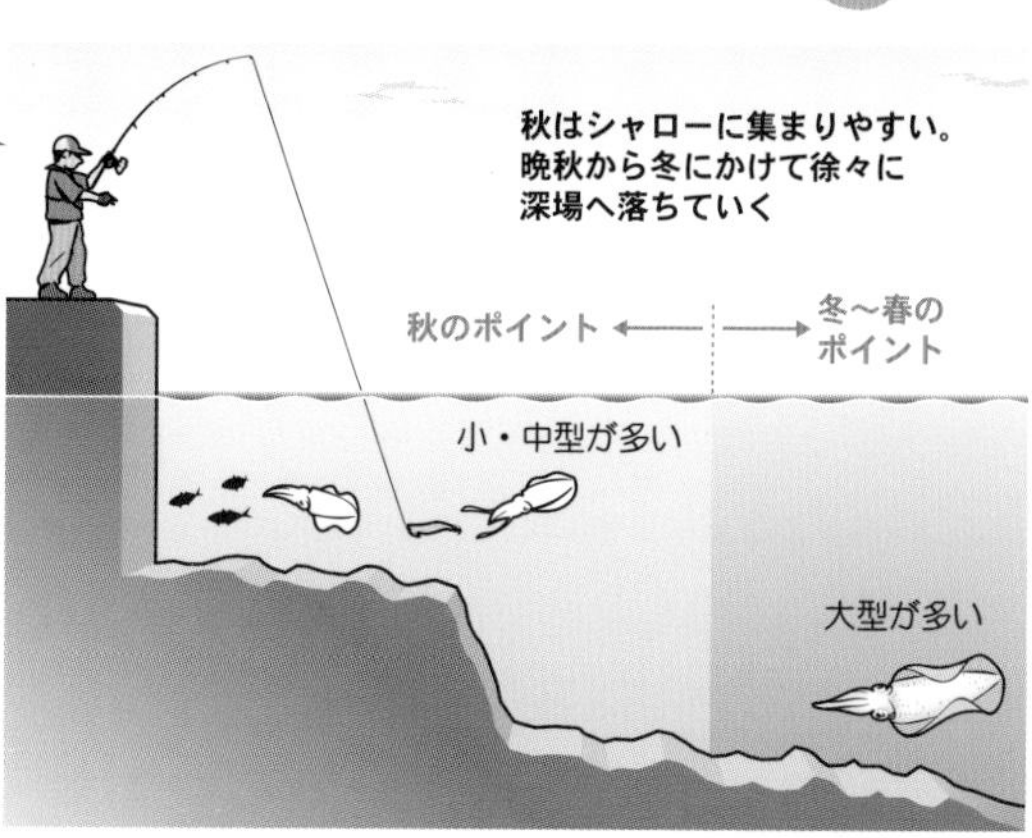
秋はシャローに集まりやすい。
晩秋から冬にかけて徐々に
深場へ落ちていく
秋のポイント
冬～春の
ポイント
小・中型が多い
大型が多い

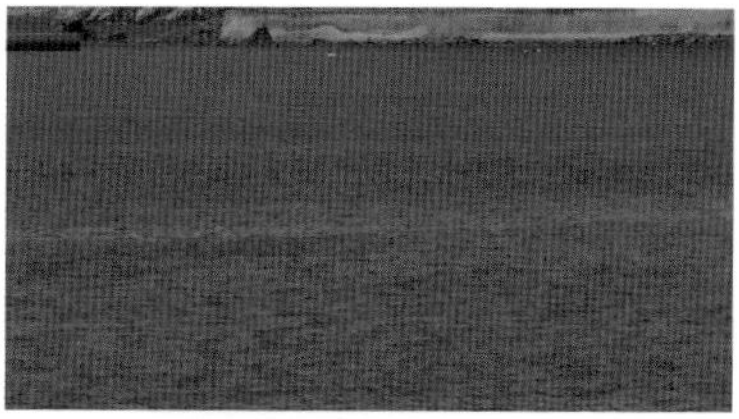
岸と平行に、違う色の海面が帯状に伸びている。これが潮目だ。

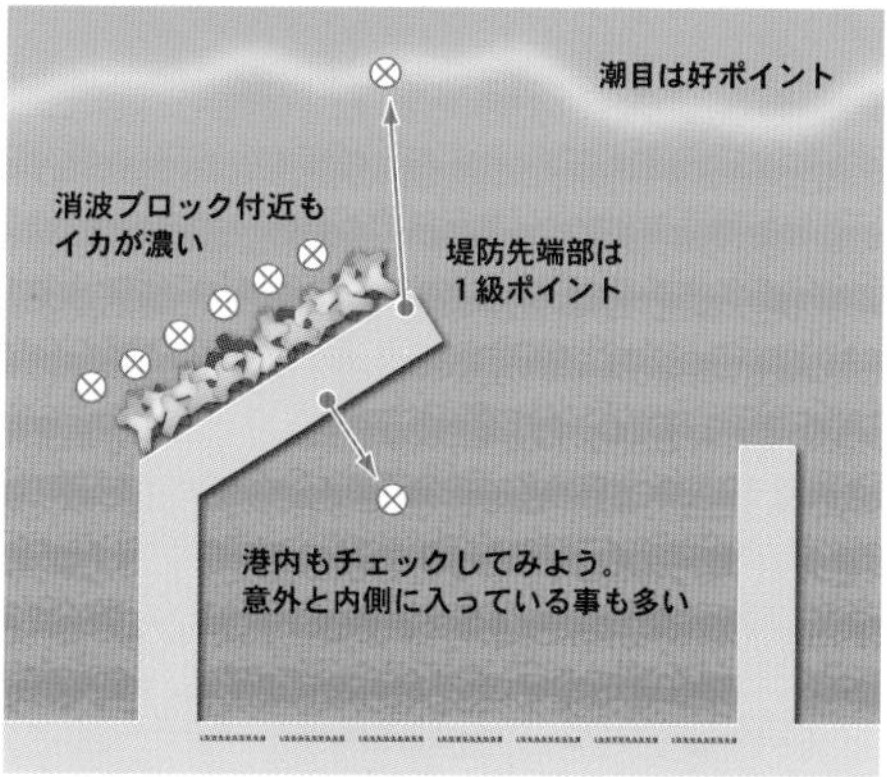
潮目は好ポイント
消波ブロック付近も
イカが濃い
堤防先端部は
1級ポイント
港内もチェックしてみよう。
意外と内側に入っている事も多い

堤防の隣にあるような小磯へ移動するだけでも、混雑はかなり緩和される。

激戦区を制するシャクリ

秋のエギングでは、ひとつだけ大きな問題がある。それは人手の多さだ。人気ポイントでのアオリイカは、連日エギを見せられ、その質感や動きを学習し、「これはエサではない」と見破るようになった、いわゆる「スレた」状態になることも少なくない。

だが、そんなスレたイカにも、エギのアクション次第で再び興味を持たせることができる。そのコツは、緩急をつけたシャクリにある。

同じ動きを繰り返していたら、いくら秋のイカが警戒心が薄いとはいえ、興味を失ってしまう。そこで、エギの動きに緩急がつくよう、シャクリにひと工夫加えるのだ。例えば、キビキビとしたダート、大きくゆっくりとしたダートと、2種類の動きをコンビネーションしてみよう。また、ラインテンションをかけたテ

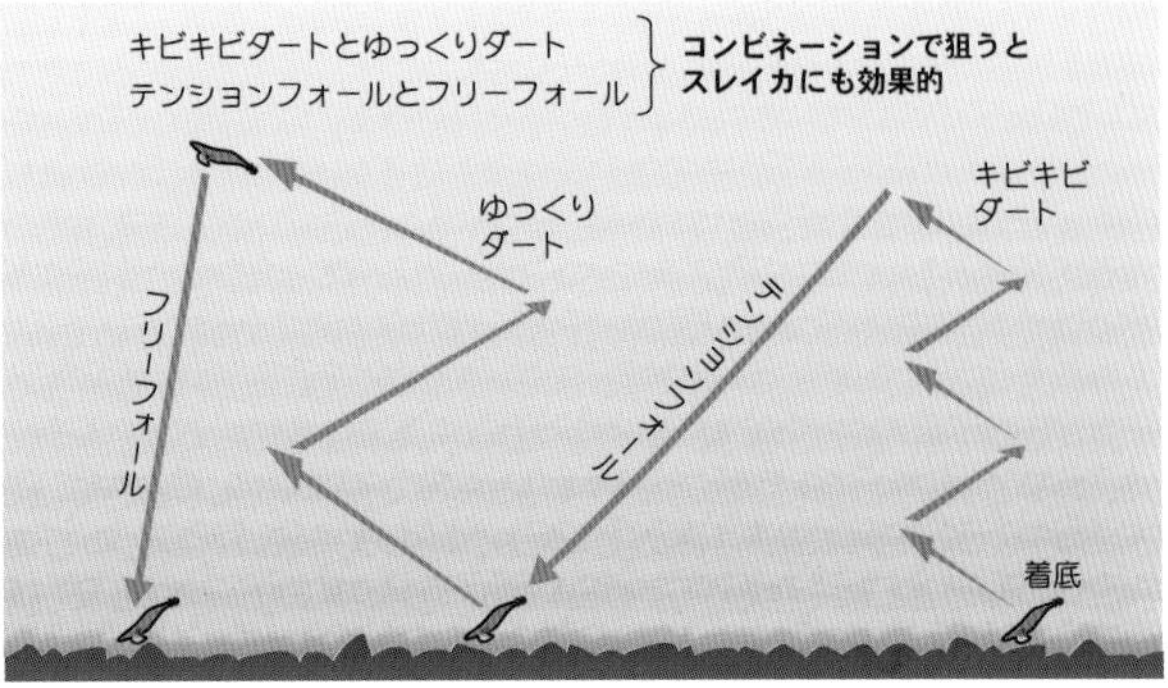

こちらは小磯での釣果。周囲に他のアングラーがいなかったため、のびのびとキャストができた。

アタリがなければ、次は縦方向にゆっくりダートするよう、ロッドをまっすぐ構え、ゆったりと大きめのシャクリを入れたのち、フリーフォールでアタリを待つ。

エギが着底したら、斜め方向に素早くシャクリを入れ、エギを鋭くダートさせる。そののち、テンションフォールを入れる。

ンションフォールと、テンションを抜いた状態で沈めるフリーフォールを組み合わせるだけでも、エギのフォール姿勢に変化がつき、メリハリが生まれるようになる。

2種類の動きを駆使

おすすめのアクションだが、エギが着底したのち、まずはキビキビとした素早いダートを入れるところからスタートしよう。次にテンションフォールさせるが、活性が高ければ、この段階でエギを抱いてくる。アタリがなければ、次は大きくゆっくりとしたダートを入れ、フリーフォールで沈める。2種類のダートとフォールの組み合わせで、アオリイカもそう簡単には飽きなくなる。

秋はこのように、コンビネーションを意識したエギングを展開すれば必ず釣れる。ぜひお試しいただきたい。

デイゲームのサイトフィッシングは、きわめてゲーム性の高い釣りだ。「釣れてしまった」ではなく「狙って釣った」ことを実感できる。

デイゲームの大型を目で見て狙う

エギングにおけるサイトフィッシングは、楽しいだけでなく入門にも最適だが、3.5号以上のエギを使い、大型に狙いを絞るようになると、歯ごたえのある釣りへ変わる。だが極めれば、一年中大型を狙えるようにもなる。

大きなイカをサイトフィッシングで狙う醍醐味はエギングならでは。

一年中これで通す

秋はエギングの入門には最適のシーズンであること、そして秋に多い小〜中型のアオリイカを目で見て釣るサイトフィッシングは、エギやイカの動きを直接把握できることから、上達にも最適であること。これらについては、本書でもたびたび述べてきた。

だがこのサイトフィッシング、人間の目で見えるほど近くに寄ってきたイカを釣ることから、本来であれば難易度の高い釣りであることは、ご存知だろうか。活性が高く警戒心も薄い、秋の小型・中型相手だからこそ誰でも釣れるが、もし秋以外の年中ずっと、しかも大型狙いのために3・5号以下のエギは基本的に使わないという制約を加えると、かなりやりがいのある釣りになる。

だがこれは、無意味な制約ではな

エギの負荷2.5～4号と、幅広く扱えるポセイドン スキッドロウ インペリアル テクニマスター82（エバーグリーン）。

リールはスピニングリールの2500～3000番。ハンドルは軽量なカスタムタイプを装着すると操作感も高くなる。

おすすめのタックル

適正エギが3.5号前後に設定された8～8.6ftのロッドがあれば、シーズンを通して大型狙いのサイトフィッシングができる。この長さは、遠くのポイントへ飛ばすための飛距離と、近くのポイントへ正確に投げるためのキャスト精度を兼ね備えた、最大公約数といえるものだ。

このロッドに合わせるスピニングリールは、軽量でドラグ性能のいいものを使いたい。より操作性をアップさせたカスタムハンドルと組み合わせるのもいい。

ラインは細いにこしたことはないが、あまり細いと扱いが難しくなるため、0.5～0.6号のPEラインを使う。これにフロロカーボン1.75号のリーダーを1ヒロ取り、ノーネームノットやFGノットでラインと接続する。

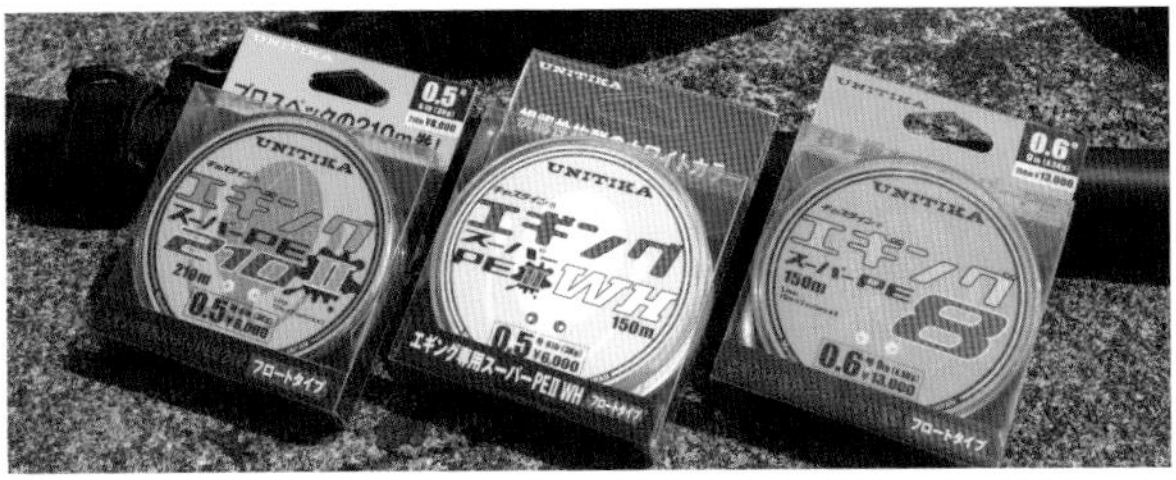

ピンクやグリーンなど、見やすいカラーのPEラインを使うと釣りを有利に展開できる。

い。どうせ釣るならコロッケサイズの小型ではなく、1kgを超えるような大型がほしい。となれば、アオリイカの成長が進んだ晩秋から冬、あるいは翌年の春に、サイズも警戒心もぐっと上がったイカを、目で見える位置から釣るためのタックルやテクニックを磨くという、一歩進んだ楽しみ方を追求した結果なのだ。

縦と横の動きを組み合わせる

その追求した結果のひとつが、次項でご紹介する「スラックジャーク」だ。単調な誘いでは、あっという間にイカに見切られてしまうが、縦の動きで幅広い水深を探りつつ、短い距離のダートで抱きつくタイミングを作れば、警戒心の強い昼間の大型イカでも釣れる。どんなタックルを使い、ロッドをどう動かすのか？詳しく触れてみよう。

装備を充実させよう

サイトゲームでは、エギの位置をしっかり把握することが重要だ。また、水中の岩礁帯や海藻帯などを確認し、それらを避けつつそこに潜むイカを誘い出したいという場面もよくある。

よって、偏光グラスは欠かせないアイテムとなる。水面のぎらつきをカットして水中を見やすくするだけでなく、万が一エギが顔の近くまで飛んできても目を守ってくれるし、防具の役割も果たしてくれる。よって、なるべく高性能のレンズを使ったモデルを選ぶようにしたい。

また、装備はコンパクトに固めておこう。収納力がある機能的なバッグに、小継タイプのギャフを装着、大物に備えよう。

水面下のエギ、そしてそれを追ってくるイカの姿を確認するためには、高性能の偏光グラスが欠かせない。

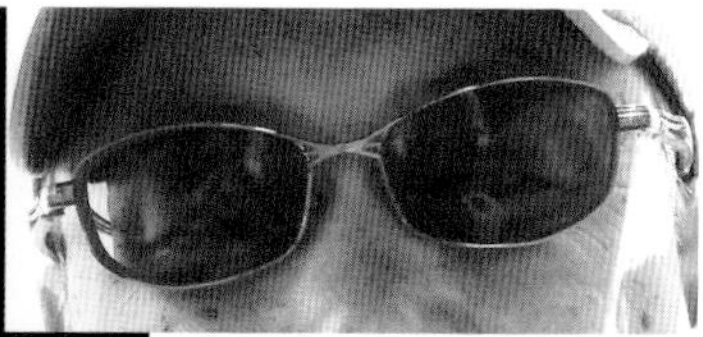

ファッションのためではなく、水面を見やすくする、目のまわりを保護するといった実用目的のため、偏光グラスを着用する。

磯を探り歩くこともあるこの釣りでは、滑り止めや足首の保護を考え、スパイクブーツなどを履いておくと安心だ。

スラックジャークとは？

スラックジャークは、効果的かつ楽にエギをシャクることができる操作法だ。これを覚えておけば、サイトフィッシングだけでなく、エギング全般で応用が効く。

まずは、キャストしたエギを底までフォールさせるところは、通常のエギングと同じだ。違うところは、このフォールの最中、水面にあるラインに意図的にスラック（たるみ）を入れておく点だ。そしてエギが底に着いたら、このスラックが解消される程度の振り幅で、ロッドをシャクる。

こうすることで、ラインが張られるまでのシャクリには、ロッドにはラインの抵抗がかからない状態となる。この結果ロッドの操作に必要な負荷が軽減され、シャクリが楽にこなせるようになる。

地磯から狙って良型がヒットした。

無駄な力は極力入れず、自然体でシャクリを入れるのが、長時間釣り続けるコツだ。

こんな大型がサイトフィッシングで釣れるのがエギングの最大の魅力だ。

デイゲームは、イカにエギを確実に見つけてもらう必要があるため、ピンクやオレンジといった派手なカラーがメインとなる。

また水中のエギは、スラックができているぶん移動距離は少ないが、通常のシャクリより急角度、急加速で跳ね上がるようになる。このため、小型・中型には目もくれず、大型が潜む底付近を集中的に探ることができる。

3・5号というサイズの理由

このスラックジャークで3・5号というサイズのエギを操作することで、小型中心の秋シーズンでも、良型と呼べるサイズを引き出せるようになる。

小さなエギは、小さなイカが抱いてきやすい。数釣りを楽しむのであればそれでもいいが、同じ釣り場でより大きなイカを釣りたければ、周囲のアングラーが使っているものより、ひとまわり大きなエギを使いたい。これが、3・5号というサイズを使う理由である。

エギとほぼ大きさの変わらない、小さなイカがヒットしてきた。大都市近郊でもよく釣れるヒイカだ。

いろいろなイカやマダコもエギで釣ってみよう

アオリイカから人気に火がついたエギングだが、ポイントの開拓や釣り方の研究が進むにつれ、アオリイカ以外のイカ、さらにはマダコも釣れる対象となった。アオリイカとはまた違う、さまざまなイカやタコを釣ってみよう。

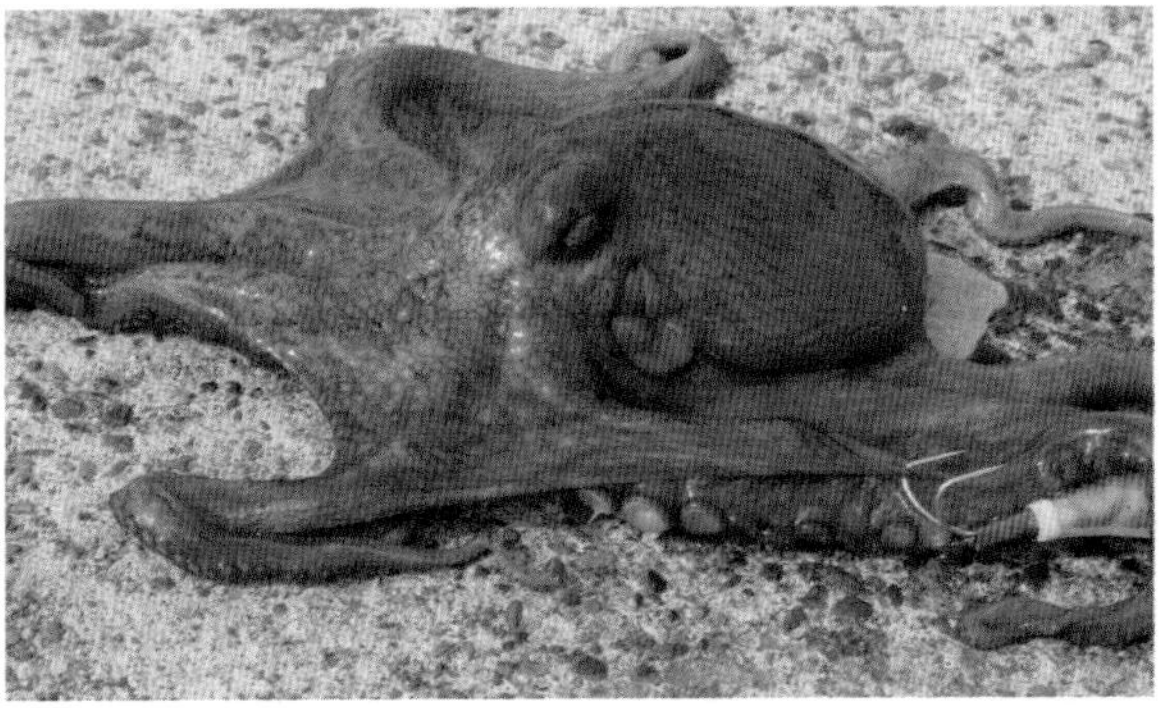

真夏の昼間、ほかのあらゆる釣り物が沈黙するなか、マダコだけは関係なく釣れる。

真昼の漁港で足元に仕掛けを落として探るという風景は、アオリイカのエギングではまず見られない、マダコ狙いならではのものだ。

季節で変わるターゲット

アオリイカのエギングといえば、秋の小型～中型の数釣りでは3号前後、春の大型狙いでは3・5号前後のエギを使うのが一般的だが、これよりひと回り小さいエギとややライトなタックルを使い、アオリイカ以外のイカを狙うエギングがある。それがライトエギングだ。

スタンダードとされているアオリイカ用のタックルよりライトなものを使うため「ライトエギング」とひとくくりに称されるが、地方や季節によって、狙えるイカの種類は変わってくる。12～3月はヤリイカ、4～8月はケンサキイカ、6～7月はスルメイカ、9～2月はヒイカといった各種イカが、それぞれの季節になると、沖から岸へエサを求めて押し寄せてくる。これを、岸からのキャスティングで狙うのだ。

ライトエギングで 釣れるイカ

ヤリイカ、ケンサキイカ、スルメイカ、ヒイカ……これまでエギングの対象とされていなかったツツイカ類が、ライトエギングのメインターゲットとなる。

これらのイカは、アオリイカが釣りにくい真冬や真夏、あるいはアオリイカの生息域から外れた東北や北海道といった北日本でも釣れる。また水産資源としても大量に漁獲され市場に出回るため、アオリイカより見た目になじみがある方も多いはずだ。

ツツイカ類のなかでも高級とされるヤリイカ。ご当地ブランドとして売り出されることも多い。

日本で最も一般的なスルメイカ。漁獲高も群を抜いている。

正確には「ジンドウイカ」だが、ヒイカのほうがなじみ深い呼び方だ。秋から冬にかけ、明るい堤防に寄ってくる。

アクションは控えめに

これらのイカの多くは、アオリイカ狙いで多用される鋭いシャクリがなくても釣れる。むしろタダ巻きに近い控えめなアクションで、エギにゆっくりとした動きを与えたほうが釣果があがることのほうが多い。

日中は沖の深場に潜んでいるので、できるだけ遠投してエギを底まで沈め、ゆっくりと引いてくるといいだろう。

一方夜は、常夜灯などに集まる小魚を食べに、同じように明るい場所へ集まってくる。まずは表層から狙い始め、反応がなければ水深2～3mとやや深いところを探る。夜で水深5mまで沈めて反応がなければ、そのポイントは釣れないと判断、移動して他のポイントを探ろう。明るい場所の表層で釣れることも多いため、夜でもサイトフィッシングが可能だ。

ツツイカ攻略法

アオリイカのエギングのような激しいシャクリは、あまり出番がない。ロッドアクションとリトリーブを組み合わせた、軽めのトゥイッチとテンションフォールを中心に、ゲームを組み立てよう。トゥイッチで軽くエギを跳ね上げさせ、その後のフォールで抱かせるという一連の動作は、アオリイカのエギングと共通するものだ。

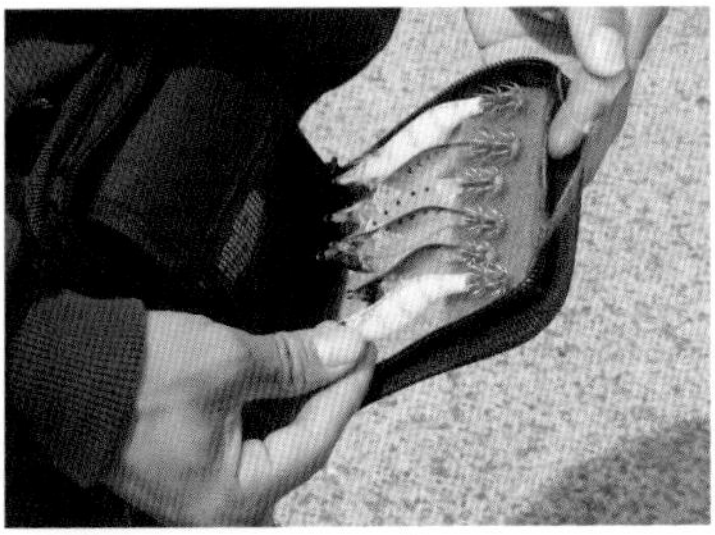

やや小型のエギをメインで使う。

アオリイカのエギングとは無縁だった、都市近郊の釣り公園でも楽しめる。

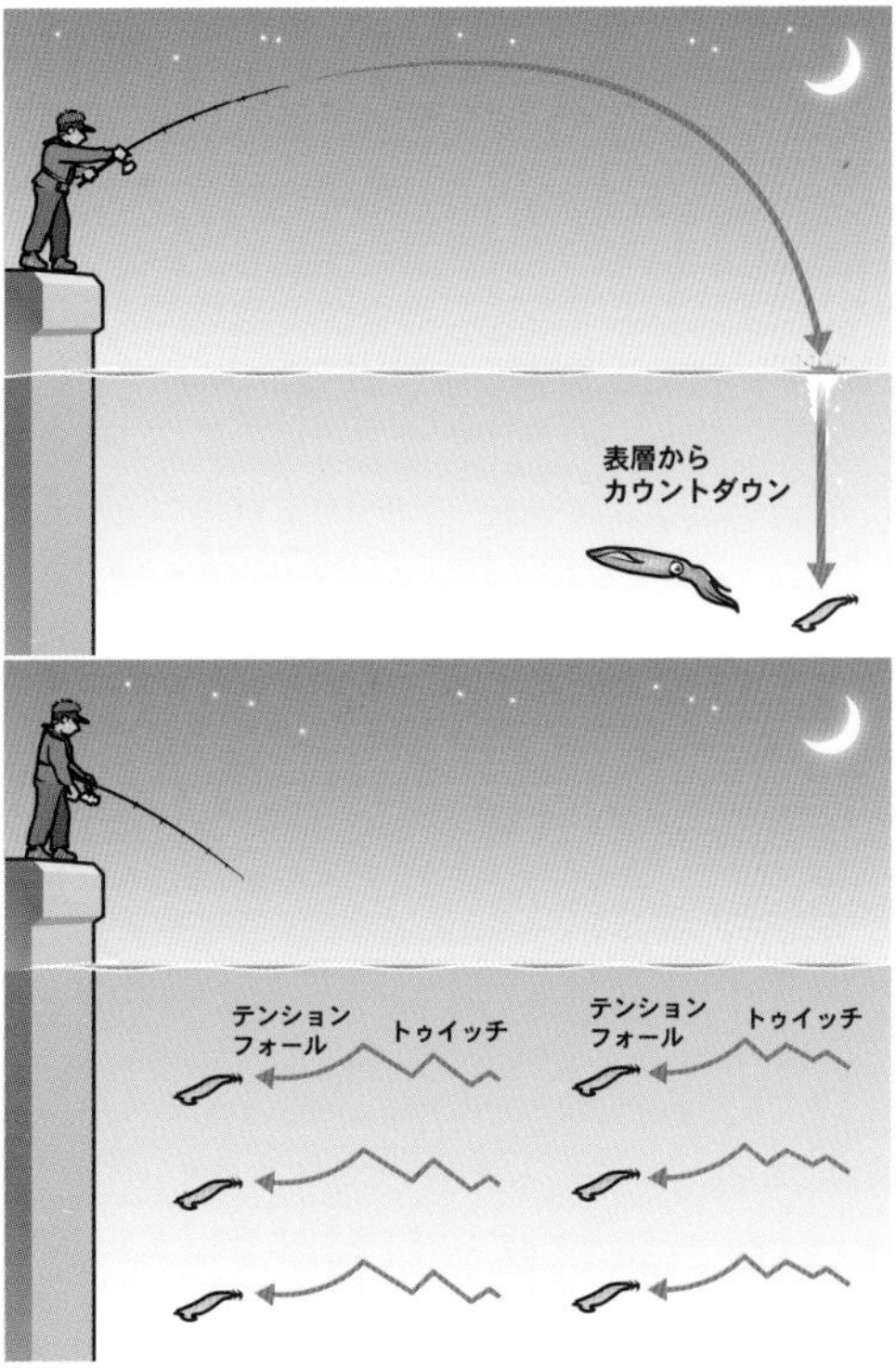

こんなエギで狙おう

エギのカラーは、夜や濁り潮には夜光の布巻きタイプ、澄潮や日中には、フラッシング効果のあるクリア夜光タイプという使い分けが最適だ。

狙い方だが、ツツイカは回遊性が強く、常に泳ぎまわっていることが多いので、一カ所で粘るよりも、いろいろ場所を変えて狙ったほうが断然釣果は伸びる。できれば仲間同士で同時に違うポイントを探り、素早く当たりポイントを探したい。ヒットさせたレンジやエギの速度などの情報の共有ができれば、さらに効率的だ。

ちなみに一番小型のヒイカであれば、メバルやアジ、根魚を狙うようなジグヘッド+ワームでも釣れる。この場合、エギングタックルではなく、ライトゲーム用のさらに細く軽いタックルを使うことになる。

マダコのエギング攻略法

先端にオモリをつけ、そこから少し上に浮くようにルアーを付けた仕掛けを「ダウンショット」と呼ぶ。このルアーをエギに置き換えることで、マダコを底から離した状態でハリ掛かりさせ、エギングタックルでも楽に寄せられるようになる。一度底から剥がしてしまえば、あとは勝ったも同然だ。

もし海底でこの状態になったら、エギングタックルではまず引き剥がせない。

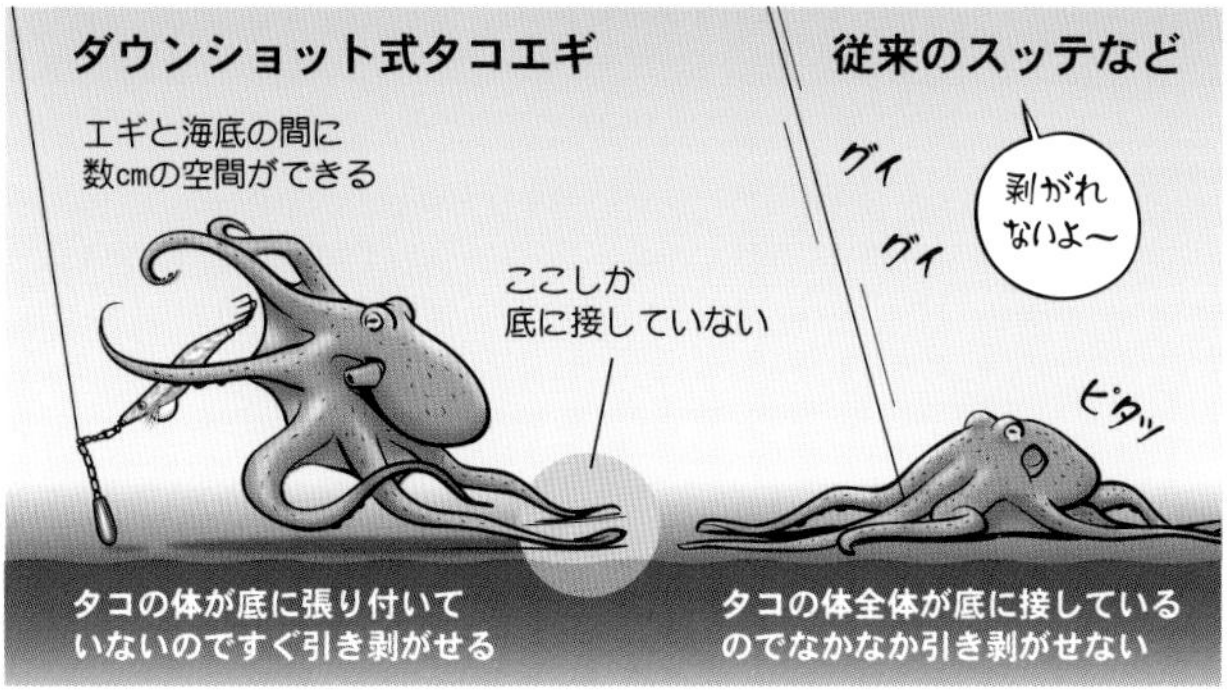
ダウンショット式タコエギ
エギと海底の間に数cmの空間ができる
ここしか底に接していない
タコの体が底に張り付いていないのですぐ引き剥がせる
従来のスッテなど
グイ
グイ
剥がれないよ～
ピタッ
タコの体全体が底に接しているのでなかなか引き剥がせない

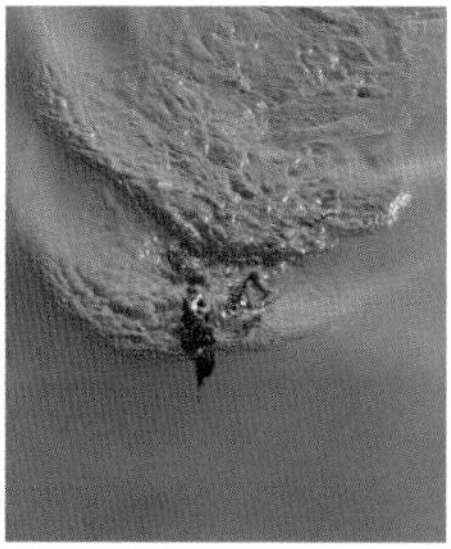

イカより泳ぐのは苦手なため、底から離したあとのやり取りは簡単だ。

マダコもエギングで釣れる

イカと同様に肉食なうえ、イカより岸際を好むマダコもまた、エギングの好ターゲットとなる。ただし、イカと違って底に張り付いて抵抗するという厄介な性質を持っている。底に張り付かれたら、エギングロッドではまず引き剥がせないため、これに備えた対策が必須となる。

マダコをエギングタックルで狙うなら、エギを底から少し離した状態に維持し、マダコが身を乗り出さないとエギをつかめないようにすればいい。一番簡単なのは、仕掛けの先端にオモリをつけ、そこから少し上へ離した位置にエギをセットする「ダウンショット」と呼ばれる仕掛けを使うことだ。

このように、エギングの可能性は無限大だ。アオリイカ以外のさまざまなターゲットにも、ぜひ挑戦してみてほしい。

ボートで釣るティップランエギング

エギングは陸っぱりだけの釣りではない。釣り船に乗って沖に出て釣る、ボートフィッシングというスタイルもある。陸っぱりと違い、足元から水深のある沖ならではの釣り方が、ここで紹介するティップランだ。

船のエギングで最もお手軽、かつ釣果が期待できるのが、ティップランと呼ばれる釣り方だ。

沈めたエギを船で引っ張るという釣りのため、まずは船に乗って沖に出る必要がある。

足元に落としてシャクるだけ

ほかのルアーフィッシング同様、エギングもまた、釣り船に乗って行なう「ボートスタイル」「オフショアスタイル」と呼ばれる釣り方がある。水深のある沖までエギなどのルアーを投げ、浅い足元まで引っ張ってくる陸っぱりの釣りと違い、ボートの釣りは足元からいきなり深い状態でスタートする。

陸っぱりとは逆に、水深のある沖に船を定位させ、岸に向かってエギを投げるやり方もあるが、初心者におすすめしたいのはそれとは別、足元にエギを落とし込んで釣る「ティップラン」という釣り方だ。

3つの動作で完結

やり方は、きわめて簡単。重めのエギを船の下へフリーフォールさせ、底に着いたら軽くシャクってエ

おすすめの タックル＆エギ

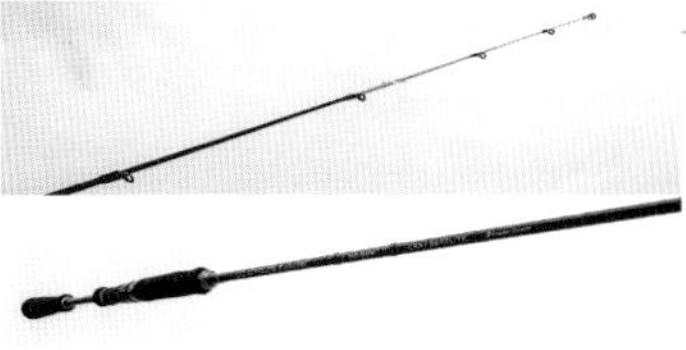

ティップラン専用ロッドの例（メジャークラフト・ソルパラSPS-S682ML/TR）。型番末尾の「TR」はティップラン専用モデルを現している。アタリを感知しやすいよう、ティップが目立つ色に着色されている点にも注目したい。

キャスティングの必要がないため、陸っぱりで使うロッドよりはるかに短い、6ft 台のティップラン専用ロッドをぜひ使いたい。ティップが中空ではなく繊維が詰まった「ソリッドティップ」と呼ばれるタイプであれば、より繊細なアタリが感知できる。

ロッドのパワーは、使用するエギの重さによって左右される。浅場なら軽めのエギを使うため、柔らかめのロッドがマッチする。一方深場狙いでは重いエギを使うため、張りがあって硬めのロッドが必要となる。

このように真下へエギを沈める釣りのため、長すぎるロッドはかえって邪魔になる。

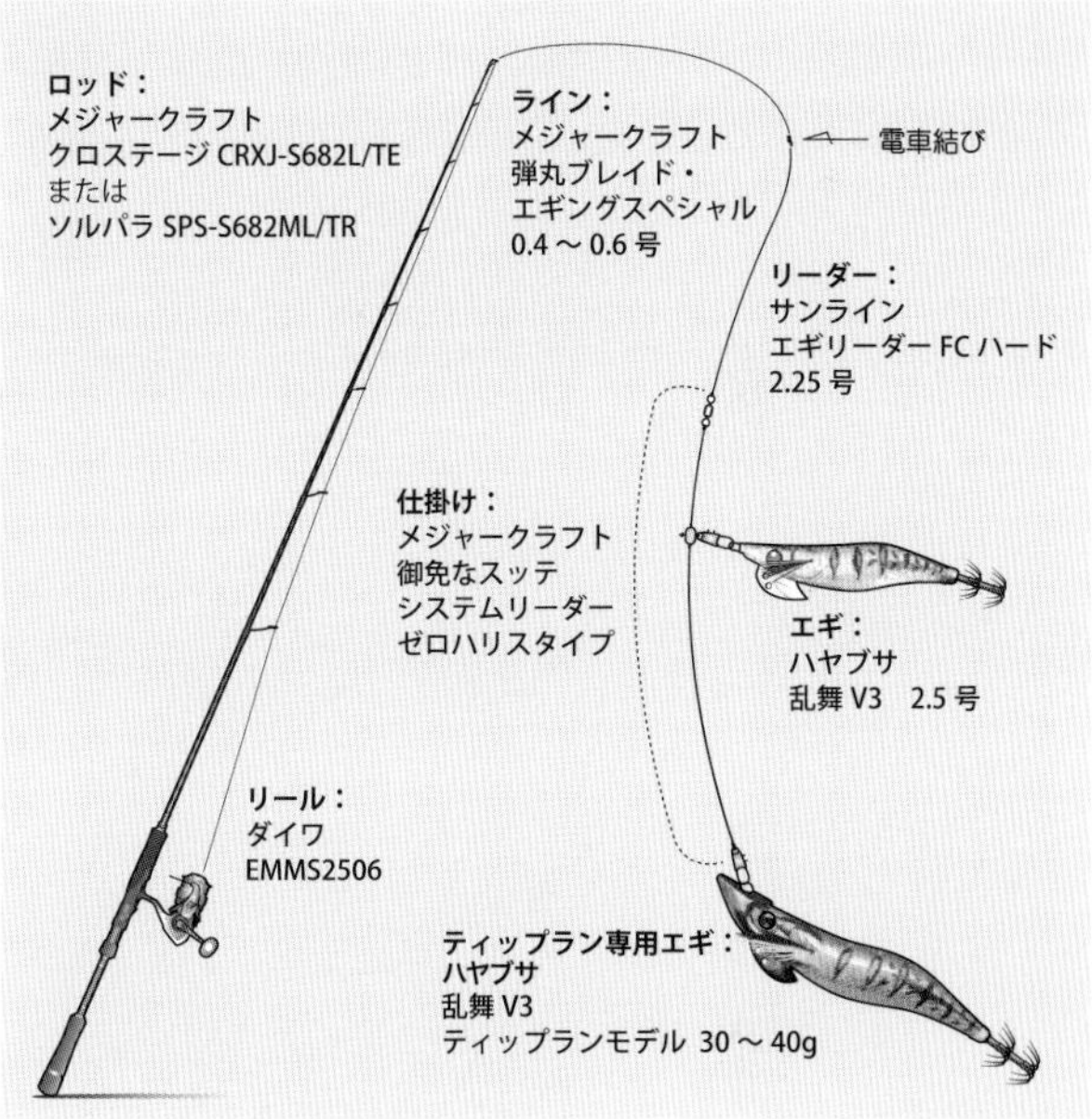

ギを浮かせたのち、そこで待つ。船が風や潮流で流されることにより、船に乗ったアングラーの持つサオに引っ張られたエギは、水中で自動的に動いてくれるのだ。この移動中、もっとも多くアタリが出る。

このアタリを感知するには、陸っぱりで使うものよりさらに繊細なティップを持つ、ティップラン専用ロッドが最適だ。水中のエギをイカが抱くと、繊細なティップが走るように動いてアタリを感知することから、この釣りはいつしかティップランと呼ばれるようになった。

足元に落とす、シャクる、待つという簡単な動作の繰り返しで、陸っぱり以上の釣果が期待できるのが、ティップランという釣り方だ。初心者にとって大きな関門となるキャスティングも不要なので、とにかく1杯釣ってみたいという方にもピッタリである。

専用エギの出番

足元に落として沈める釣りのため、陸っぱりで投げて使うエギより、ずっと重いティップラン専用エギが必須となる。30 gと40 gを用意しておき、着底がわかりにくくなったら、後からシンカーを足してウエイトをアップするといいだろう。

また、下にティップラン専用エギ、上に陸っぱり用キャスティングエギと、エギを2本上下に並べて装着すると、アタリのチャンスが倍増する。この際「お助けリグ」と呼ばれる、リーダーとエダスがセットになった専用仕掛けを使うと、面倒な準備が省けるのでおすすめだ。

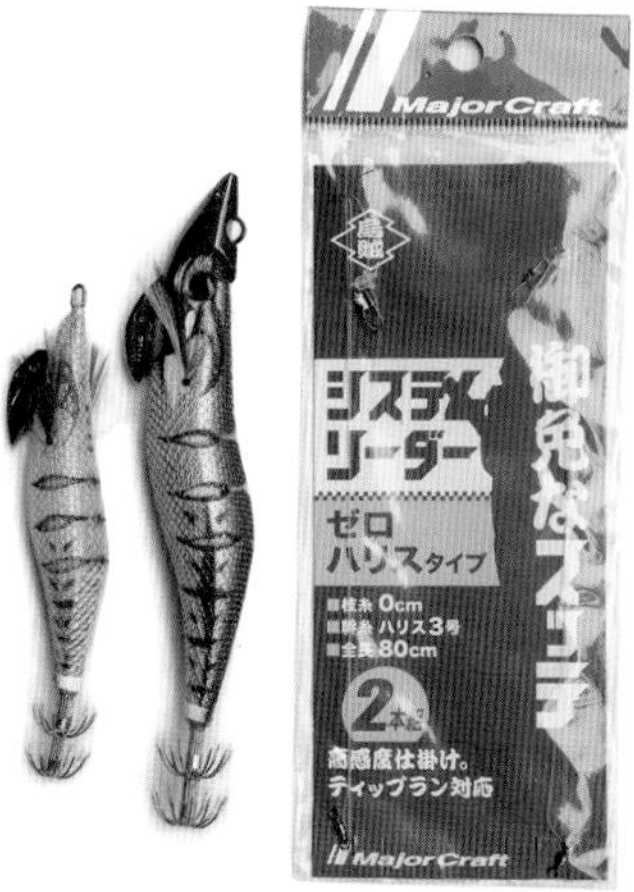

MajorCraft
御免なスッテ
システムリーダー
ゼロ
ハリスタイプ
高感度仕掛け。
ティップラン対応
MajorCraft

左から陸っぱり用エギ、それより大きく重いティップラン専用エギ、このふたつをスムーズに接続する「御免なスッテシステムリーダー（メジャークラフト）」。

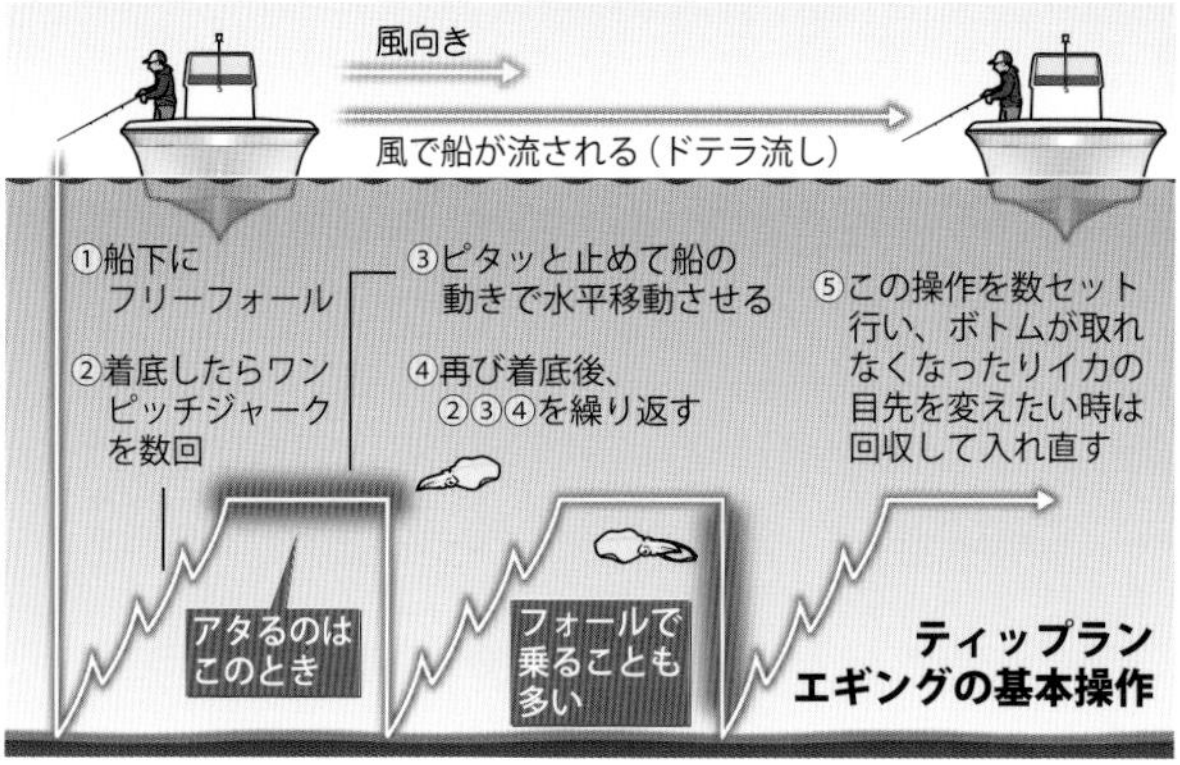

風向き
風で船が流される（ドテラ流し）
①船下にフリーフォール
②着底したらワンピッチジャークを数回
③ピタッと止めて船の動きで水平移動させる
④再び着底後、②③④を繰り返す
⑤この操作を数セット行い、ボトムが取れなくなったりイカの目先を変えたい時は回収して入れ直す
アタるのはこのとき
フォールで乗ることも多い
ティップラン
エギングの基本操作

釣り場までは船長が安全に連れていってくれるので、夜釣りも安心して楽しめる。

基本操作とアタリ

ティップランの操作方法は、きわめてシンプルだ。まずはエギを確実に着底させたら、5～10回シャクってピタッと止める。10秒待ってもアタリがなければ、再びエギを着底させ、またシャクってまた止める、これの繰り返しだ。船が風や潮に流されるにつれ、だんだん仕掛けが船から離れていくため、何度も繰り返すうちに着底がわからなくなってくる。そうなったらいったん巻き上げ、再び真下に落とすところからスタートする。

アタリは前述のとおり、ティップの動きを見て感知する。まっすぐだったティップが曲がる、潮に引っ張られて曲がっていたティップがまっすぐに戻る、曲がったり戻ったりを小刻みに繰り返すなど、ティップの動きに違和感をおぼえたら、即

1つの仕掛けにエギを2つつけることで、チャンスは倍増する。こんなことができるのも、船釣りであるティップランならではといえよう。

ティップランを楽しめる地域は広い。太平洋側なら房総半島、日本海側なら新潟より南であれば有望だ。本州は年内いっぱいでシーズンが終わるが、紀伊半島の南端や九州南西部といった黒潮の影響が強い地方では、春まで楽しめるところもある。

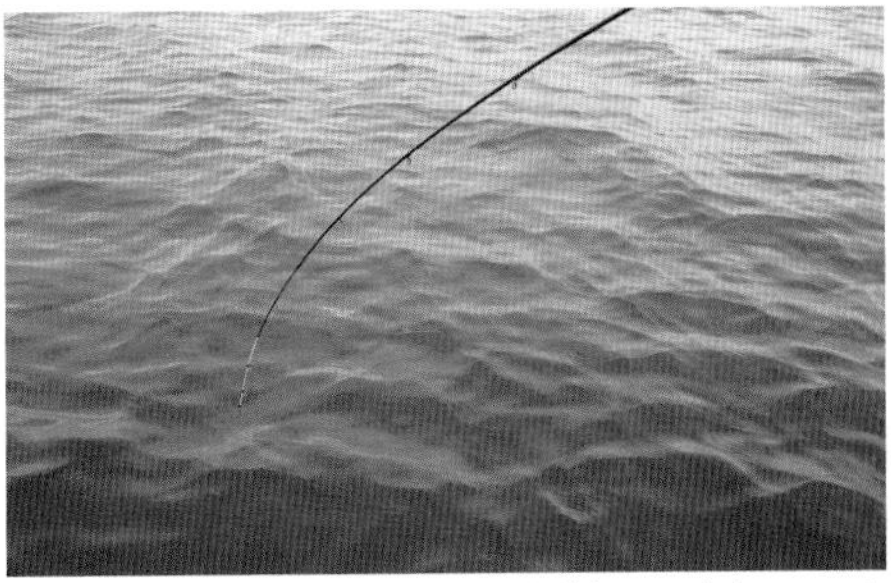

このティップの動きを見てアタリを感知し、すぐにアワセを入れる。今は少し曲がっているティップがまっすぐになったら、それは高確率でアタリだ。

アワセを入れよう。このアタリをいかに見逃さないか、そしてアワセを遅れずに入れられるかが、ティップランにおける釣果の差がつくポイントとなる。

乗合船を利用しよう

ティップランは、水深のある沖で船を流してエギを動かすという釣りのため、沖合いで行なうのが一般的。乗合船、チャーター船、あるいは個人所有のプレジャーボートなど、なんらかの手段で船に乗って沖に出る必要がある。

一番のおすすめは、なんといっても乗合船だ。ティップラン乗合と銘打った船宿であれば、ポイントの選定や船の流し方にも精通しているため、ポイントに到着してエギを落とすところまで完全におまかせできる。いわば「釣らせるプロ」なので、とことん頼ってしまおう。

アオリイカのエギングと違うところは、このように細長いイカが釣れること。そして、アオリイカが釣れない北のほうや寒い季節でも楽しめるというところだ。

無限の可能性が待っているイカメタル

エギ同様、元々漁具だったものが釣り具にアレンジされた「鉛スッテ」。アオリイカよりさらに生息域の広い、ヤリイカやケンサキイカといった細長いイカを、この鉛スッテを使って狙う釣り方、それがイカメタルだ。

夜の海に船を出し、ツツイカと呼ばれる細長いイカを、疑似餌を使って釣る。いわゆる「イカ釣り」を、現代風にアレンジした釣り方、それがイカメタルだ。

おなじみの細いイカを釣る

エギを使ってアオリイカを狙う釣りとして人気となったエギングだが、同じように疑似餌を使ってイカを釣る釣り方は、ほかにもある。その歴史や、親しまれている地域の広さを考えると、アオリイカのエギング以上に人気のある釣りといえるかもしれない。

それは、鉛などの金属をおもな材料とし、疑似餌とオモリの役割を兼ね備えた「鉛スッテ」を使い、ケンサキイカやヤリイカといった細長いイカを狙う釣りだ。

よりシンプルなイカメタル

元々は、一本の仕掛けから複数に枝分かれするようにハリスを結び、その先端に鉛スッテを接続するという釣り方が主流だったが、この鉛スッテ仕掛けをよりシンプルに、そして

おすすめのタックル

仕掛け全体の重量や動き方が、エギングよりメタルジグの釣りに近いのがイカメタル。よってロッドも、エギング用やティップラン用ではなく、イカメタル専用タイプを選ぶことになる。

ライトジギングタックルは、スピニングとベイトを使い分けることが多いが、イカメタルも同様だ。軽めの仕掛けで上から探っていくときはスピニング、重めの仕掛けで底まで一気に沈めたいときはベイトタックルと、それぞれ使い分けるのが効果的だ。

イカメタル専用ロッド（クロステージCRXJシリーズ／メジャークラフト）を使うことでアタリ感度は倍増する。

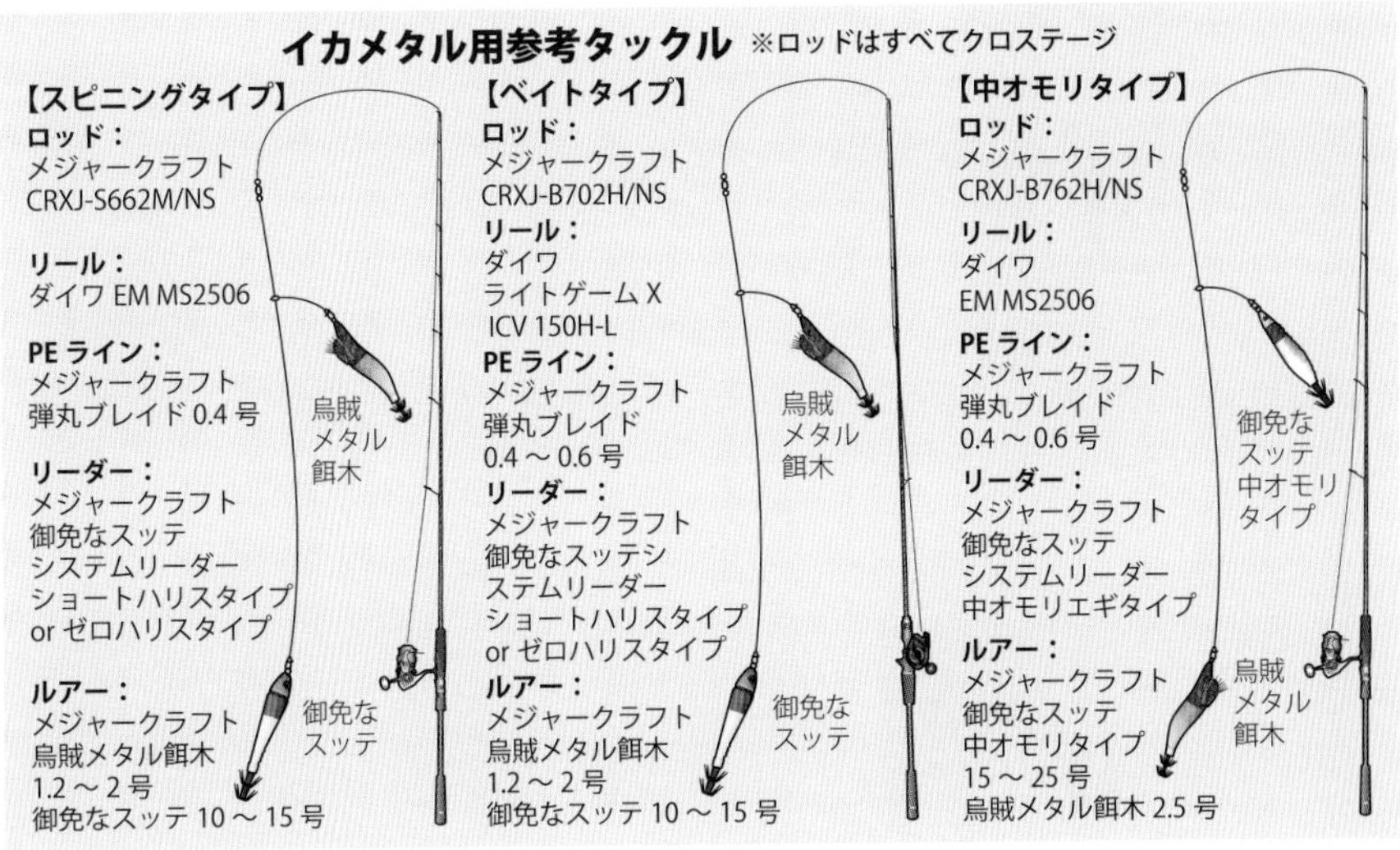

アタリを感知してアワセを入れるというゲーム性を強化すべくアレンジしたのが、ここで紹介するイカメタルという釣り方だ。

まず仕掛けの先端に、オモリと疑似餌の役割を兼ね備えた鉛スッテをひとつだけ接続する。そしてその上に、枝分かれしたハリスを介して、ドロッパーと呼ばれる別のスッテ、またはエギを取りつける。ドロッパーに使われるスッテは「浮きスッテ」とも呼ばれる。

この鉛スッテとドロッパーがセットになった仕掛けを、イカがいる泳層まで沈めたのち、ロッドを大きくシャクり上げてゆっくり下ろし、下がった状態で止めて待つ。ここでティップが曲がったり、少し曲がったティップがまっすぐに戻ったりといった動きがあったら、すかさずアワセを入れる。これがイカメタルの釣り方だ。

鉛スッテ+エギのダブルで誘う

オモリと疑似餌を役割を兼ね備えた鉛スッテと、それと一緒に沈んでいくドロッパー用のエギ、イカメタルはこのふたつの疑似餌をセットで使う。

ドロッパー用には専用エギのほか、通常のエギングで使うエギを代用することもできる。その場合、1.8号や2.5号といった、小型のものがおすすめだ。

鉛スッテとドロッパー、どちらも疑似餌としての機能を持っているため、イカの活性が高い場合は両方にヒットすることがある。これは、通常のエギングではまずお目にかかれない光景だろう。

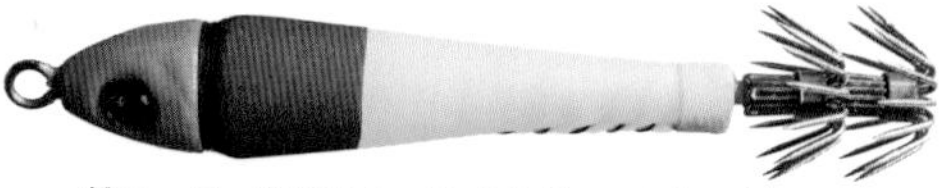

鉛スッテ・御免なスッテ(メジャークラフト)。これで仕掛け全体を沈める。

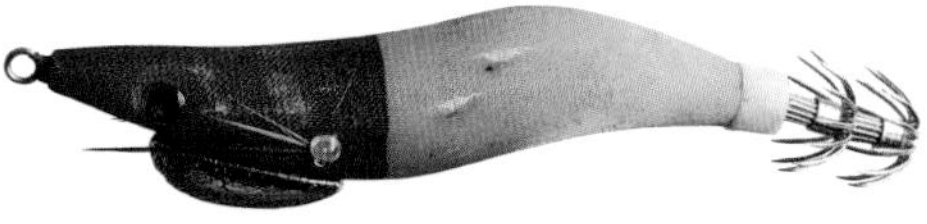

ドロッパー用エギ・烏賊メタル餌木(メジャークラフト)。こちらは通常のエギで代用することも可能だ。

夜、暗くなってからが本番だ。身切れしやすいケンサキイカが掛かったので、慎重に引き寄せる。

ティップラン同様、昼間から釣る場合もある。このときは底まで仕掛けを沈めることが多い。

ティップランとここが違う

船に乗って仕掛けを沈め、ティップに出る動きでアタリを感知するところは、別ページでご紹介したティップランと共通している。違うところは、ティップランが船でエギを引っ張って誘うのに対し、イカメタルはロッドをシャクった上下の動きで誘う点だ。また、従来のいわゆる「エサ釣り」のイカ釣り船同様、ナイトゲームが主流であるという特徴もある。

しかしなんといっても最大の違いは、アオリイカではなくツツイカ類もターゲットにしているという点だろう。ティップランが楽しめる地域は、太平洋側は茨城、日本海側は新潟がそれぞれ北限だが、イカメタルによるツツイカ狙いは、北海道や東北も含めた日本全国の沿岸で釣果が期待できる。

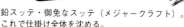

エギングってこんな釣り

群れの活性が高いと、鉛スッテとドロッパー用のエギ、どちらにもヒットしてくることがある。

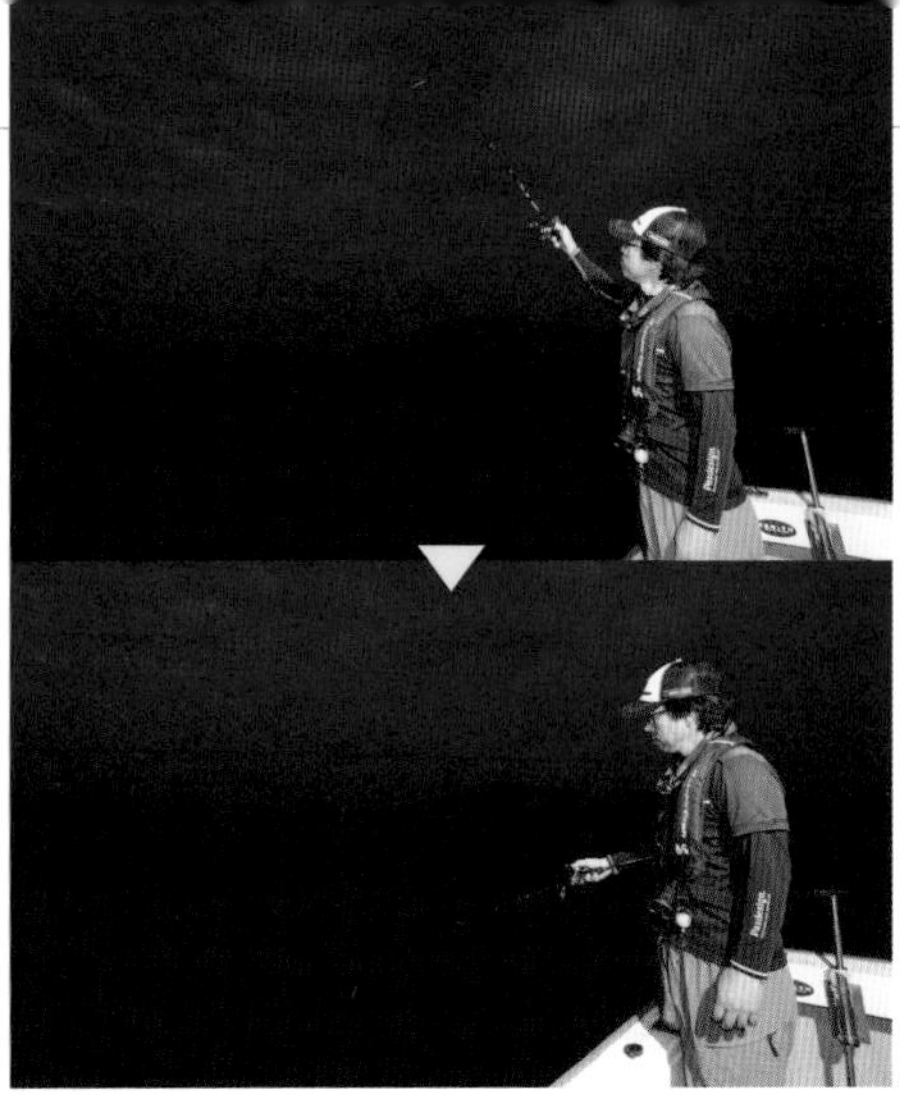

誘いは大きくシャクり上げてからゆっくり下ろし、下がった状態で止めて待つというもの。

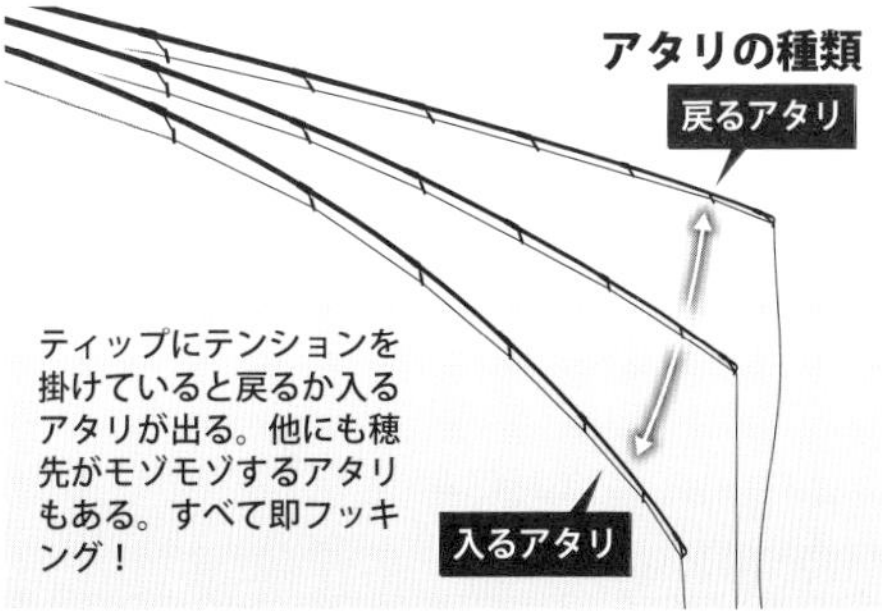

ティップにテンションを掛けていると戻るか入るアタリが出る。他にも穂先がモゾモゾするアタリもある。すべて即フッキング！

また、アオリイカが狙える地域であっても、水温が低すぎてアオリイカが狙えないような冬に、入れ替わるようにツツイカを狙うということも可能だ。

さらには、季節を厳選してアオリイカのティップランが楽しめる地域でこの釣りをすると、アオリイカとケンサキなどのツツイカ、どちらも釣れてくる可能性もある。冬の紀伊半島は特に有望だ。

このように、一年中日本のどこかで、なにかしらのイカを釣ることが可能なのが、イカメタルという釣り方だ。

釣れる地域、イカの種類とも、まだまだ広がる可能性を秘めたイカメタル。ティップラン同様に、繊細なアタリを見逃さずにアワセを入れるというスリリングな展開は、一度体験したら病みつきになることうけあいだ。

安全対策を万全に整えているからこそ、笑顔で釣果を手にできる。エギを投げている先は、足がつかない深さの海が広がっていることを忘れてはならない。

各種装備と安全対策を整えよう

どんな静かな漁港やサーフであろうと、水際に立って釣りをする以上、必ず安全対策を整えておく必要がある。楽しい休日を台無しにしないためにも、装備や対策はきっちりと整えてから、釣りの現場に赴きたい。

荒れた磯で釣ることは多くないが、足元が濡れた平らな磯に乗る機会は少なくない。足を滑らせないよう注意したい。

救命具は必需品

荒波が打ち寄せる磯際に立ったり、腰まで水に浸かって長時間キャストをしたりと、陸っぱりの釣りには危険度の高いものもある。エギングの場合は、舗装された足場や平らな磯、静かなサーフで釣ることがほとんどのため、こういった危険な釣り場とは無縁に思えるかもしれないが、どんなに安全に見えるような釣りでも、水際に立ってサオを出す以上、必ず救命具を身に着けておくようにしたい。

救命具といっても、そんなに大げさなものは不要だ。落水時、上半身を水面から出せるものであればそれでいい。ボンベに仕込まれたガスで膨らむ「膨張式」と呼ばれるタイプであれば、ベストやベルトと同じような感覚で着用できる。

その一方で、救命胴衣に多くの収

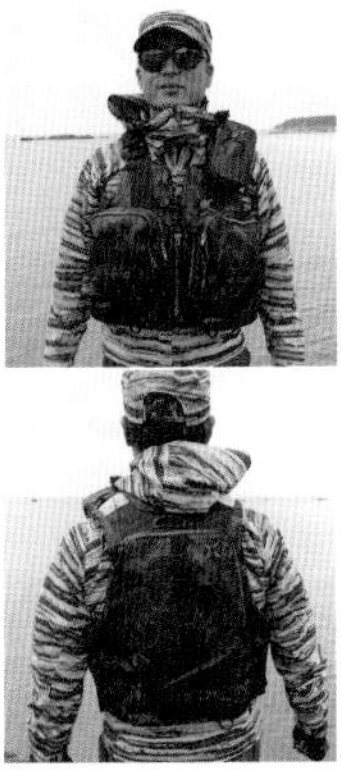

浮力材が仕込まれた救命具とボディバッグがセットになったタイプ。一見かさばるように見えるが、救命具と収納スペースが一体になっているので、実際に着てみるとまったく気にならない。

膨張式のベストタイプ。落水時、肩から首を支える浮力体が膨らみ、顔を水面から上に出してくれる。

膨張式のベルトタイプ。こちらは腰から背中を支える浮力体が膨らみ、水面に仰向けになるように浮かべてくれる。

ネックウォーマーやアームカバーで素肌の露出を避けるだけでも、暑さ寒さとも劇的にしのげるようになる。

納スペースを付属させ、救命具とボディバッグを兼用したような釣り用ベストも、豊富な種類が出回っているので、各自の好みや釣行タイプに合わせて選ぶといいだろう。

暑さ寒さに備える

アオリイカ狙いであれば、シーズンが春や秋といったすごしやすい季節なのでさほど気にする必要はないが、真冬や真夏の釣果もゼロではないため、もしかしたらこういった季節に出向く機会が訪れるかもしれない。一方ツツイカ類やマダコといったアオリイカ以外のエギングでは、暑さや寒さをしのいでキャストすることも多い。

夏は顔以外の素肌を直射日光に晒さない、冬は服の間に入る寒風をシャットアウトする。これだけ心がけるだけで、暑さ寒さもかなり軽減される。ぜひ試してほしい。

海の危険な魚たち

エギングで釣れることはめったにないが、底に沈めたエギにアカエイが引っかかったり、他の釣り人が捨てていったゴンズイの死体が足元にあったりと、危険な魚との出会いは皆無ではない。特に下側にある４種類の魚には要注意である。

●メバル
危険部位：背ビレとエラブタ。どちらにも鋭いトゲが生えている。

●シーバス
危険部位：エラブタ。ルアーが刺さっている付近が、鋭い刃物状になっている。。

●アカエイ
岸際の海底に生息する。尾ビレの付け根に毒のあるトゲがある。

●ゴンズイ
背ビレ、胸ビレに毒がある。他の釣り人が捨てていった死体にも毒が残っているので要注意。

●ハオコゼ
毒のある背ビレで刺されると、長時間痛む。

●アイゴ
危険部位：背ビレ、腹ビレ、尾ビレ。美味な魚だが危険。

危ない魚たちに注意

　さまざまな魚を狙うため、ワームやプラグを用いるライトゲームと違い、エギングは基本的にイカ・タコ類しか釣れないため、トゲがついていたり、鋭い歯やエラブタを持つ魚に触る機会は多くないが、けして皆無ではない。人気の釣り場では、ほかのジャンルの釣り人とサオを並べてキャストすることも多いだろう。こういった釣り人が釣った魚を、すぐ目の前にすることもあるはずだ。

　エギングを楽しむような岸際の海でも、危険な魚は少なくない。シーバス、ヒラメ、マゴチ、カサゴ、メバルといった魚は、どれもライトゲームの定番としてよく釣れるが、すべて体のどこかに危険な部位を持っている。安全な魚はアジくらいなものといっていいだろう。またどんな魚でも、ハリのついたルアーをくわえた状態で暴れられると、とたんに凶器となる。むやみに近づいたり、触ったりすることは避けよう。

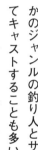

第1章 絶対釣らせるエギング入門

これさえ覚えれば基本は完璧！

春に生まれ、急速に成長するアオリイカ。いちばん釣りやすい秋シーズン、難しくなってくる晩秋～冬、そして産卵準備で接岸する超大型が狙い目の春シーズン。時季に応じた最適な狙い方の基本を詳細解説！

CONTENTS

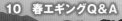

01

アオリイカの生態

典型的な秋イカ。これが釣れる時期は入門期に最適だ。

秋の時期の人気ターゲットといえばズバリ、アオリイカ！　このシーズンは「秋イカ」と呼ばれるお手頃サイズが活発にエギを追って釣りやすい時期だが、そんなイカはいつ生まれて、どうやって育ち、どこを移動しつつ、産卵へと至るのだろうか。

より釣れる形状や色、動きを追求し、現代も進化発展し続けているエギ。

エギの発祥とその進化

疑似餌を使用するルアーフィッシングのなかでは、エギが唯一日本古来のルアーと言ってもいいだろう。この釣りは奄美大島〜鹿児島あたりが発祥と言われている。当時、漁師が誤って落とした松明をイカが抱いたそうだ。そこからエギの歴史が始まったのだ。木を削り、焼き目で模様を付けたり、オモリを加えて……という具合いだ。また有名な文献には、あの西郷隆盛が島流しにされたときに「世は座して烏賊を釣る」「座敷にいながらイカが釣れる不思議な道具」と、沖永良部島座牢、獄中の窓からエギングを楽しんでいたとある。

1年で一生を終えるアオリイカについて知っておこう

謎多きアオリイカの生態

ご存知の通り、アオリイカという生き物は寿命が約1年とされている。はかなく短い一生だが、これには確証された裏付けがある。

魚では耳石にあたるもので、アオリイカの場合は「平衡石」という器官を調べることによってそれが分かる。ちなみに、寿命の長い個体では400日近く生きた個体もいるそうだ。

アオリイカの生態についての学会やシンポジウムで、学者が口を揃えて最後に言うのは、このイカについては、まだまだ未知の部分が多く、その解明のためには、エギングをたしなむ釣り人の現場の経験が非常に参考になるとのことだ。

アオリイカが釣れる地域

高水温を好むアオリイカは東北が北限という定説があるが、近年は北海道でも釣れる！　ということも聞こえてくる。時期と海流の影響によって、分布はさまざまだと思うが、アオリイカの適水温である15～17℃以上あれば、どこにでもいる可能性はあるだろう。また、近年の海水温の上昇傾向によっては、まだまだ棲息域に変化が起こりそうな予感がする。とはいえ、１年を通じ安定して狙えるエリアは、やはり黒潮の影響が濃い場所となる。

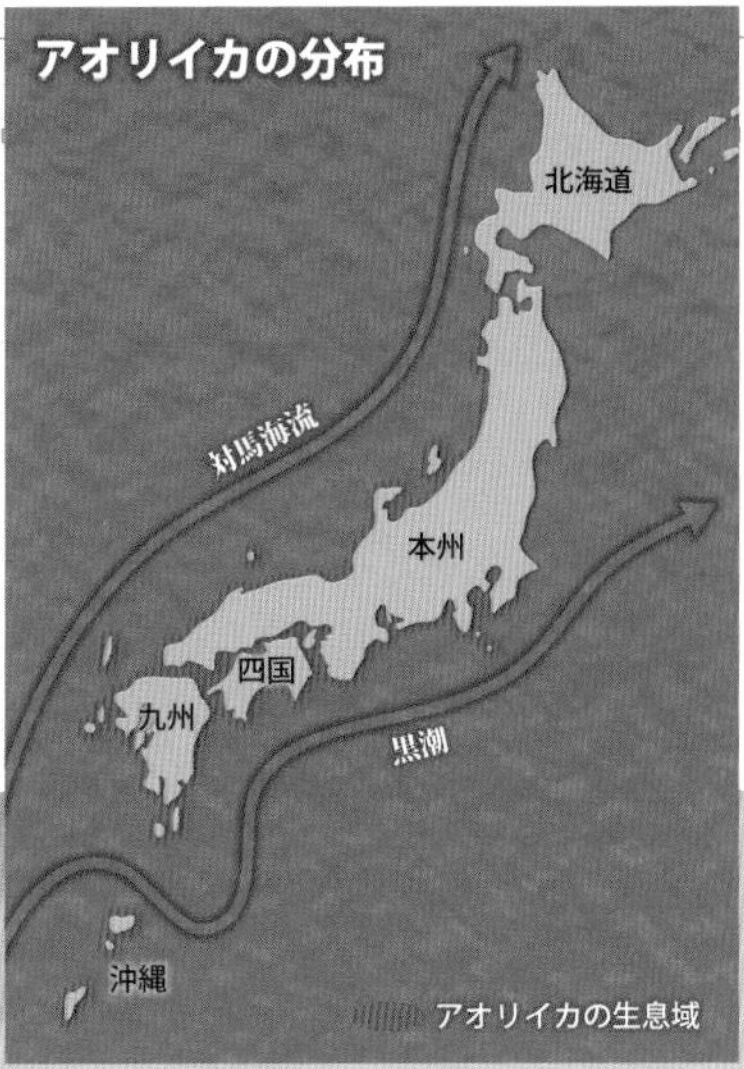

年中狙えるのは黒潮や対馬海流などの暖かい潮が当たるエリアだ。

秋は年間通じて個体数が最も多い時期

秋。それは、エギングアングラーが首を長くして待っていた待望のシーズンだ。この時期は、卵から孵化した子イカ達が、生きるために活発に捕食行動を繰り返す第一次成長期に当てはまる。

この時期のイカは好奇心が旺盛で、積極的に捕食を繰り返し、外敵から身を守る体力を身に付けるために、できるだけ多くのカロリーを摂取して、いち早く大きくなろうとする。成長の早い個体は、１日で１cmも大きくなるということだ。

卵から孵化した多くの子イカのなかでも、外敵から生き延びつつ成長できたものを釣り人が狙うわけだが、秋はそんなアオリイカの個体量がいちばん多く存在する絶好のタイミングなのだ。

アオリイカの種類

アオリイカには大きく分けて３種類が存在していると言われており、なかでもいちばん大型化するのは「アカイカ」型と呼ばれるタイプ。体色は一般的な「シロイカ」型より赤みがかっており、2～3kgを超える大型になり、深場を好む。釣り上げた後の体色の変化が激しく、息絶えるのが早いのが特徴だ。

近年注目されている「クワイカ」は、アカイカと同様に一般的なシロイカよりも高水温を好み（本州ではあまり見られず、沖縄などに多い）、サイズはあまり大きくはならない。具体的には200～300g程度までの個体が多く見受けられる。そしてどの種類もオスは線状、メスは点状の模様が特徴だ。

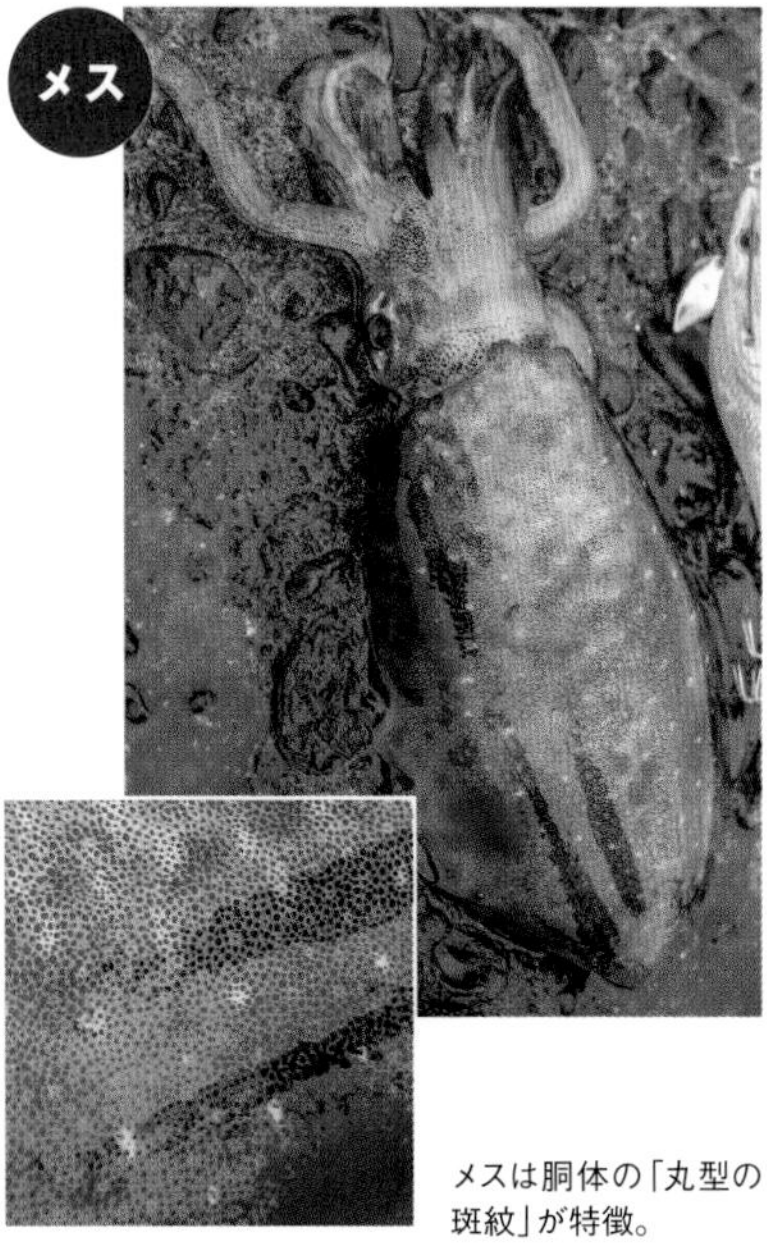

メスは胴体の「丸型の斑紋」が特徴。

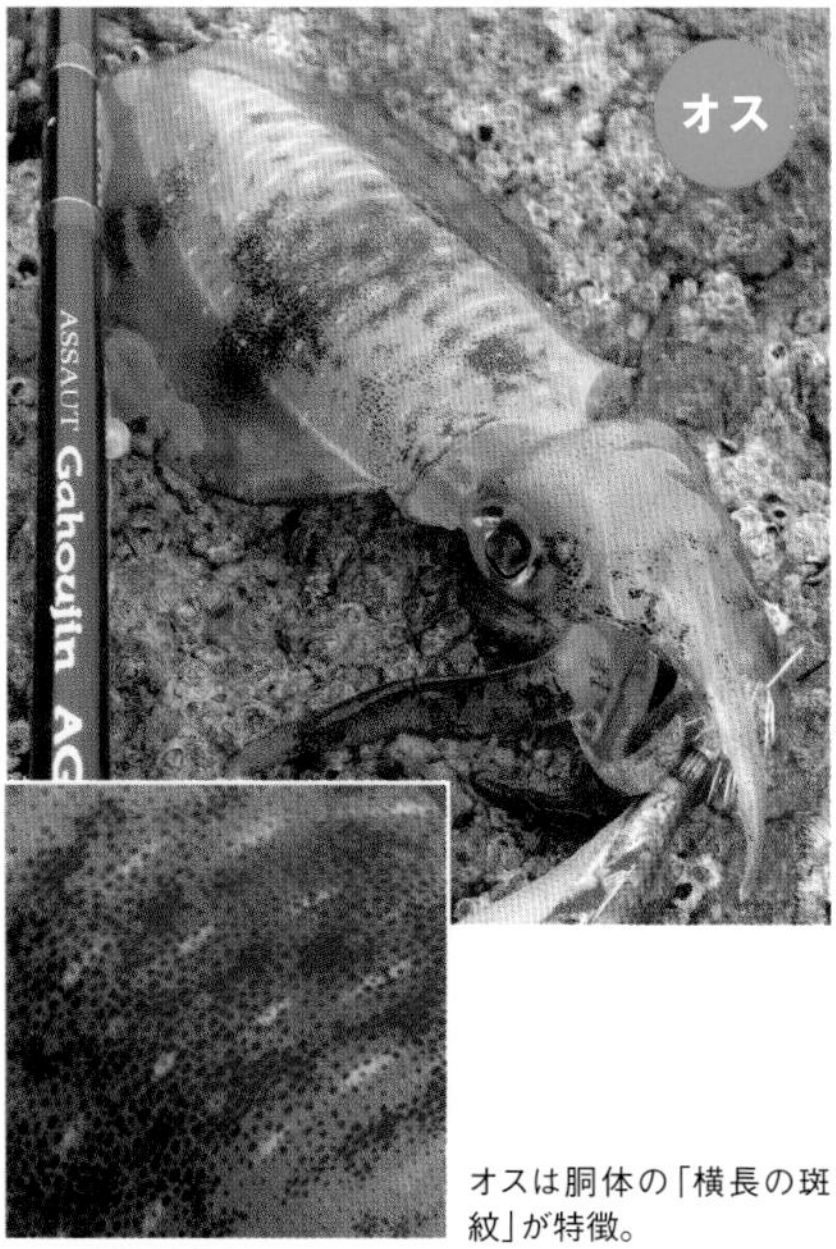

オスは胴体の「横長の斑紋」が特徴。

サイトフィッシングのシーズン

育ち盛りで、好奇心の強い彼らは、日々荒食いを繰り返してどんどん成長していく。このアオリイカの新子達は、釣り人が楽に狙える岸際近くのような、比較的安全でエサが多く、静かなエリアをテリトリーとして活動している。

そしてエギを投げれば、100～200g程度に成長した元気な個体たちが、好奇心旺盛に、ワラワラとエギの後方を追従してくるのが見えることも多い。

アオリイカの動きを見ながらやり取りすることを「サイトフィッシング」というが、秋のシーズンは、エギをどう動かせばアオリイカが反応するのかを、サイトフィッシングを通じて学ぶことができる貴重なタイミングでもある。

春は産卵のため接岸した大型のアオリイカが狙える。いわゆる「春イカ」シーズンだ。

ナイトゲームでも活発にエギを追う、秋の育ち盛りのアオリイカ。

季節が進んで冬になってくると、水温が下がるため、アオリイカは深場に落ちる。そして夜間の一瞬のタイミングにエサを追って接岸することが多くなる。

冬場から春にかけてのアオリイカの行動

秋も深まり冬になると、順調に成長を続けてきた個体は、より水温の安定した深場へ移動したり、より効率よくカロリーを摂取するため、大きめのエサを追いかけるなど、行動範囲は広くなってくる。

この頃になれば0・5～2kgまでの個体が見られるが、この差は生まれた時期の違い、効率よく捕食ができたか否かによるものだ。そして秋と比べて、個体数はグッと少なくなる。

やがて春が来ると、成長したアオリイカが、黒潮などの潮流の接岸と共に、生まれた地へ産卵のために帰って来る。これが春イカシーズンだ。

そして産卵後、寿命を全うして死を迎える。このとき産み付けられた卵は、夏から秋に孵化し、再び同様のサイクルを繰り返す。

02 晩秋〜冬のエギング

浅場で活発にエギを追ってくれたアオリイカが徐々に姿を消し、簡単に釣れなくなってくるのが晩秋以降のエギング。でも、これから冬にかけてはサイズアップした良型の引きが楽しめる本格期でもある。ここではそんな時期のエギングについて解説！

冬場に有望なアオリイカ釣り場

やはり冬場の釣果が安定しているのは、暖流の影響が残る太平洋側だ。和歌山県南紀周辺や、静岡県伊豆半島や千葉県房総半島の南面、四国、九州の太平洋岸、はたまた沖縄を含む南西諸島といったところが冬のアオリイカ釣り場として有望となる。

この場合、水温がキモとなってくるが、釣行するならば、できればこれが 16℃以上あるエリアに足を運びたいところ。欲を言えば 18℃以上で安定しているエリアが最高だ。

人工衛星の海水温サイトなどで水温をチェックして、釣行の目安にするといいだろう。

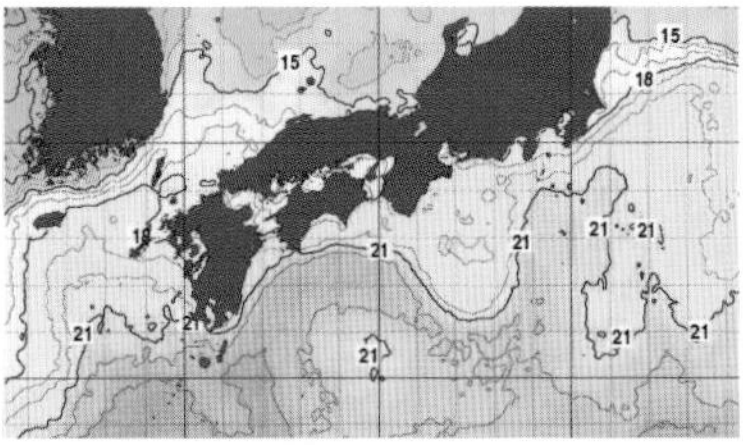

気象庁・日別海面水温2019年1月1日のデータから引用。これを見る限り、千葉県房総半島以西の太平洋岸、九州西部などは、この時点ではエギング可能な水域と判断できる。

水温低下で活性は下がるものの居場所を探り当てれば良型の連発もある！

晩秋から厳寒期にかけてのアオリイカの行動形態

季節は秋から冬へと移ろい、海の中を覗き込んでも、これまでたくさんいたアオリイカの個体があまり見えなくなってくる。もちろん、エギの後ろを追尾してくるアオリイカの姿もだんだんと少なくなり、秋にはあんなに簡単に釣れていたポイントで、アオリイカを釣るのが難しくなってくる晩秋以降。

ちょっと寂しい気持ちを覚えつつ、肌寒く冷え込んでくる外気温に触れて、本格的な冬の訪れを実感するのがこのころだ。

さて、それではこの時期、アオリイカたちは一体どこへ移動してしまったのか？ という部分についてここ

第1章

冬場に狙うべきポイント・釣りやすい時合い

冬場のアオリイカは深場に移動していく傾向にある。ただしナイトゲームでは、ベイトの有無にもよるが、2～3m程度のシャローエリアにも差してくるタイミングがある。冬場にナイトで狙うエギンガーが多いのはこのためである。

なお、水深が10m以上あるディープゾーンなら、デイゲームでも比較的連発して釣れるタイミングがある。前提条件としては、水温が安定していること、光量が少ないことが挙げられ、これらがイカの警戒を解く手助けをしていると思われる。加えて潮通しがいい場所であれば、ポイントとしては申し分ない。

それ以外にも、潮通しのいい磯場で、水深が5～6m程度あるようなエリア（紀伊半島南部など）は、ナイトゲームでは非常に狙いやすいポイントとなる。

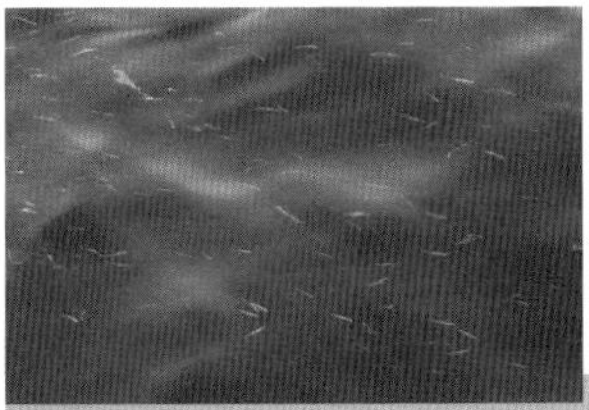

冬場のアオリイカの接岸理由は食事のためだ。したがってベイトフィッシュの有無を確認することが重要だ。

アジングやメバリングポイントとなる常夜灯周辺は、ベイトが集まるため、同時にアオリイカのポイントとしても好条件が揃っている。

イケスが設置された場所は「水深がある」「潮通し良好」という好条件を満たしている。

では考えてみたい。

夏頃に生まれて、秋にはまだまだ小さかったアオリイカも、だんだんと成長し、日に日に大きくなっていく。成長した個体は外敵から襲われる確率も下がり、400~500gくらいになると、より多くのエサを摂取しないことには消費カロリーを補えなくなるため、さらにはもっと大きく成長するために、エサを求めて広範囲を移動するようになる。

それと同時に、もともと高水温を好むアオリイカは、気温および水温の低下とともに、水温変化の影響を受けやすいシャローエリア（浅場）を離れ、より水温が安定している深場へと移動していく傾向にある。場合によっては、黒潮やその分流の影響が残るエリアへと群れで移動していく。快適に過ごせる適水温域に移動したイカたちは、冬の間はここで暮らしていくようになるのである。

冬場に有効なエギのアクション

冬場のイカはボトム近くに潜んでいる場合が多いので、エギはあまり激しく動かさずに、スローなテンポでボトム周辺をネチネチと探っていくといいかと思う。もちろん、ときおりスイッチを入れるために、激しいシャクリを織り交ぜて行くのも効果的だ。

基本的にはデイゲームでもナイトゲームでも、緩急をつけた誘いをしつつも、基本的にはスローテンポを主軸に誘い続ける。そして活性が高いと感じた場合は、テンポアップしてリズムよく釣っていこう。

冬場のエギのアクション
①ゆったりめのシャクリでソフトに誘う
②ボトムを取る
③スイッチを入れる意味でときおり強めのジャークも入れる
④ボトムステイも有効

水温低下時は、ボトムステイでイカにエギを持っていかせるのも効果的だ。

より海況が安定した深場へとアオリイカは移動する

一般的には海水温が15～16℃を下回ると、アオリイカの姿をあまり見掛けなくなる。東日本や本州日本海側などは11月頃がこれにあたる。水温低下の始まりとともに、アオリイカはだんだんとその姿を消していく。

水温が高い黒潮やその分流の影響が残るエリアにおいても、より水深があって、水温の安定するエリアで生活し始める。そんな深場が隣接するようなエリアでは、シャロー場に続くブレイク（落ち込み＝カケアガリ）のようなストラクチャーを拠点にして、マヅメの時間帯や潮行きによっては、活性を上げて行動範囲を広げ、シャローで捕食行動を行なう。

そして、そんなふうに活性の上がるタイミングに活発に動き回る個体と、我々アングラーの操作するエギ

冬場のマヅメ時、アオリイカはベイトを追ってシャローへ接岸する。このタイミングを狙うのが効果的だ。

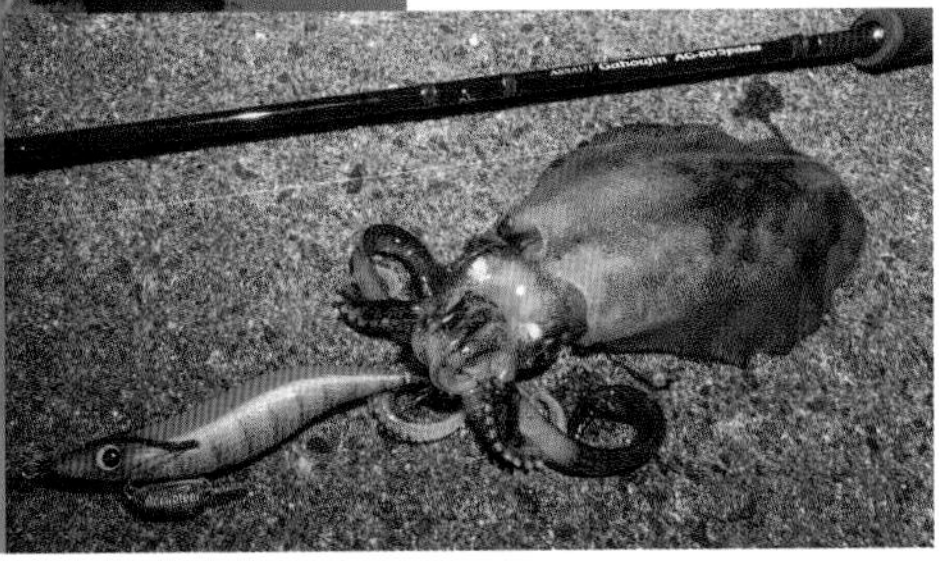

冬場から春にかけてはキロアップも出るようになる。

がタイミングよく交錯すると、時合い到来とばかりに、連発するタイミングとなったりする。

付け加えると、アオリイカは成長するとともにいろいろなことを学習して、エギへの観察力や判断能力も上がってくるため、秋のハイシーズンのように、デイゲームで攻略することは難しくなってくる。アオリイカは本来夜行性であり、低水温期には特に、ナイトゲームで狙うと仕留めやすくなる。

確かに秋に比べると個体数も少なくなり、一筋縄では釣れなくなってくるタイミングではあるが、成長の早い個体は、晩秋ともなるとキロオーバーに成長している頃合いでもある。

アワせた瞬間に伝わる、良型特有の鈍重な手応えを一度体験すると病みつきになるだろう。そしてこの快感を求めて、晩秋〜冬のエギングに足繁く通うようになるのである。

03

レッドモンスターってなに？

アカイカ型にしては可愛いサイズに苦笑いする筆者。

春イカシーズンに先駆けたまだ冬の時期、地域・シーズン限定ではあるが、多くのエギンガーが憧れるレッドモンスター、いわゆるアカイカ系の親イカが狙える。5kgオーバーにもなる憧れのモンスター攻略のノウハウを大公開！

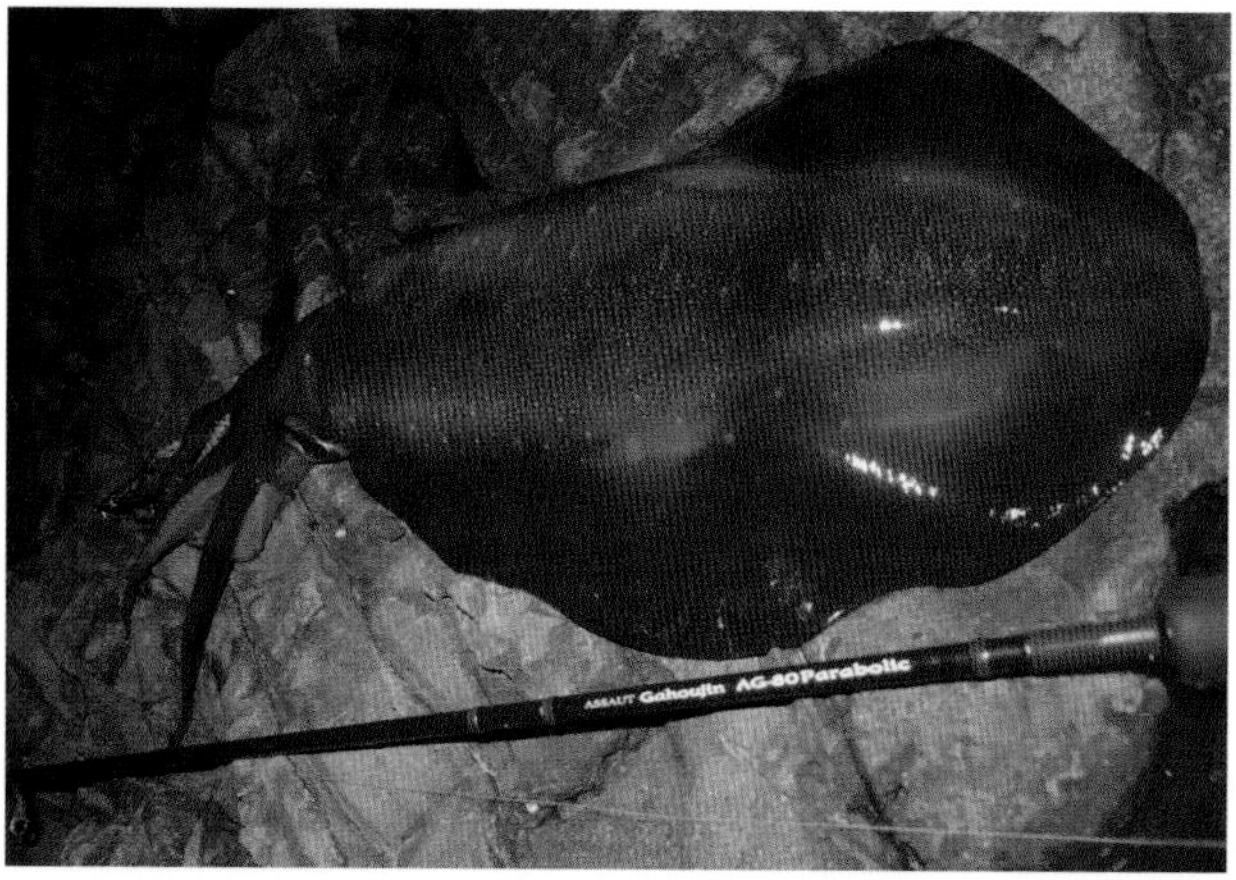

時に5kgオーバーのキャッチ例も聞かれるアカイカ型アオリイカ。群れの回遊に当たれば3kg前後が連発することもある。

羨望の5kgオーバーを狙うこの時期限定のビッグワン攻略心得

アカイカ系アオリイカの行動形態

アオリイカには大きく分けて3種が存在する。最もスタンダードで、シーズン中に全国各地で釣り場を賑わせているのが「シロイカ型」と呼ばれるポピュラーなアオリイカ。これは秋イカシーズンに新子の数釣りで親しまれ、春になれば親イカとなって2kgオーバーに成長。個体によっては3kgにも成長する、日本ではいちばん多く見受けられるタイプだ。

そして沖縄諸島やその周辺の海域に生息する「クワイカ型」。こちらは大型に成長することはなく、200～300g程度の個体が多く見受けられる。九州以南の暖かい水温を好み、リーフや岩礁帯のシャローに生

レッドモンスターが狙えるエリア

ズバリ、「黒潮海域」に面するエリアが狙いやすく、太平洋側の西日本エリアでは12月から翌4月頃で、黒潮が接岸しているタイミングが狙い目となる。九州以南や沖縄諸島のような、随時黒潮海域にあるような場所ではボートエギングの実績が非常に高く、日中に水深の深い場所を狙うのが一般的。ショアからでも屋久島をはじめ、鹿児島県の離島では実績場所が多く存在する。その他、伊豆諸島、小笠原諸島もドリームサイズとの遭遇率が高いエリアだ。

和歌山県・南紀エリアの地磯は、アカイカ型アオリイカの捕獲実績が高い。

息。体色は黒っぽく、釣れ上がったときも濃い赤紫色をしており、シロイカとは何かが違うぞ？　という印象を受けるタイプがこのクワイカだ。

そしてもう一種、アカイカ型が存在する。このタイプは基本的に黒潮海域の暖かい水温、水深のある場所を好む。産卵特性も、シロイカのような浅場のアマモ・ホンダワラ帯ではなく、少し深い岩礁帯やシモリ、海藻帯に産卵するとされる。

サイズについては、皆が胸を躍らせるビッグモンスターが多いのが特徴。2～3kgは当たり前、6kgを超える特大ドリームサイズも存在する。

しかしながら、このアカイカ型だけを狙うというのは非常に難しく、ましてやドリームサイズをショアから手中にするのは相当困難な道のりなのは確かだ。しかし、だからこそ夢中になれるのが、この羨望のレッドモンスターなのだ。

レッドモンスターのポイント・釣りやすい時合い

　ショアからでは10ｍ程度は水深がある場所に入ってくることが多く、足元でも５～６ｍの水深は欲しいところ。底の地形は砂地のような変化がない場所よりも、シモリが点在していたり、ゴロゴロと石や岩があるような場所のほうが断然有利。基本的にはナイトゲームで狙うが、月夜周りの実績が高く、特に大型のヒット率が高いタイミングは干潮前後だ。海の状況はベタナギよりも、少し荒れ気味のほうが好釣果が出ることが多いようだ。

黒潮海域で潮通しがよく、水深がある磯場でのヒットが圧倒的に多い。

レッドモンスター狙いに有効なエギのアクション

「絶対にコレ!」と言い切れるエギのアクションというものはないように思うが、テンポの早い釣りよりは、スローにじっくりと見せて誘うような釣り方がベターとなる。ただし、ときおり派手目で強いシャクリを入れるのも効果的な場面は多々ある。

　ちなみに大型個体が繰り出すイカパンチは、まるで魚の強いバイト時のような感触が手元に伝わってくる。そんなときは慌てずに、シャクリを少し入れてフォロー（アピール）しつつ、フォールやステイで抱かせる間を丁寧に演出する事が大切だ。また、大型の個体はランディングも大変なので、しっかりしたギャフやタモを用意し、無理に一人で上げようとせず、仲間と協力して取り込むことを推奨したい。

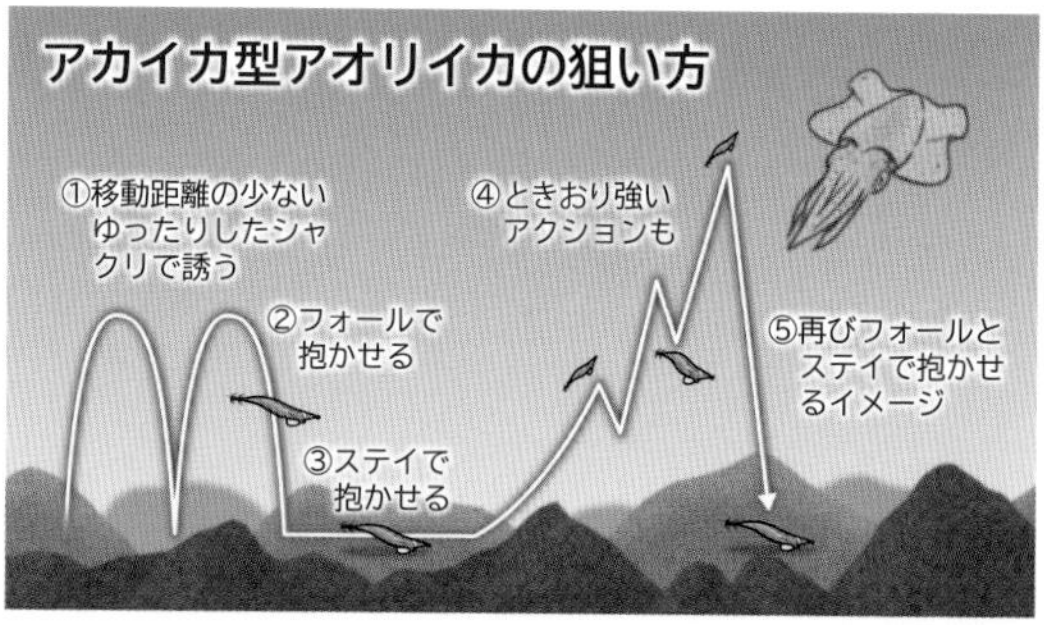
アカイカ型アオリイカの狙い方
①移動距離の少ないゆったりしたシャクリで誘う
②フォールで抱かせる
③ステイで抱かせる
④ときおり強いアクションも
⑤再びフォールとステイで抱かせるイメージ

レッドモンスターのキャッチ事例

　レッドモンスターと呼ばれるアカイカ型アオリイカの狙い場としては、和歌山県の南紀エリアが思い浮かぶ。ただし、ひとことで南紀エリアといってもその範囲は広く、どこでも狙えるというものではない。そして、このタイプが狙えるのは年末年始から3月、もしくは4月にかけてのまだ寒い時期になる。シロイカ型よりシーズンが早いのが特徴だが、これも、その年の水温変化によりけりで、釣果は黒潮の接岸状況に大きく左右される。

　ショアからでは基本的には磯場のナイトゲームが狙い目だ。水深は少なくとも足元で5～6mは欲しいところ。ちなみに、シロイカ型の親イカは水深1～2mのシャローエリアでもよく釣れる。

折れない心でキープキャスティング！

ナイトゲームでの実績が高いとはいえ、３kgオーバーのアカイカが日中のシャロー帯で釣れることも稀にあり、謎な部分が数多くあるのが実情でもある。

そんな気難しいレッドモンスターとの遭遇確率を上げるための手段は、個体数の多いエリアへの遠征である。

例えば、どうしてもショアからレッドモンスターが釣りたいという場合は、鹿児島県の屋久島など、南西諸島方面の実績が高い。そして釣果にありつくには、回遊を待ってひたすらシャクり続ける忍耐が必要となる。

なお、もっと気軽にレッドモンスターを手にしたいのであれば、沖縄本島での船からのゲームがいい。日中に水深１００m前後のディープエリアに潜むレッドモンスターをボートから狙うのだが、近年、この方法で凄まじい釣果が出ている。狙い方はヘビーなティップランになる。

04

春イカ狙いの基本

ゆったりしたアクションでじっくり見せる。ボトムステイしているエギを抱いてくることも多い。

水温の上昇とともに、待望の春イカシーズンが開幕！　早春から初夏にかけては、産卵のためにキャスティングで届く範囲まで接岸した大型のアオリイカが狙い目だ。そんな個体が狙える、この時期のエギングテクニックについて考察していこう。

産卵床へのルートを見つけたらじっくり腰を据えてそこを狙い撃つ！

シーズン前のリサーチが重要

気温変化の激しい三寒四温を繰り返す時期が過ぎ、春も本格化すると、全国のエギンガーが気になって仕方がないシーズンが到来する。そう、待望の春イカシーズンである。

それに備えるためには、さまざまな衛星画像や海洋速報のウェブページで、海の表面水温をチェックするといい。これは、アオリイカの適水温が17℃前後からとされているため、水温がそれに近くなれば、シーズン開始が近いという合図となる。

シーズン前からそういったことをしていると、例えば厳寒期である2月でも水温は例年より落ちずに比較的高く安定していたとか、黒潮も蛇行せずに安定しているな……という

釣行プランは適水温域を念頭に！

春イカシーズン最初の楽しみは、接岸を読む行為。だんだん暖かくなって上昇する適水温域に、ドサっと大量の親イカたちが押し寄せているという状況をデータで分析し、こんなポイントを引き当てたときは嬉しさもひとしお。衛星画像などを参考にしつつ、現場の水温を確認し、実績場のファーストラン的な群れを狙いたいものである。

ネットなどで表面水温をチェック。17℃近くになったら最初の群れの接岸が期待できる。

第1章

狙い目の時合い

春の気持ちいい日差しのもと、日中のデイゲームでも釣れるのが春イカの醍醐味だ。朝夕マヅメが時合いであることはオールシーズン共通だが、それ以外については「このタイミングが絶対にいい！」という確実な答えはない。ただ、過去の実績では、「満月前の若潮から中潮」はいい結果が出ているケースが多いように思う。そしてナイトゲームでは「月夜周りの干潮前後」が狙い目となる。

藻場で産卵するために接岸する親イカを狙う春のシーズンは、シャローを狙うことが多くなる。干潮時に狙うなら、スローフォールタイプのエギが効果的だ。

具合いに、この先の釣果を占うことができる。具体的には、「例年よりも春イカの接岸が早いのでは」とか「いつもと違った場所での爆釣パターンがあるかもしれない」という想定ができ、これが釣果アップにつながるのである。

春イカはなぜ気難しいのか

春イカは釣りづらい、気難しいとよく言われる。これには「産卵」というキーワードが影響している。理由は、産卵直前のイカはエサ（エギ）を追わなくなってしまうからだ。とはいえ、実は接岸するすべての個体が産卵を意識しているわけではない。アオリイカが産卵に入るタイミングには個体差があり、接岸してきた初期には、産卵とは無関係な個体も多くいるのが実情だ。この前提で考えると、活性の高い個体をいかに狙っていくかが重要となってくる。

春イカ狙いに有効なエギのタイプと操作法

春イカ狙いでは、秋イカ狙いのようなビシバシ系のアクションは、アクセントをつける意味合いでときおり入れる程度で、基本的にはスローな誘いを念頭に、ゆったりしたシャクリを入れては、ていねいなフォールを心掛ける。大型サイズには、よりていねいなフォールと着底後のステイでじっくりとエギを見せ、興味を持った個体にエギを抱かせるというイメージだ。懐疑心と警戒心が高い親イカにどうやってエギを抱かせるか。その駆け引きこそ、春イカゲームの醍醐味である。

春は大きめのエギ使用が定石。3.5～4号を使ってていねいに見せていこう。

春イカ攻略術

例えば、湾奥のような穏やかな藻場で、白くなってカップリングしているような個体は産卵行動真っただなかであり、エギにはほぼ興味を示さず、釣るのは難しい。もちろん、タイミング次第では産卵床を守るためにエギを威嚇してきたりもするのだが、愛の営みを邪魔することは、あまりおすすめしない。

となると、春の時期は産卵行動に入る前、カップリングする前の個体を狙っていくのが正解で、ポイントはアオリイカの通り道となる産卵場近くの潮通しのいいエリアになる。

ちなみに、確証はないが、マヅメに反応するイカの大半が産卵とは無関係の個体で、潮行きや時合いに関係なく、突然釣れるのが、産卵行動に関係している個体といった傾向はある。

ナイトゲームでは産卵絡みではない個体がエサを求めて回遊してくるケースが多い。

藻場に潮通しのいいブレイクラインが隣接していれば、アオリイカがそこを通ることを想定して攻めを組み立てたい。

ひとつ確実に言えることは、春は産卵床となる「藻場の近く」で数と型が狙えるのは事実だということだ。したがって、その場所に行き来するアオリイカのルートを把握することが、釣果にたどり着く要点と言えるだろう。それが、エギが届く岸沿いのルートかもしれないし、沖合いにあるブレイク（カケアガリ）沿いのルートかもしれない。フィールドの大きさ、産卵場のスケールなどはさまざまだが、こういったポイント選定に関しては、通いつめてイカの動きと居場所を徐々に把握していくしかないだろう。

ともあれ、春はさまざまな生命が一気に躍動してくるタイミングだ。穏やかな日中に、大型の春イカをキャッチする快感は、体験してみないことにはわからない。春イカ特有の、強烈なジェット噴射を味わえば、エギングの虜になること間違いなしだ。

梅雨入り前は春イカが絶好の狙い目!

05

梅雨前後の攻略術

シーズン初期は、釣り場が南方や黒潮海域に限定される春イカだが、5月以降は、千葉県以西の太平洋岸全域、瀬戸内海、日本海の東北方面に及ぶ広い範囲で狙うことが可能となる。入門するならこの時期がおすすめとなる。

春イカシーズンはいつまで続くのか

春イカ狙いの目安はエリアによってさまざまだが、一般的には群れが接岸して1カ月程度が狙い目となる。産卵を終えると、年魚としての寿命をまっとうするアオリイカの場合、春イカシーズンはそう長くは続かない。

とはいえ、群れの大小(個体数)、接岸してくる群れごとのタイミングにより、この状況も変わってくる。大きな群れが一気に迫り来るエリアもあれば、じわじわと小分けで接岸してくるようなエリアもあったりと、場所によって日本全国特徴はさまざまだ。例えば和歌山南紀エリアでは、キロアップの親イカは1年を通して狙える。このように、釣り場ごとに春イカシーズンの長さは異なるので、それぞれの特徴を捉え、攻略することが重要だ。

本州最南端、和歌山県の潮岬周辺は、黒潮の影響が強く、年間を通じてキロアップが期待できる釣り場。

梅雨明けまでは期待十分! キロオーバーの数釣りも期待!

梅雨入り前の対策

春本番を迎える5月あたりから梅雨入り前は、春イカ狙いには最高のシーズンが各地で始まる。黒潮の分流が北上し、日本海側や瀬戸内海の奥の方へ、じわじわとその影響が及ぶのである。こうなれば、本州のいたるところで、待ちに待った春イカシーズンの本格的な開幕となる。多くの親イカの個体は、産卵を意識し、藻場を目指して一気に接岸してくる。

これを迎え撃つ釣り人は、これまで聞かされてきた「春イカ攻略のセオリー」を実践し、待ちに待ったシーズンを堪能するのである。春イカの実績ポイントに第一陣の群れが入ったときに遭遇すれば、爆発的な釣果が期待できるのがこの時期だ。

アオリイカの活性とアタリ

アオリイカのアタリの出方はさまざまで、これはイカの活性や、エギを取り合う個体数にも関係する。基本的に強いアタリが出るときほど活性が高いが、こんな場合は個体数が多く、エギを取り合いになっているような状況が推測される。また、大型になればなるほど、このアタリも強く、大きくなる。

その逆に、活性が低いと居食いのような「アタリが出ない」状況になったり、「根掛かり」と同じような感触のアタリしか出ないことも多いものだ。こういったケースでは、アタリがあっても手元に伝わりづらい状況となる。

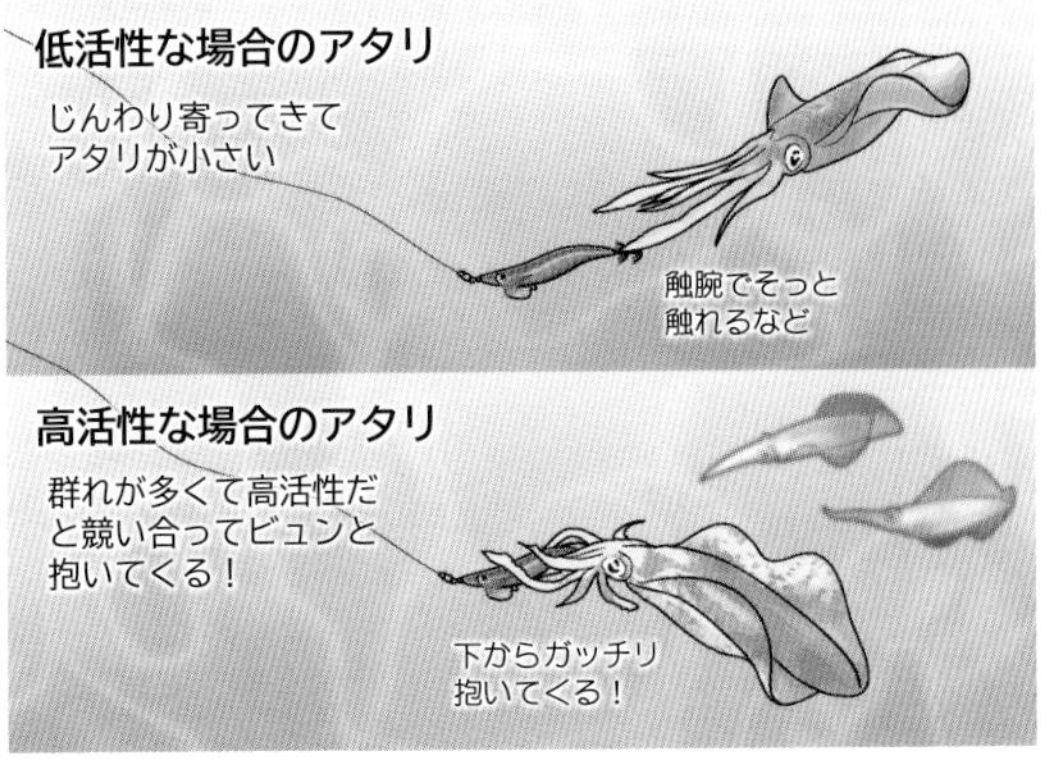
低活性な場合のアタリ
じんわり寄ってきて
アタリが小さい
触腕でそっと
触れるなど
高活性な場合のアタリ
群れが多くて高活性だ
と競い合ってビュンと
抱いてくる！
下からガッチリ
抱いてくる！

梅雨前後は高活性な良型個体が多い。積極的にアタリを取って掛けていこう。

春イカ狙いの常套手段である水温の確認に加えて、職漁師からの情報(定置網の漁獲についてなど)を港で入手できれば、それを毎年のデータと照らし合わせてそのときを待つ。もしも、少し沖合いで親イカが獲れはじめたとの情報が耳に入ったら、最初の群れが射程圏内に迫ってきた証拠だ。そして早い場合は翌日、遅くても2~3日以内には、エギの届く距離に春イカたちが押し寄せてくることだろう。

ただ、南日本など、水温が高めのエリアでは、一般的には梅雨の前後は春イカシーズンも後半戦となる。これは、水温が高いため、産卵を終えてしまう個体が多いからなのだが、この頃は一概にそうも言えなくなってきた。近年は産卵時期がバラバラになる傾向が強くなったため、遅くに産卵する個体を引き続き狙っていくことができるからである。

梅雨時期の装備についてのアドバイス

梅雨時期は湿気との戦いだ。雨を防ぐレインウエア内は、温度が上昇してムレムレとなる。汗を放出する透湿性の高い素材でも、普段からハードに使用していると、海風や波に当たって潮が生地の目詰まりを起こして性能を低下させるので、常日頃からの手入れは欠かせない。そしてレインウエアのインナーはこまめに着替えたり、ドライ系のウエアを着るといいだろう。また、着替えは多めに用意して、体を冷やさないような配慮があると、梅雨時期の釣りをより快適に楽しめる。

ゴアテックスなど透湿性の高いジャケットは必須。

梅雨入り後の対策

梅雨に入り、シトシトと長雨が続き、蒸し暑さを感じ始める頃。実はこの梅雨時期は、なにかとチャンスがあるタイミングなのだ。

できれば梅雨の合間の晴れの日を選んで、気持ちよく釣りをしたいのだが、雨が降るタイミングというのは、ライバルたちが釣り場に出掛けたがらないため、比較的ポイントが空いている。大雨の日はさすがに釣行は避けてもらうとして、降ったり止んだりするくらいの天候の場合は、釣り人のいないポイントで、のんびりと探れるメリットを生かしつつ、親イカ個体を狙えることが多い。

ただ、足元が滑りやすくなっているので、消波ブロックや磯場での釣行は避けるようにしたい。足場のいい波止にもライバルが少ないので、無理する必要はない。

海水温と接岸情報をチェックして、来たるべきタイミングに備えておこう。

北海道や三陸を除いた多くのエリアでキロアップのアオリイカが狙えるのが梅雨の前後だ。

ただ、梅雨時期にはデメリットもある。雨量が多い場合、河川近くのポイントは濁りがきつくなり、釣れにくくなる場合が多いのも事実だ。釣行日自体は気持ちよく晴れていても、前日まで長雨が続いているような状況は好ましくない。河川の規模が大きければ大きいほど、濁りの影響が取れるには日数がかかる。カフェオレ色の濁りのなかでも釣れないことはないが、やはり普段濁っていないようなポイントが濁ると、釣れにくくなるのは間違いない。

とはいえ潮の流れによっては、河川に近くとも、この濁りが沖に抜けて、そこに隣接するエリアはクリアな状態が続いている……というような場合もある。したがって、雨上がり後に海岸線をチェックして、濁り具合を確認しながらポイントを選定していけば、雨後でも釣果にたどり着くことは可能である。

口元でヒットしてくるアオリイカは
高活性な証！

06
アタリとアワセ

エギングによるアオリイカ狙いでは、そのアタリの出方に特徴がある。手元にはっきりとアタリが伝わる場合もあるが、よりよい釣果にありつくには「ラインに出る変化」を捉え、それがない場合は「アタリを自ら取りに行く」ことが大切だ。

はっきり出るタイプのアタリとアワセ

基本的にイカの活性が高い場合は、アタリは強めにはっきりと出る。群れのなかで、獲物を取り合うような場合も、ひったくるような強く激しいアタリが出る。そして捕獲した獲物を、他に奪われない場所へ移動して捕食しようとするので、グーンと引っ張るようなアタリも出ることが多い。大抵の場合は激しく抱いてくる場合が多いので、ラインの変化を視覚で捉えた場合も、ラインテンションをかけていて手元にアタリが伝わった場合のどちらも、瞬時に大きくアワセを入れて、快感を味わおう。

活性が高い場合は、ラインに出るアタリも手元に伝わるアタリもはっきりしているので、それを感じたら大きくアワセること。

ラインの微妙な変化を捉え、それがなければ自らアタリを聞きに行く！

アオリイカ特有のアタリをとらえる

エギングでアオリイカを狙うにあたって、非常に奥深くおもしろいのは、「アタリの取り方」であり、これは釣果アップのために非常に重要な部分だ。

基本的にルアーフィッシングで魚を狙う場合、魚は側線で獲物となるターゲットを察知するため、ルアーはその側線を刺激するような波動を演出する。

対してアオリイカの場合は、「視覚」に頼って獲物を捕食する。「これは食べられるものなのか？」ということを吟味しているアオリイカは、魚類にはない触腕（しょくわん）で獲物にタッチするのである。

第1章

ラインに出る微妙なアタリとアワセ

　ラインにかすかな変化や違和感を感じた場合は、基本的には即アワセを入れる。勘違いでスッポ抜けることもあるだろうが、それでも構わない。とにかくアワセを入れることが最優先だ。のんびりしていると、低活性な個体ほどすぐにエギを離してしまうからだ。

　ナイトゲームでのアタリは、ラインから感じる違和感が、根掛かりのような微妙な感覚であることが多いのだが、その場合はゆっくりラインを引っ張るようにサオで聞く。そして、根掛かりとは違う感触だと思ったら、そのままスイープに素早くアワセを入れていこう。

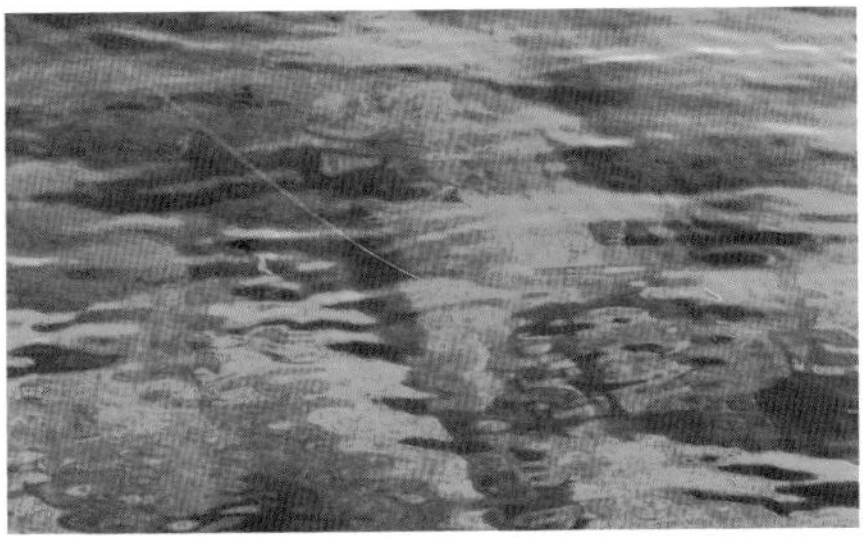

ラインの入水点に注目して、変化を見逃さないこと！

高活性なイカは、エギを下から脳天の辺りで抱きに来る。掛かったときにチェックしてみよう。

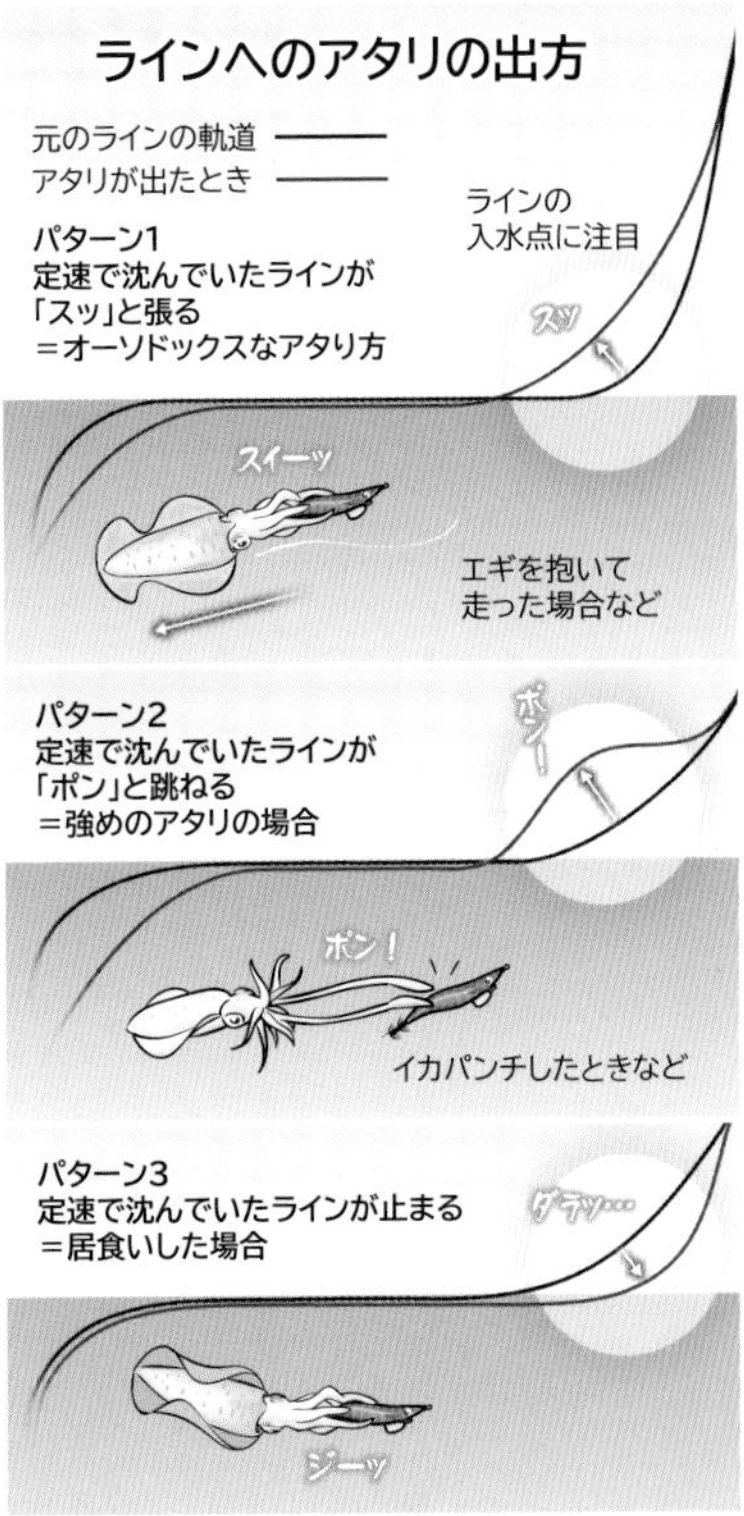
ラインへのアタリの出方
元のラインの軌道
アタリが出たとき
ラインの
入水点に注目
パターン1
定速で沈んでいたラインが
「スッ」と張る
＝オーソドックスなアタリ方
スッ
スイーッ
エギを抱いて
走った場合など
パターン2
定速で沈んでいたラインが
「ポン」と跳ねる
＝強めのアタリの場合
ポン！
ポン！
イカパンチしたときなど
パターン3
定速で沈んでいたラインが止まる
＝居食いした場合
ダラッ…
ジーッ

この触腕で獲物を触るときの強弱もさまざまだが、目に見えないブラインド（水中）の世界で、我々アングラーが、イカがどのようにして獲物にコンタクトしているのかを判断するには、ラインの変化を捉えることが有効な方法なのだ。

　そのラインの変化（アタリ）をいちばん早く、なおかつ近くで確認できる箇所が「水面のラインの入水点」である。ここは水中と空中のラインの境界線であり、ラインの動きが判断しやすい箇所である。

　具体的には、エギのフォール中に水中へゆっくりと入っていくラインが「ピョン」と跳ねたり、止まったり、または入っていくスピードが急に速くなったりというのがアオリイカのアタリだ。「わずかな変化も見逃さない！」という心構えで集中力を持続させることが、アオリイカのアタリを察知するコツである。

風が強いときの対応

風が強い場合は、ラインを水面近くに持っていくように意識する。シャクった後にもすぐにサオ先を下げて、ラインをいち早く水面に着けるようにしよう。足場の高い場所を避け、横風をモロに受けるような釣り座は避けて、風が投げたい方向と垂直になるように立ち位置を調整していく。つまり、追い風や向かい風となる立ち位置なら、多少風が強くてもラインの弛みは少なくなり、水面とラインの接地面の変化も現れやすくなるのだ。それでもアタリが分かりづらい場合は、ラインテンションをかけて手元で違和感を感じ取っていこう。

強風時、PEラインは風の影響を受けやすい。これを避けるため、ラインは水面に置き、ロッドティップもできるだけ水面に近づけること！

キャストしたあと、通常はフリーでエギをフォールさせる。ラインはこんな具合に引っ張られるようにして沈んでいく。この動きに変化があったらアタリだと疑うべきだ。

ナイトゲームのアタリ

視覚の効かないナイトゲームでは、感覚的な部分が重要だ。夜は必然的にロッドの感度、手先の感覚に頼ることになるので、視覚で確認するよりもアタリの伝達スピードが若干遅くなるのはやむを得ない。

とはいえ、そこはナイトゲーム。アワセまでに少々のタイムラグがあっても、夜行性のアオリイカの本領発揮（＝高活性）という部分が味方して、十分にアタリに対応できる。

例えば、淡々とシャクリと着底を繰り返しているときに、今までとは違った感触が手元に伝わったとする。このわずかな違和感に意識を集中させ、サオ先をゆっくり聞いてみたときに、少し動いているような生命感のある重みを感じたら……それはアオリイカが居食いしているアタリである。

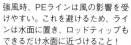

サイトフィッシングのアワセ

サイトフィッシングでは、イカが抱いたと確認できれば即アワセが基本だ。見えるか見えないかが微妙な水深や濁りで、はっきりとイカが抱いたと認識できない場合は、ここでフリーフォールさせて抱かせる間を与えて、ラインと水面の接地面の変化でアタリを取っていこう。

このとき、一瞬止まるようなライン変化があれば、こちらもできるだけ早く反応して、素早くシャープにアワセを入れよう。なお、イカとの距離が近い場合や、個体が小さい場合は身切れが起こりやすいので、あまり力を入れ過ぎないように注意したい。

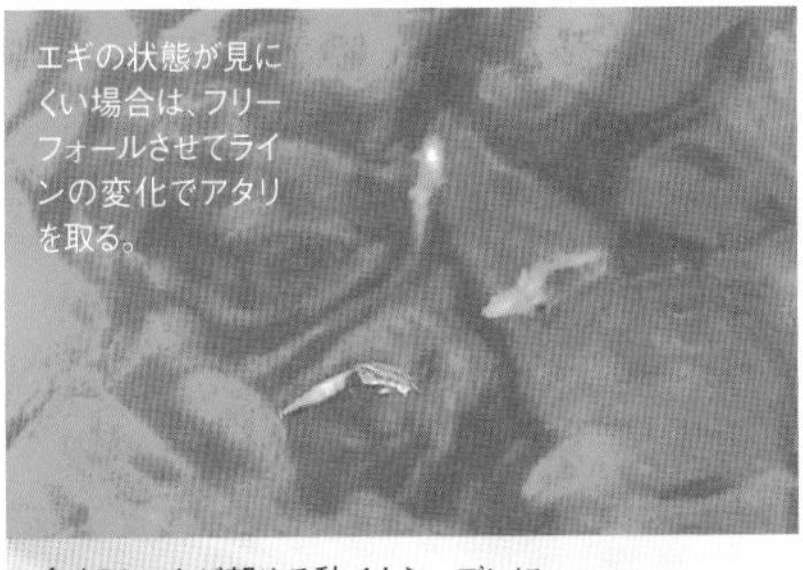
エギの状態が見にくい場合は、フリーフォールさせてラインの変化でアタリを取る。

イカがエギをしっかりと抱いたら素早くアワセを入れる。

多くのヒットが望める秋イカシーズンに、アタリとアワセのパターンを覚えておきたい。

自らアタリを取りに行く!

アオリイカはシャクったエギが沈んでいくとき、ここを獲物を襲うタイミングと捉えて抱きに来る。この沈んでいく動作が阻止されることでラインに変化が表れ、釣り人はいち早くそれを視覚で認識する。

しかし、アオリイカの捕食は、エギが沈下していく場面以外でも行なわれている。それは、ボトム着底時の「居食い」だ。こうなってしまうと、ライン変化を目視で捉えることは、ほぼ不可能に近い。

そんなときは、エギにラインテンションをかけて、ジワジワと張り続けてアタリを取りに行く。このとき、根掛かりではない重みが伝わってきたらアワセを入れよう。この方法で掛けられるようになれば、「釣れた」のではなくて「釣った!」という満足度もより高いものとなる。

07

初場所探索のキモ

「初めての釣り場はどこからどう探っていいのか分からない」という人も多いのが事実。だが、ポイント開拓もエギングの楽しみの1つである。ここでは効率的なポイントの探り方を解説。

ヒットパターンを分析し、一気にリズムをつかんでいこう!

初場所探索のおもしろさ

まるで宝探しのような感覚がたまらないのが初場所探索。挑戦者さながらの手探りの冒険感、初場所で出会うきれいなロケーション。新鮮な気持ちで釣りができるのがいい。さらに、結果が出たときの充実感はこの上ないもの。初場所探索は、試したいことを明確にしつつ、自分の力量を試すには絶好のチャンスでもある。

防波堤と磯場が連立するような場所は、波止の付け根部分のシャローエリアが狙い目。秋イカの潜む絶好のポイントとなる。

効果的なラン&ガンでアオリイカの居場所を突き止めよう!

ラン&ガンの重要性

エギングハイシーズンといえば秋。しかし、エギを投げれば後方から秋イカがワラワラと追尾してくる!というのは昔の話。それ相応の攻略法を持って挑まないと、うまくいかないのが昨今の事情だ。

まず第一に、手堅く、それでいて効率的に匹数を稼いでいくためには「ポイント選定」が重要だ。つまり、ラン&ガン（ポイントを探しながら移動すること）を繰り返すことがメインの作業となる。

この方法が手堅い理由は、まず、フレッシュな個体を狙い撃つことができるということ。好奇心旺盛な秋イカは、まだ叩かれていないポイントなら、エギを見つけたらすぐに飛

初場所ではここを狙え！

過去の経験を元にポイント選定、および攻略の組み立てをしていくわけだが、初場所ではその特徴的な部分に注目し、普段サオを出す場所と違った条件を見つけ出せれば、ぜひともそこを重点的に攻めていきたい。結果が出にくい場合もあるが、経験値アップのために、さまざまなロケーションでサオを出すことを優先しよう。

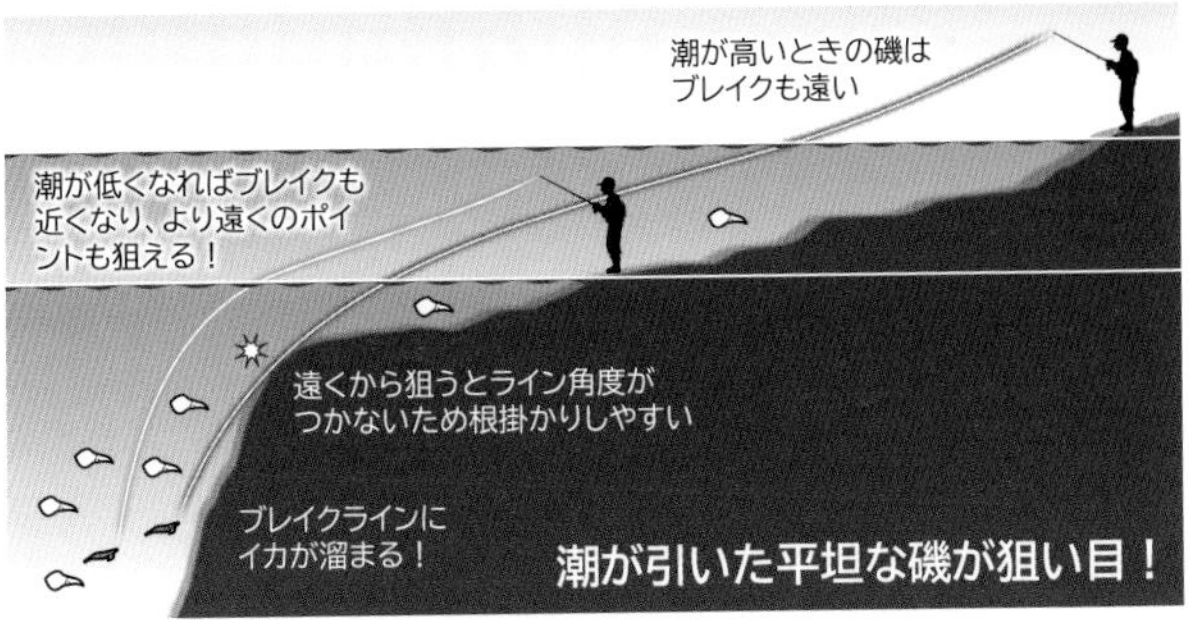
潮が高いときの磯はブレイクも遠い
潮が低くなればブレイクも近くなり、より遠くのポイントも狙える！
遠くから狙うとライン角度がつかないため根掛かりしやすい
ブレイクラインにイカが溜まる！
潮が引いた平坦な磯が狙い目！

キャストしては少し歩いて、またキャスト。特に秋イカの場合は、いれば反応が出やすいので、どんどんラン&ガンしていく。

実績場を物語るスミ跡。このような場所は素通りせずチェックしよう。海底に何か変化がある可能性が高い。常夜灯があれば夜の実績場という見立てもできる。

イケスや浮き桟橋、繋いでいるロープ周りには高確率でアオリイカが着いている。ただ、くれぐれもエギを引っ掛けないように注意！

港内のストラクチャーは必ずチェック。ゴミ溜まりや船の下にもイカが潜む可能性はある。

んできて、迷いもなく抱きついてくる。このスレていない個体をまずは探すことから始めるのだ。

冬や春とは違って、秋は小さな個体は思いがけないシャロー（浅場）にも潜んでいる。これは、外敵から身を守るためであり、個体に合った小さめのエサがシャロー場に集まるからである。秋は1年のうちでも、イカが最も広範囲に散らばっているため、探しやすいシーズンといえるだろう。

昨今のエギングブームの影響で、数多くのアングラーたちが釣り場に出向いてはキャストを繰り返している。こうなると、数が多い秋イカといえどスレてしまい、さらには徐々に釣られて個体数も少なくなり、当然釣りづらくなる。回遊待ちという方法もあるが、「効率」を重視するのであれば、アングラー側が動いて、群れを探すほうに分があるといえる。

誘い方の基本

基本的には早過ぎず遅過ぎず、派手すぎず控え過ぎずを意識したシャクリアクションを基軸に、ボトムからていねいに探っていく。そしてヒットしたときは、その状況を覚えておいて、次の1杯に繋げていくといい。アクションや誘いのテンポには、ときおり変化をつけるのも忘れずに。単調な攻め方にならないように注意していけば、アオリイカの反応もよくなる。

こういった湾内の小場所は、イカがいれば反応は早いので、深追いせずに、テンポよく投げ分けて探っていこう。

ズッシリとした鈍重な引きが魅力の良型。秋イカシーズン後半にはキロアップも混じるから気を抜けない。

ドン深に落ちるブレイク沿いは秋イカの回遊コースでもあり、壁際に潜んでいる可能性も高い場所。

手早く探るポイント

釣行前、グーグルマップなどで、行きたい場所に目星をつけるが、まずは天候や潮の干満に左右されずに釣りを楽しめる、港の防波堤からスタートし、手早くチェックする。ただ、先行者も入りやすい場所なので、深追いは禁物だ。

続いて港の外側の、小磯やブレイクが絡むような場所は、少し細かくチェックしていく。とはいえ、アクセス容易で先行者も多いことが想定されるため、ここでもあまり粘らずに、扇状に1キャストずつするくらいの手早いチェックで済ませていい。

そして、入り組んだ地形だったり、島しょ部のような場所では、水道部分に「流れ」が出やすく、ここでは活性の高い個体の回遊が期待できる。そういった場所も、見逃さずチェックしていくことをおすすめする。

シャクリの強さを変える

　ファーストキャスト後、水深がある場合は、着底後の数回は両手でロッドを持ち、大きく力強くシャクリを入れてエギを跳ね上げていくことを意識する。エギが遠くにある場合、PEライン自体の浮力によるラインの弛みや、水中への進入角度の具合いで、思ったよりエギは動いていないことが多いからだ。そして、だんだんエギが手前に寄ってくれば、シャクリの力を緩めていき、エギが暴れ過ぎないアクションを心掛ける。こういった気遣いが、好釣果へと結びつく秘訣だ。

エギとの距離感で、シャクリの強度も調整するのが正解。

足早にラン＆ガンしつつ、色んな角度から投げ分けてストラクチャーを探っていく。

「見るからに釣れそう！」と心踊る瞬間。そんなポイントに次々に出会えるのもラン＆ガンの魅力である。

磯はサオ抜け本命ポイント

　そして、メインとなるのが磯場だ。ここで釣る場合、基本的には潮位の低いときにエントリーすることを推奨する。その理由は、地形の把握がしやすいこと、満ちてくるより下げていくタイミングのほうが、より安全に釣りができるからだ。

　もちろん、潮位が高い状態でも無理をすれば入れるような場所も多々あるのだが、危険を伴ってまで追い求めるのは、秋イカ釣りには似つかわしくない。もしも無理してエントリーしたとしても、釣りづらかったり、ポイントが少なかったりと、デメリットが多くなるため、ひとまずサーフや消波ブロック（安全面に注意！）、防波堤といった場所をラン＆ガンで周りつつ、きっちり潮位が下がってから、快適な状態で磯に入ることをおすすめしたい。

秋イカ後半戦から冬場にかけてのアオリイカは、ナイトゲームで効率よく仕留めたい。

08 ナイトゲームの基本

近年はデイゲームで楽しむことが多いエギングだが、そもそもはナイトゲーム、つまり夜釣りで狙うことが一般的だった。それは、アオリイカが夜行性だからだ。ここでは改めて、ナイトゲームのメリットや注意点についておさらいしてみよう。

アオリイカがナイトで狙いやすい理由

目が大きく発達したアオリイカは、エギが獲物か獲物でないかを、絶妙の距離感を保ちながら凝視して判別している。デイゲームでは我々釣り人は、エギにアクションを加えて騙すことにより、アオリイカの食指にスイッチを入れるが、気難しい個体はもう少しというところでこれを抱くに至らない。しかしナイトゲームでは、暗さゆえ、ごまかしやすいことに加え、なおかつ、夜行性であることを利用して、アオリイカの狩猟本能を目覚めさせ、エギを抱かせやすくすることが可能となる。

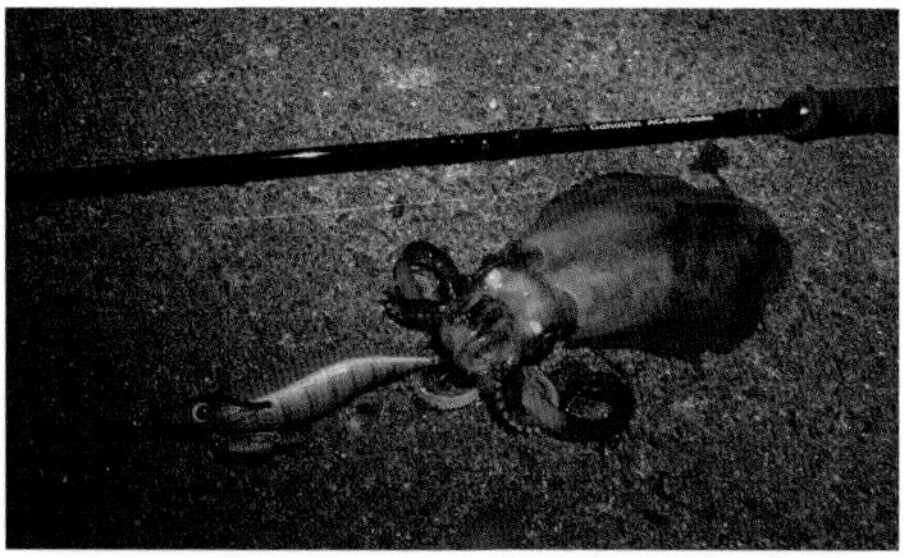

本来は夜行性で活発にエサを追うアオリイカを夜釣りで狙うコツ

エギングはナイトゲームが主流だった

基本的にイカは夜行性だ。古くから日本のアオリイカ釣りはナイトゲームで花開き、現在まで繁栄してきた。

自然界の多くの生き物は、弱肉強食という過酷な世界を生き抜いている。そして、強者と弱者のバランスで成り立っているのだが、強者は「いかに効率的に獲物を仕留められるか」を追求した結果、現在まで種を継続してきたわけである。

アオリイカも、小さなうちは弱者（食べられる側）で、生まれて間もないときは、アジやメバルといった魚も子イカの外敵である。逆に、アジやイワシの稚魚は、小型アオリイカ

第1章

月夜が狙い目！

効率よく釣りたいなら、アオリイカの視野が効く、月夜周りの釣行がおすすめだ。いくら月があるとはいえ、人間の感覚だと夜の水中では、ほぼ視界が効かないのが実際のところ。ところがアオリイカにとっては、月灯りさえあれば、獲物が動く影を捉えるには十分なのである。さらにいい条件を追求すると、満月前後のほうが釣果が伸びる傾向にある。月が大きいということは潮も大きいので、よく釣れるのは光量の影響だけとはいいきれないが、月が明るいほうがナイトゲームで有利なのは間違いない。

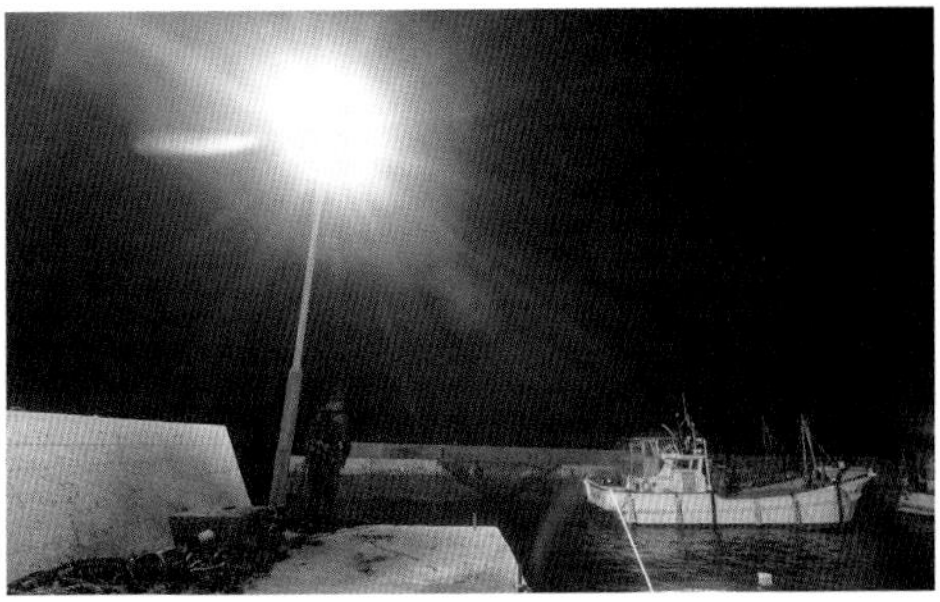

月夜はもちろん狙い目だが、常夜灯のある場所には、そこに集まるベイトフィッシュを狙って、アオリイカも集まりやすい。明かりのあるアジングポイントで、アオリイカが浮いているのを見かけることも多い。

ベイトが寄りやすい常夜灯周辺はナイトゲームの好ポイントだ。

の代表的なエサとなる。これらは群れをなしており、遊泳力が低いため標的にされやすい。そして、夜間はさらに動きがスローになるため、アオリイカにとって、より効率よく、確実に捉えられるエサとなる。

アオリイカはその大きな目や視野の広さ、全身を覆う発達した感覚神経のおかげで、暗闇の中でも確実に獲物を仕留めていける。この「夜行性」というメリットを活かし、強者としての狩猟本領を夜に発揮するのだ。

そして我々アングラーは、アオリイカが夜行性であるという性質を利用して、主に夜釣りでこれを狙ってきた。

やがてエギを使った釣法も発達し、日中に効率よくアオリイカが釣れるテクニックが全国各地で一大ブームとなった。このように、デイゲームで行なわれることが多くなったエギングだが、夜が釣りやすいという事

ナイトゲームで有効なエギのタイプ

暗いナイトゲームでは、沈下スピードが速いものよりも、遅めのほうがアオリイカも見失いにくい。カラーについては、イカにとってもナイトゲームでは細かな認識は不可能かと思う。ただ、より影をはっきりと認識させるために、黒に近い深い色がいいと感じることはある。そしてグロー（畜光タイプ）や、クリアのような透過タイプもハマれば効果的だ。いろいろとローテーションして反応を試すのは、夜もデイゲームと同じである。

ナイトゲームでもカラーローテーションは重要だ。

ボトムステイを長めにとるナイトゲームでは、コウイカのヒットも自ずと増える。

実は依然として変わらない。

ナイトゲームのメリットと注意点

現代のナイトゲームでは、デイゲームで培ったテクニック（サイトフィッシングで確かめたこと）を、視野の利かないナイトゲームに応用し、水中をイメージすることで、より有利にゲームを展開できる。

基本的にナイトゲームでは、アオリイカの攻撃本能が旺盛になっているために捕食スイッチを入れやすいことと、エギを生エサだと思わせ、騙しやすいというメリットがある。日中のように偽物か本物かを凝視して吟味することが減り、エギを無警戒で抱いてくることが多いのである。

ただ、エギを見つけてもらうには、派手なアクションをつけて、存在をアピールする必要がある。日中と比べると、これを見つけてもらいにくいからだ。そのためにアングラー側

ナイトゲームで有効なエギのアクション

　スローなアクションを基軸に組み立てる。そのなかでアクセント的に、「大きくシャクってアピール」したり、「細かくシャクって小刻みに動かす」という具合に変化をつけていく。そして基本的には「エギの移動距離を長く取り過ぎない」ことが重要だ。それを意識したうえで、エギをアオリイカに見つけてもらうための大きなアクションの演出、エギを見つけたアオリイカがこれを見失わないための「移動距離の少ない激しさを抑えたアクション」そして「抱かせる間をきっちりと演出するていねいなフォールやステイ」を心掛けよう。

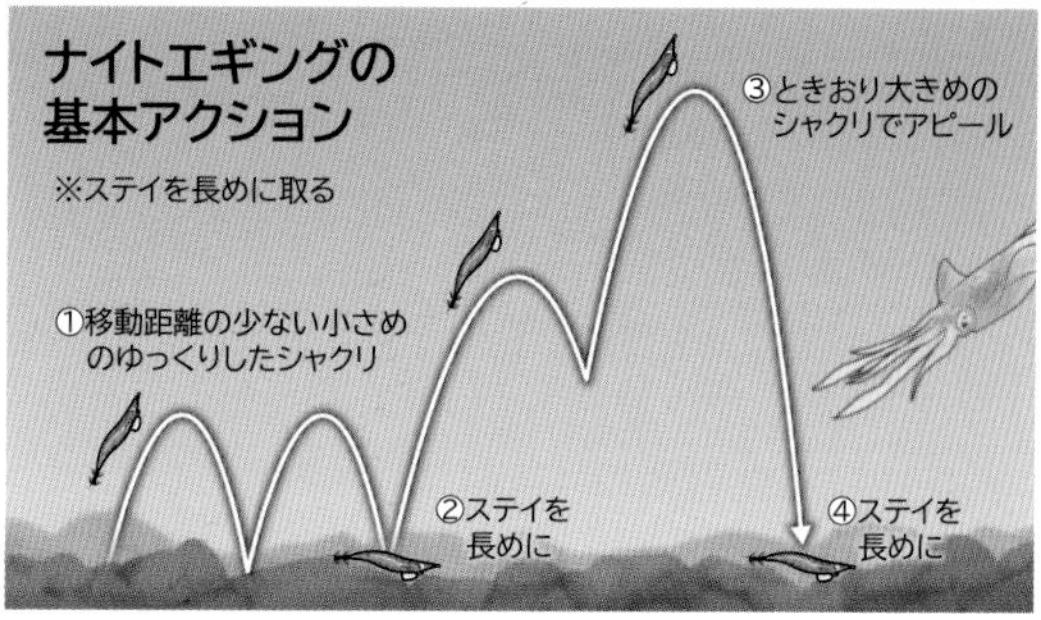
ナイトエギングの基本アクション
※ステイを長めに取る
①移動距離の少ない小さめのゆっくりしたシャクリ
②ステイを長めに
③ときおり大きめのシャクリでアピール
④ステイを長めに

ナイトゲームのアタリの取り方は？

　ナイトゲームでは手元に伝わる感覚・感触が最重要だ。ラインは張らず緩めずが基本。ラインがじわっと引っ張られるような微妙なアタリが出たときに、違和感が正確に伝わるように、余分なラインの弛みを出さないことが必要である。また着底時も、居食いなどを察知するために、ラインは張っておき、シャクる前にもサオを少し引っ張って違和感を確認したりする。そして応用だが、フリーフォールではよほど大きなアタリが出ないかぎり手元にそれが伝わる確率は少ないので、フリーフォールからシャクリを入れる場合は、直前に軽く聞きアワセするといいだろう。

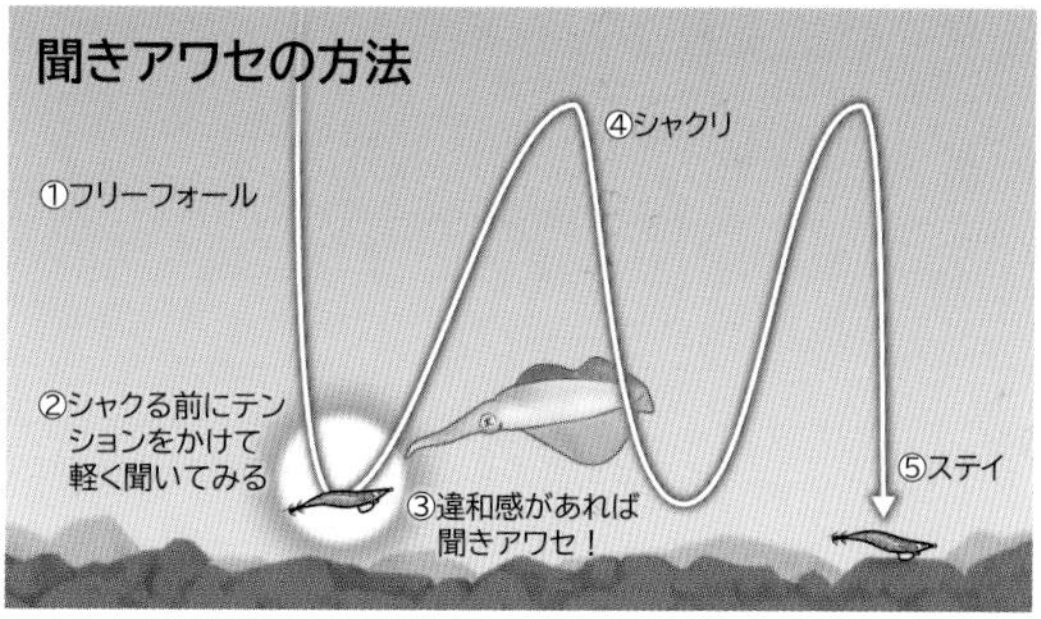
聞きアワセの方法
①フリーフォール
②シャクる前にテンションをかけて軽く聞いてみる
③違和感があれば聞きアワセ！
④シャクリ
⑤ステイ

は、派手にアクションを加えたり、何度も小刻みにキャスト方向を調整しながら、じっくり粘る必要がある。

　とはいえ、いったんエギを見つけると、アオリイカはデイゲームよりもエギへの抱きつきに迷いがなく、勝負が早いのも事実だ。

　これらをふまえると、アオリイカの視力がいいという要素を最大限に利用し、より効率的なナイトゲームをするためには、明るい「月夜周り」での釣行がおすすめとなる。「満月大潮」は最高の条件で、例えば新月大潮という同じ大潮の条件と比べても、釣果に雲泥の差が出る場合がある。

　月が最上部に来る干潮時には、光量が上がること、潮が低くなることによりレンジが狭まることなどとあいまって、アオリイカの捕食本能が最高潮になるケースが多く、明るいため、アングラーにとっても釣りやすいタイミングとなる。

想像力がエギングをより楽しくさせる！

09 水中をイメージする

アオリイカはサイトフィッシングで釣れることもあるが、多くの場合は沖のボトム付近で釣れるため、少ないアタリをモノにして、釣果をよりよいものにするためには、水中をイメージしながらエギを操ることが最重要なのだ。

ラインにテンションを掛け気味にして、場合によってはジワリと少し引っ張ってみることで着底を把握する。

エギの着底を把握する方法

　ある程度水深のある場所では、スプールから出るラインが止まった瞬間が着底の合図だ。余分にラインを水面に浮かせておき、そのラインの全体的な動きを捉えていくとわかりやすいだろう。風があったり潮が強く効いている状況だと判断しづらい場面もあるが、そういった状況でも、ラインの放出のスピードが一瞬変化するので判断できる。それでもだめな場合は、リールのベールを戻してゆっくり竿を横移動させてラインを張り、ボトムの感触が伝わればそれが着底の合図だ。

エギの動きとイカの動きを想像することで釣果は劇的にアップする！

大型狙いに有効なブラインドの釣り！

　エギングの基本にして、いちばん重要とも言えるのが水中をイメージすることだ。自分の操作するエギが水中で一体どんな動きをしていて、そのアクションに対してイカがどんな反応をするのか？　を意識していれば、ヒットの前触れを感じたり、明確にアタリが取れたりするものだ。

　水中をイメージするには、こういうロッドアクションをすればエギはこう動くといったことを、エギが見える条件で観察して覚えていくしかない。これが遠くて深いとなれば、陸から肉眼で確認することは不可能だが、水圧やラインのたわみによって、至近距離のときとはエギの動き

エギの遠近に応じてシャクリの強さを変える！

フルキャスト後のように遠く深い位置にエギがある場合、シャクリを強くしないとエギは思うように動いてくれない。エギの種類にもよるが、水の抵抗を受けやすいコンセプトのエギならばなおさら、最初は強めの力でロッドアクションさせる意識が必要だ。そして、だんだんエギが近づいてくれば、その距離に応じてロッドアクションを弱めにしていく。そうすることで、エギは暴れ過ぎず適切に動いてくれるので、余計な警戒心をイカに与えない。

エギが遠く深くにあるときは両手で強く、近くなるにつれて徐々に弱くしていくのがシャクリの奥義だ。

すぐに答えが出なくても、広大なフィールドにはアオリイカが必ずいる。その前提で攻略法をイメージしていこう。

やロッドを操作する際の抵抗力も違ってくるため、経験を重ねて実際の動きと想像を近いものに変えていくことが重要だ。

さらに水中イメージを把握することは、ボトムの質の状態、カケアガリやカケサガリといった水深変化の把握にも必要不可欠である。それが明確になればなるほど、アオリイカを手中にできる確率も上がると言っても過言ではない。

そして、最重要となるエギに対するイカの反応だが、これはサイトフィッシングで見た光景を覚えていくしかない。このためには、秋イカシーズンによく見受けられるイカの反応を観察することが基本となる。

もちろん、数ある水中撮影の動画なども参考になる。ただ、個体のサイズや数、春夏秋冬の季節の違い、ベイトの量などに応じてイカの反応は異なるので意識しておこう。

「釣れた」ではなく「釣った」を目指そう！

水中の状況を把握し、そのイメージ通りに釣る。その気持ちよさと満足感を得ることが釣り人の目標であり、それを追求することは、釣果を確実にするとともに、ステップアップには欠かせないことだ。「こうやって誘って、こう追わせて、ここで抱かせる！」つもりでいても、「あれっ、ここで抱くはずなんだけどな？」といった具合いにイメージ通りにはならないことも実際には多いが、そういったことを繰り返していくにつれ、経験値が高まっていくのである。

イメージ通りにヒットさせた1杯はその価値も高い。

ボトムでのアタリの出方とアワセの方法

ボトムでのアタリは意外なほど多く、これにはいろいろなパターンがあるのだが、エギが遠い場合は、ラインやロッドにアタリが伝わらないことが多々ある。ラインのフケやたわみでアタリが伝わらなかったり、イカが居食いするパターンなどがそれだ。このようなアタリを取るためには、エギの着底後のラインはなるべく張らず緩めずのテンションで、エギを潮や波でナチュラルにフラフラさせる状態を演出することだ。そして、抑え込まれるような重さを感じたら、少しロッドを引いて、このとき根掛かりではない生命感を感じたらアワセる……といった具合だ。感覚的で経験値が必要な作業だが、慣れてくるにつれ徐々に身に付いてくるだろう。

エギがボトムで自然に漂うようにイメージし、操作していれば、微妙なアタリも徐々にわかるようになってくる。

水中をイメージできればモチベーションも持続する！

特にナイトゲームでは、水中で何が起きているかなんていうことは、現実的にはほとんどの人が目撃したことはないと思われるが、そんな状況にも、想像力を働かせて対処することが必要だ。自分の信じた水中イメージを具現化し、経験に基づいてイメージ力を膨らませることができれば、ブラインドの釣りにおいても、より高精度なゲームの組み立てが可能となる。

ターゲットとなる個体をどんなアクションで誘い、フォールやステイで抱かせる間を与え、ピンポイントで仕留める……こういった一連の流れをイメージすることができるようになれば、微妙なアタリを逃すことなく、アワセもスムーズに気持ちよく決まるようになるだろう。

ブラインドの釣りを優位にするタックルバランス

ブラインドの釣りでは水中イメージ以外に、タックルバランスが最重要となってくる。目視可能なヒットや、ライン変化によるアタリの見極め以外では、特にロッドの感度が重要となるからだ。もちろん、リールも軽くてロッドとのバランスが取れていて、手元への感度を妨げないものを組み合わせるのがおすすめとなる。シャクリや誘いのときに、水中の状況変化を感じ取ることも重要で、ナイトゲームではこれはなおさらのこと。わずかな変化を手元に正確に伝えるために、重要な役割を果たすのがタックルバランスだ。イカがジワッと微妙な抱き方をしたとき、違和感を感じて離される前に、アタリを感知してアワセを入れるといった芸当は、感度のいいタックルを使って初めて可能となる。

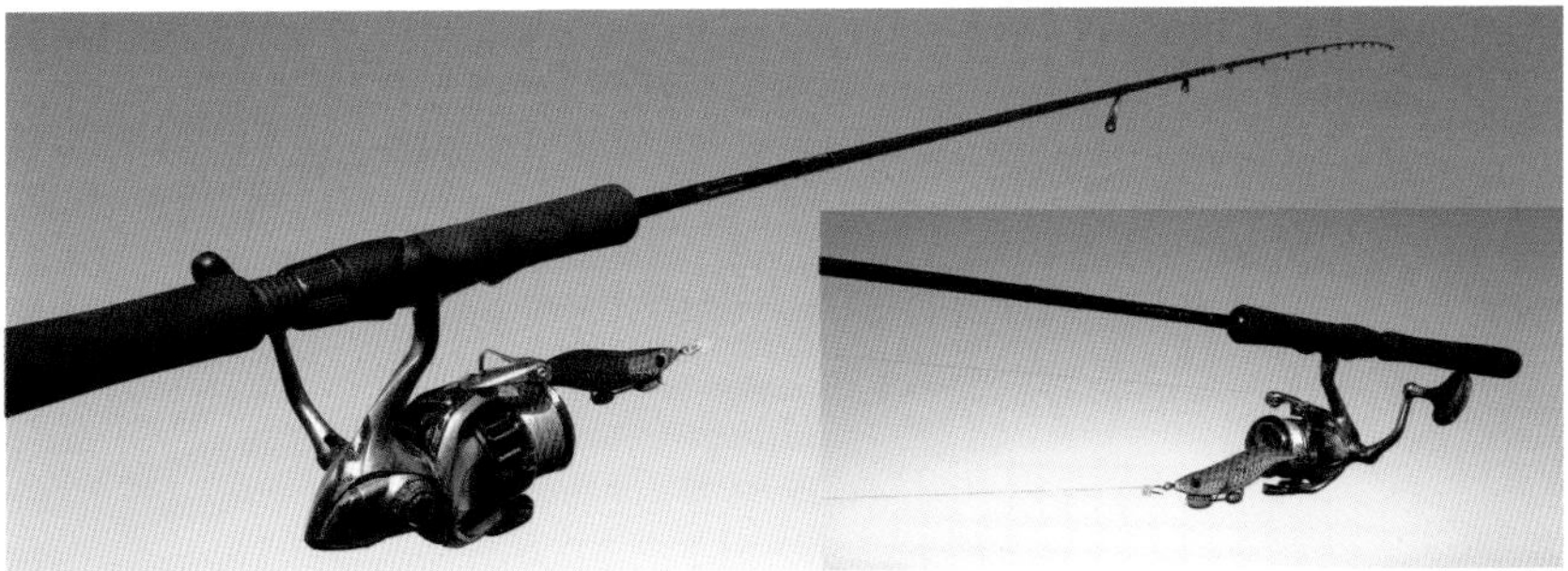

ロッドは8フィート台、これに3000番の軽量スピニングリールを組み合わせる。ブラインドの釣りを有利に進めるには、感度のいいタックルの組み合わせが大切だ。

バレーヒルジンゴ
ロケッティアアキュレイド 3.5 号

進化したぶっ飛びエギ。ブースターフロートをカンナにセット、移動式シンカーを前方に寄せることで、安定した飛行姿勢でのロングキャストを実現。遠投して広く探るにはこんなタイプが有効だ。

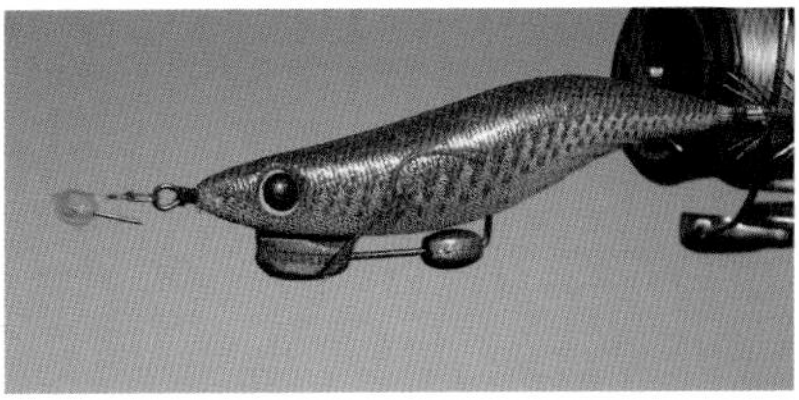

ロケッティアアキュレイドのキャスト時のセッティング。

エギのフォールスピードを確認し、アクションの力加減を調整しつつ、来たるべきヒットの瞬間に備える。地形を読み、着水後の狙いどころ、トレースライン、抱かせる場所などの水中イメージを、ワクワクしながら組み立てていく。

そして、待ち焦がれたアタリ到来タイミングに備えてアングラーができることといえば、できるだけ精度を高めた水中イメージを継続させることだ。気を抜いた瞬間のヒットももちろんあるし、それはそれで嬉しいのも確かだが、やはり、大物を納得いく形で釣りたいというのがエギングを愛する釣り人が共通して目指すところだと思う。

水中イメージを組み立てている時間、それはヒットの瞬間に備え、モチベーションを自然と持続させられる、非常にワクワクするひとときなのである。

10

春エギング Q&A

エギングシーズンの集大成といえば、最大級に成長した大型が狙える春イカシーズンだ。エギングシーズンのクライマックスともいえる春エギングを、取りこぼしなく行なうためのキモをQ＆A形式で紹介。釣行前に目を通しておこう。

アオリイカが最大サイズとなる春に備えた
大物に近づくための実践回答集

Q 01 春イカのシーズンはいつ？

A 気温よりも水温に注目！

基本的には水温が 16℃を上回ったあたりからが、本格的な春イカシーズンになる。もちろん、日本海側と太平洋側、東日本と西日本といった地域ごとに釣れるタイミングには差がある。そして、この水温が 18℃程度で安定したなら、春イカはハイシーズンとなる。また、黒潮が常に当たっているようなエリアでは、年末年始あたりから産卵を意識する親イカの接岸が始まり、より大型になるアカイカ型の春イカが、一般的なシロイカ型よりも一足早くシーズンインとなる。

ハイシーズンは水温が18℃になる頃。一般的にはゴールデンウィーク過ぎ頃からがそれにあたる。

Q 02 釣り場はどこ？

A 黒潮に乗って押し寄せるイカの群れが接岸する場所！

アオリイカの適正水温になるエリアであれば、どこでも春イカが釣れる可能性はあると考えていい。具体的には、水温が高い黒潮海域エリアである沖縄南西諸島、鹿児島や和歌山、南伊豆あたりが古くからの春イカのメッカとなるが、黒潮分流や対馬海流が入る日本海側のエリアに接岸する個体量も少なくない。例えば、九州の日本海側から山陰エリアにかけても好釣り場が点在する。そういった場所で、藻場や磯場を多く有するエリアは、春イカシーズンの爆発力が非常に高くなる。

黒潮の影響が色濃く、ディープも隣接する和歌山県エリアの磯場。

Q03 狙い場はどこ？

接岸した群れが集まる場所を狙い撃つ！

春に接岸してくるイカの群れの全体が、産卵を意識しているわけではない。しかしながら、産卵を意識している個体もそうでない個体も、本能的にストラクチャーがある場所を好むので、基本的には同じように行動する。そして、そのエリアにおいて、行動形態に細かい差が出るようだ。産卵を意識した個体は藻場近くでペアリングを始めるが、そうでない個体は、湾の出入り口になるような場所をウロウロして捕食行動を行なう。狙うのはこの、ウロウロしている個体となる。

A

春イカ狙いでは、産卵場所であるシャローの藻場に至るまでの通り道を狙い撃ちするのがセオリーだ。

Q04 狙い目の海況は？

ナギよりも少し荒れ気味が実績高し！

天候と釣果には高い関連性があり、結論的には昼夜問わず、やや荒れ気味の天候のほうが数、型ともに実績が高い。もちろん、荒れ過ぎてはダメだし、春の嵐のような日は釣りはおろか、海に近づくのも危険だ。しかしながら、エギングに限らず、ベタナギよりも少々荒れ気味の天候のほうが、捕食者たちの活性は高いという事実がある。もちろん、アングラー側からすれば釣りにくい状況となるが、快適性をある程度犠牲にしなくてはいけないのは、何かを得る代償としての世の常といえる。

A

多少波立っているくらいのほうがアオリイカの活性も高いことが多い。

Q05 狙い目の潮周りは？

小さいよりも大きめ。でも重要なのは現場の状況！

潮汐表の潮周りはあくまでも目安で、実際に重要なのは「現場で潮が動いているか？　そしてそのタイミングは？」という部分となる。もちろん、潮汐表の時刻目安と干満差のデータは役立つのだが、実際に大潮でもあまり潮が動かない場所もあれば、小潮でも十分に動く場所もある。まずはポイントの特性をよく知ることが重要であり、現場でエギをシャクったときの手応え（重み）に注意しよう。干潮前後のタイミングには、大型の実績が高いように思う。

A

干潮前後の潮が止まる前、そして動き始めはイカの活性が上がりやすいのに加え、地磯ではブレイクライン近くの立ち位置からサオ抜けを狙える利点あり。

Q06 秋イカと春イカの狙い方の違いは？

誘いのテンポと掛けたあとのファイトに留意

アオリイカの狙い方は、基本的に年中同じといえる。しかしながら、春はイカのサイズが大きくなるとともに数は減ってくるので、秋イカと比較すると釣果には雲泥の差が出てくる。産卵を意識した親イカともなれば、デリケートな部分が増しているので、秋イカ狙いのように簡単には事が運ばないだろう。とはいえ、抱きついてくる個体は必ずいるので、そんなに神経質になることはない。具体的には秋と比べてスローテンポな誘いが望ましく、2kg、3kgという大型も釣れるので、ファイトは慎重に行ないたい。

A

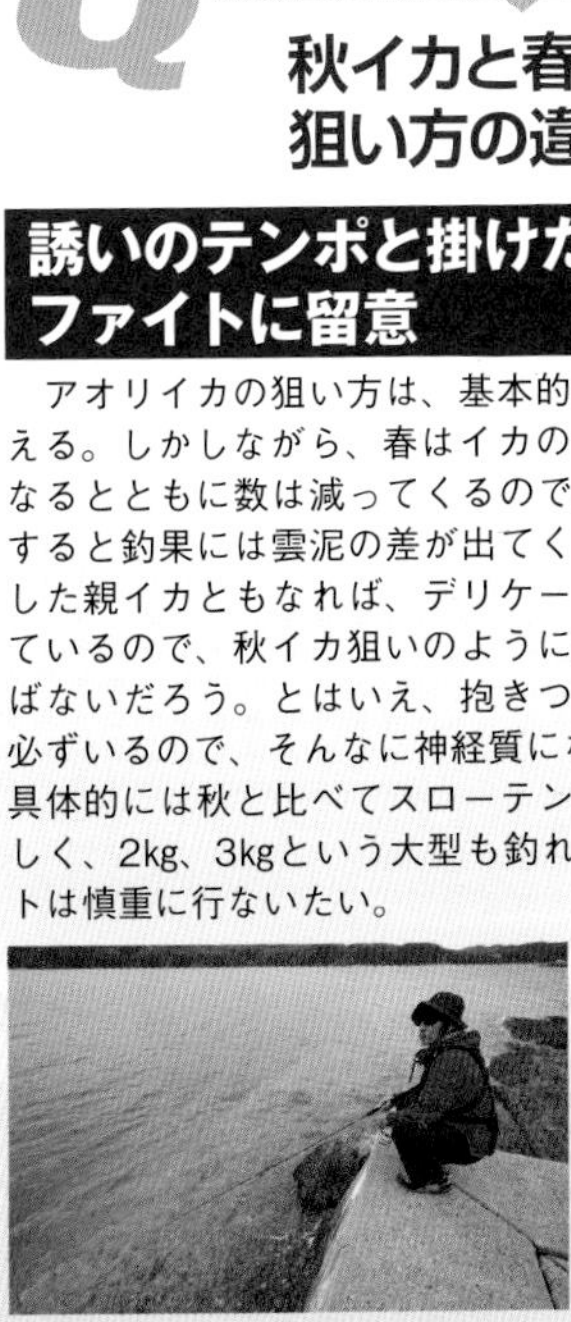

じっくり腰を落ち着けて狙うのが春イカ狙いのコツ。

Q07 より大きなサイズを狙うには？

ナイトゲームで大型との遭遇チャンスはより高くなる！

昼夜問わず、釣れる時合いにも確証を持てないまま、ポツリポツリと釣れるのが春イカだ。これを仕留めるには、「投げ続ける」「シャクり続ける」という折れない心と精神力が必要となってくる。しかしながら、統計的な実績は出ている。春イカ＝でかイカと定義し、これに夢を馳せるならば、ナイトゲームの実績が高い。セオリーでいうと月夜周りの実績が高く、満月前の中潮あたりでも、月が真上にくる干潮前後に時合いは必ずやってくる。抱かせる技術とポイント選定術を習得するには経験が必要だが、条件さえバッチリ合えば、ドスンとでかい個体が期待大なのがナイトゲームである。

A

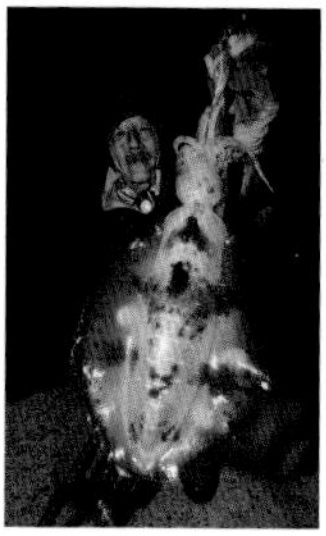

大型を仕留めるにはナイトゲームが有利。安全対策を万全にして臨みたい。

Q08 ランディングツールはどんなタイプがおすすめ？

大型になればなるほどタモ網が確実！

ランディングギャフが主流のエギングシーンだが、大型狙いに的を絞るほどに、タモ網使用率が高くなるのは事実だ。ギャフに比べて携帯性が悪く、機動力の低下というデメリットが発生するが、掛け損ないがない、イカを傷つけない、掬いやすいといったメリットは大きい。ただ、3kg級の個体になると、なかなか水面に浮いてこない。水面下１ｍあたりでの攻防が続くのだが、イカが水面に沈んでいる状態でのタモ入れは、一人ではやりにくいもの。できれば同行者と協力しつつ、ランディングを行なおう。

A

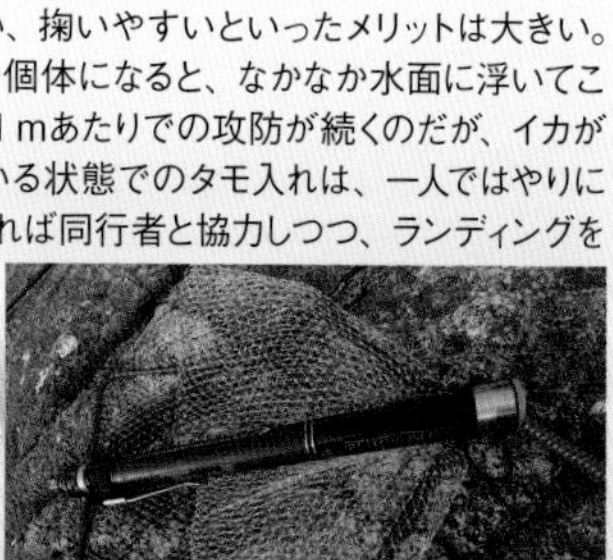

折り畳めるタイプのネットなら磯歩きの機動力も損なわれない。

Q09 春シーズンによりよい釣果を上げるには？

釣れると信じてシャクり続けること！

個体数が少ない春イカシーズンに、よい釣果に恵まれるには、やはり情熱を持って釣り場に足繁く通う以外にはない。昨今のエギングブームゆえ、人の多さで思うように自分の釣りが展開できないことが多々あるが、思惑通り釣りができないいちばんの理由は、入りたい場所に先行者がいるというケースだ。その後、ポイント巡りをして、やっと入れた場所でどうするか？　答えはシャクり続けること。目星をつけて入った場所ならば、諦めずにシャクり続けることだ。裏技としておすすめなのは、渡船利用の沖磯エギングだ。人気磯では陸っぱりと同じような現象が起きるものの、渡船代の支払い、車に戻れないなどの理由で、半強制的にシャクり続けるモチベーションを持続させられる。

A

春イカキャッチのキーワードは「投げ続け、シャクり続ける」だ。

Q10 イカがいるのに食わないときはどうする？

食う個体がいると信じてじっくり粘るべき！

春イカの特性として、産卵を意識すると姿は見えるが、まったくエギに興味を示さないという場面が多々ある。だが、群れが入り、藻場に着いて２日めくらいまでのあいだは、比較的抱きやすい個体が多いと感じる。それ以降になるとなかなか食わせるのが難しいのだが、それとは別に新たな個体が入ってきたり、産卵に絡まないイカに突然捕食スイッチが入ったりするのでチャンスはある。粘りに粘った末に、ポツンと釣れるケースも多々あるのが春エギング特有の現象なのだ。

A

ここぞというポイントではひたすら粘るのが正解だ。

第2章
エギング上達ロード

ちょっと踏み込んだ各論を習得しさらなる上達を目指す

ポイントやテクニック、タックルセレクトといった基本を覚え、何度か実釣に出向いたら、次はさらなるステップアップを目指そう。ここからは、奥が深いエギングの世界を、さまざまな事象に細かく分けて解説していく。

CONTENTS

01 ハイプレッシャーを克服しよう

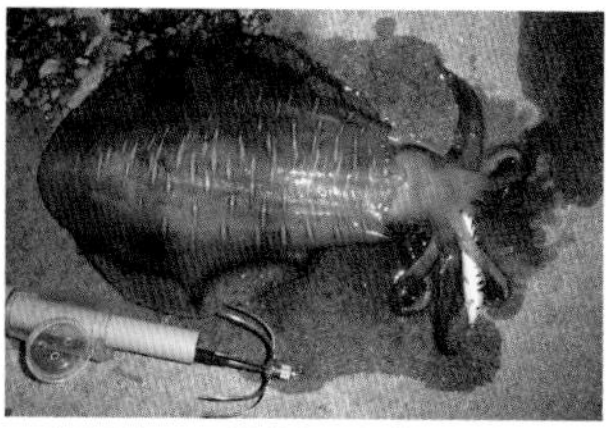

アオリイカには、居着きの個体と回遊する個体の2種類がいる。居着きの個体がまだ残っていたり、回遊する個体で新たに補充されたりするので、完全に釣り切られるということは、まず起こらない。

人気のポイントは、シーズンともなると、多くのアングラーが押し寄せる。だがそんな混んだフィールドでも、釣れる人は釣れる。その違いは、基本を押さえたうえで、ちょっとしたコツを足しているかどうかにあるのだ。

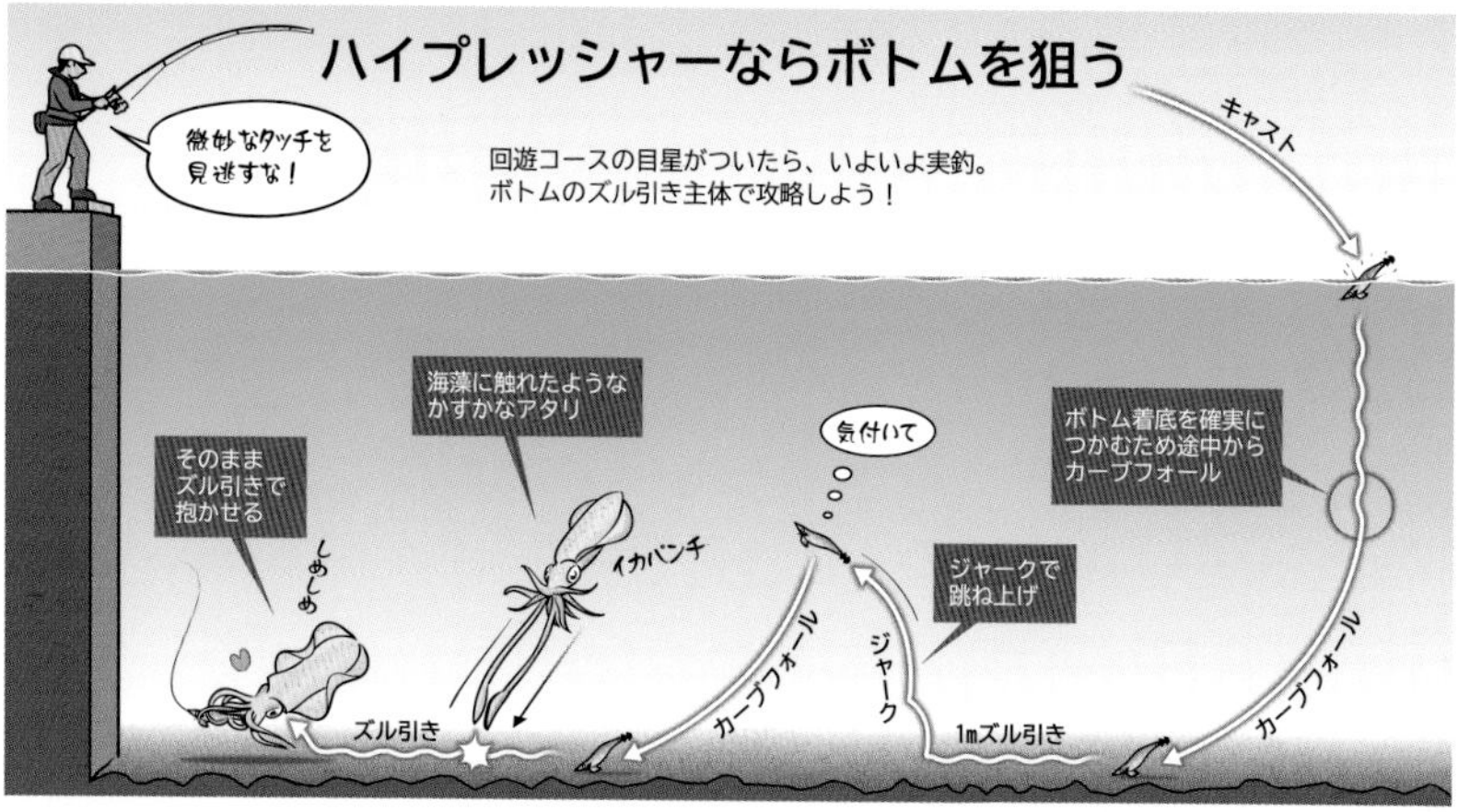

ハイプレッシャーならボトムを狙う
微妙なタッチを見逃すな！
回遊コースの目星がついたら、いよいよ実釣。
ボトムのズル引き主体で攻略しよう！
キャスト
海藻に触れたようなかすかなアタリ
そのままズル引きで抱かせる
しめしめ
イカパンチ
気付いて
ボトム着底を確実につかむため途中からカーブフォール
ジャークで跳ね上げ
ジャーク
カーブフォール
カーブフォール
ズル引き
1mズル引き

ハイプレッシャーをかいくぐるちょっとしたコツとは

人の釣らないところを釣る

アオリイカのエギングは、人気の釣りだ。一度でもそのポイントで釣れたという情報が出回ると、あっという間にアングラーが押し寄せ、ちょっと探した程度ではアオリイカは見つからなくなってしまう。

だが、アオリイカが皆無になったわけではない。わかりやすい場所にいなくなっただけで、ひと工夫すれば、まだ釣れる余地は十分残っているのだ。

こういったハイプレッシャーの掛かった人気ポイントで、残ったアオリイカを釣るためには、人の釣らないところを釣る必要がある。どんなポイントが見落とされ、そこをどう攻めるか、詳しく触れてみよう。

ハイプレッシャーでも釣れる個体を見つけだす６つのコツ　その１　その２

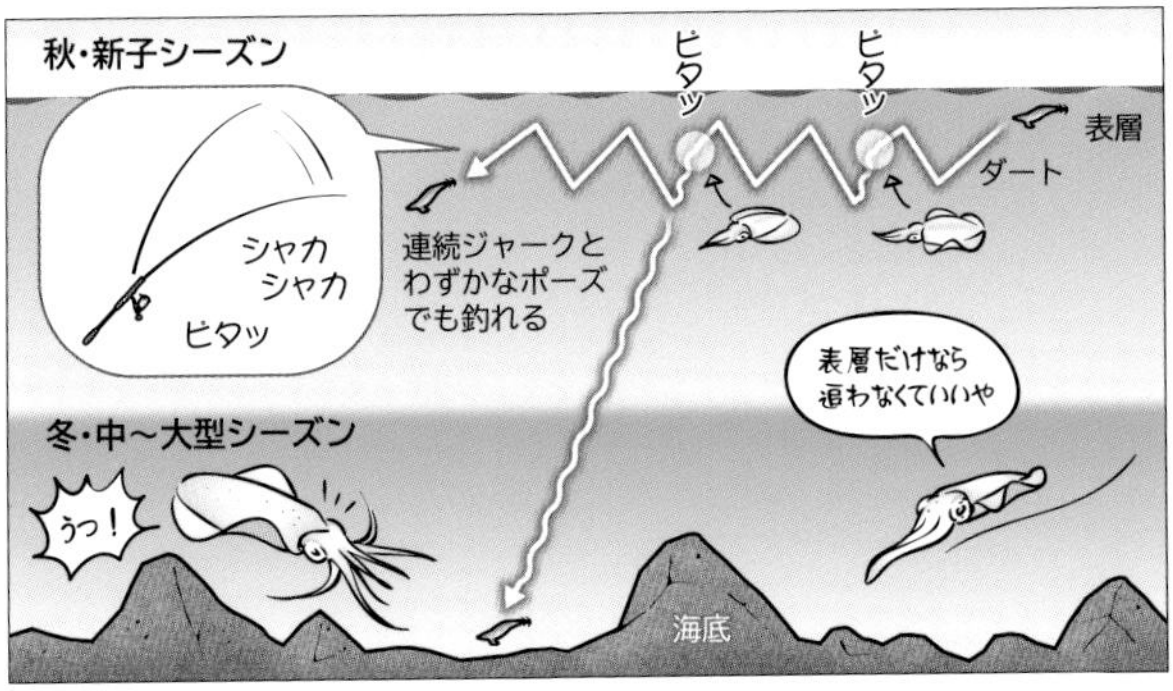

その１
感度に優れたタックルでアタリを見逃さない

ハイプレッシャーでのアオリイカは、海底に張り付いてじっとしていることも多い。こういった動きの鈍いイカは、アタリがあっても不鮮明だ。感度の優れたタックルで、これを少しでもカバーしよう。

その２
見切りは臨機応変に

ボトムズル引きの最中に海底の変化を見極めつつ、変化のない場所、手応えのない場所はすぐ諦め、次のコースを探そう。カケアガリや沈み根があれば、ラインになにかしらの変化が伝わってくるものだ。

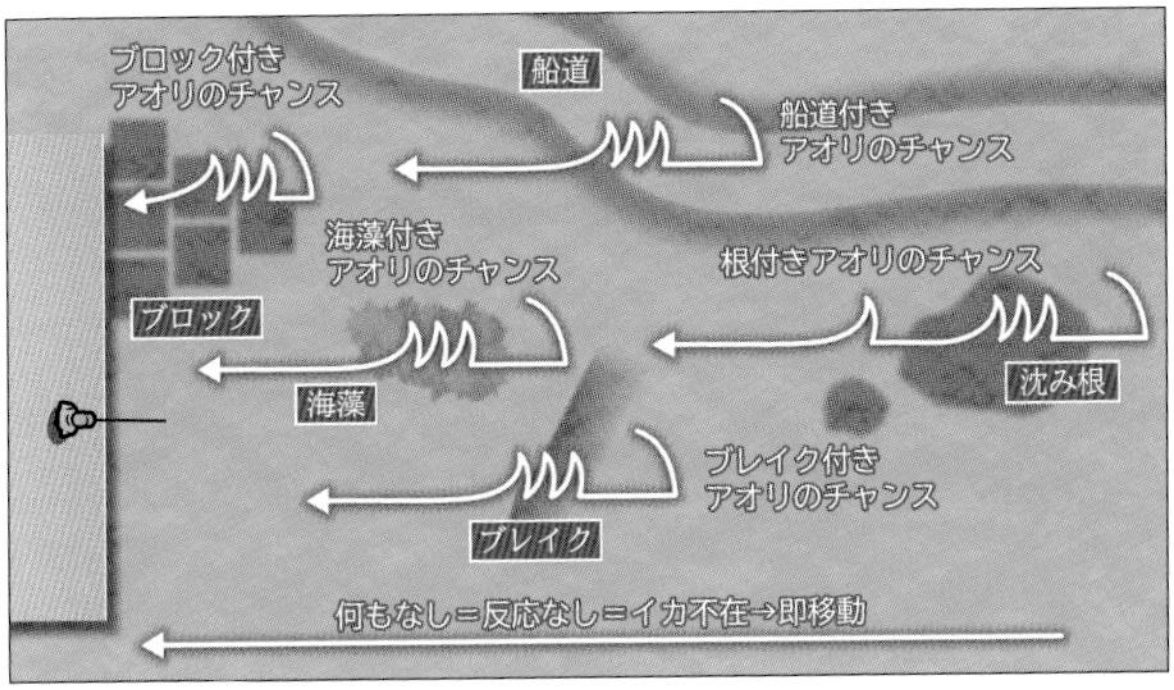

人が釣らない日に釣る

シケのあとや台風接近時のウネリが残った状態では、海はやや荒れ気味になるが、台風が去ったあとであれば、風はそうでもない場合も多い。風は弱いが海は荒れ気味、ウネリが発生してサラシもできている場所は、アオリイカの隠れポイントだ。

こういったサラシの周辺には、確実にベイトが集められ、アオリイカも寄ってきている。その一方で、荒れた海を敬遠するアングラーも多い。風さえ強くなければ十分釣りは成立するのだから、釣行しなければ損というものだ。

まずは、サラシの周囲にエギを通してみよう。投げるたびにサラシの中央へコースを近づけていき、最後にはサラシのど真ん中にいるであろう、やる気のあるデカいイカを狙うのだ。

ハイプレッシャーでも釣れる個体を見つけだす６つのコツ　その３　その４

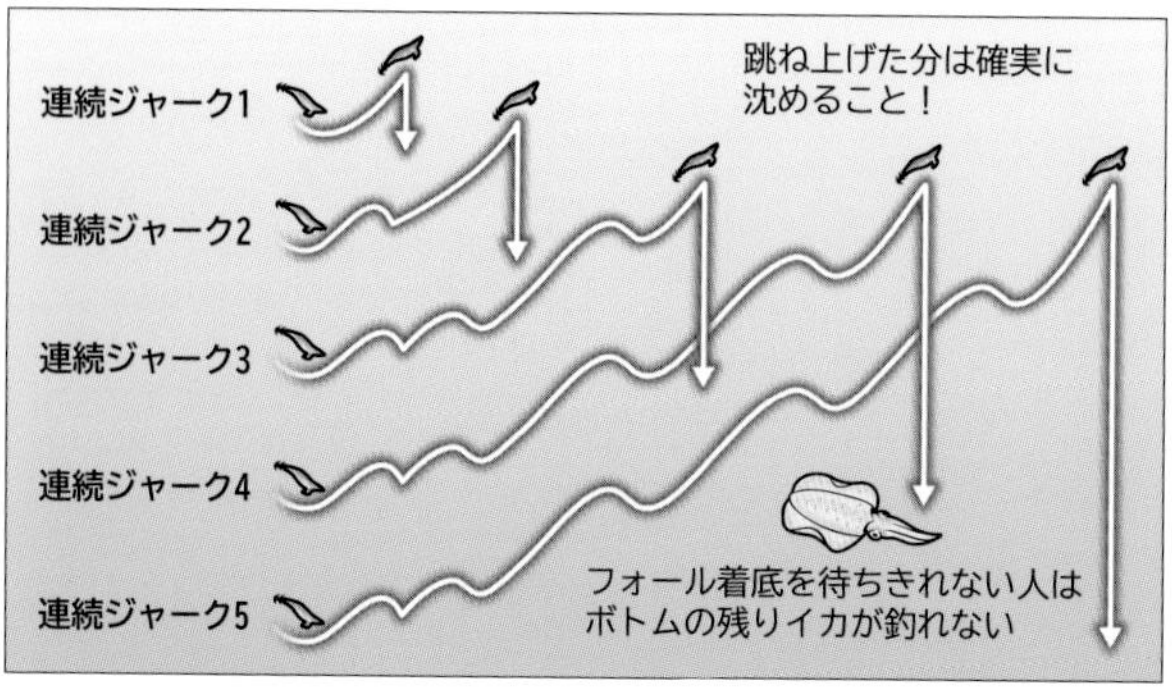

その３
フォールは絶対条件 必ずエギは沈めること

水深のある場所で、表層だけで激しいアクションを入れても、一部の個体しか上まで追ってきてはくれない。時合いから外れるほど、この傾向は強くなる。フォールでエギを確実に沈め、イカの居場所に近づけてやろう。

その４
先行者の「叩き残し」を見逃すな

人気のポイントでは、先行者はまずいると思っていい。だが、直前に他のアングラーが釣っていても、見落とされているピンポイントは必ずある。場所が空いたら、目星をつけておいた「叩き残し」を逃さず探ってみよう。

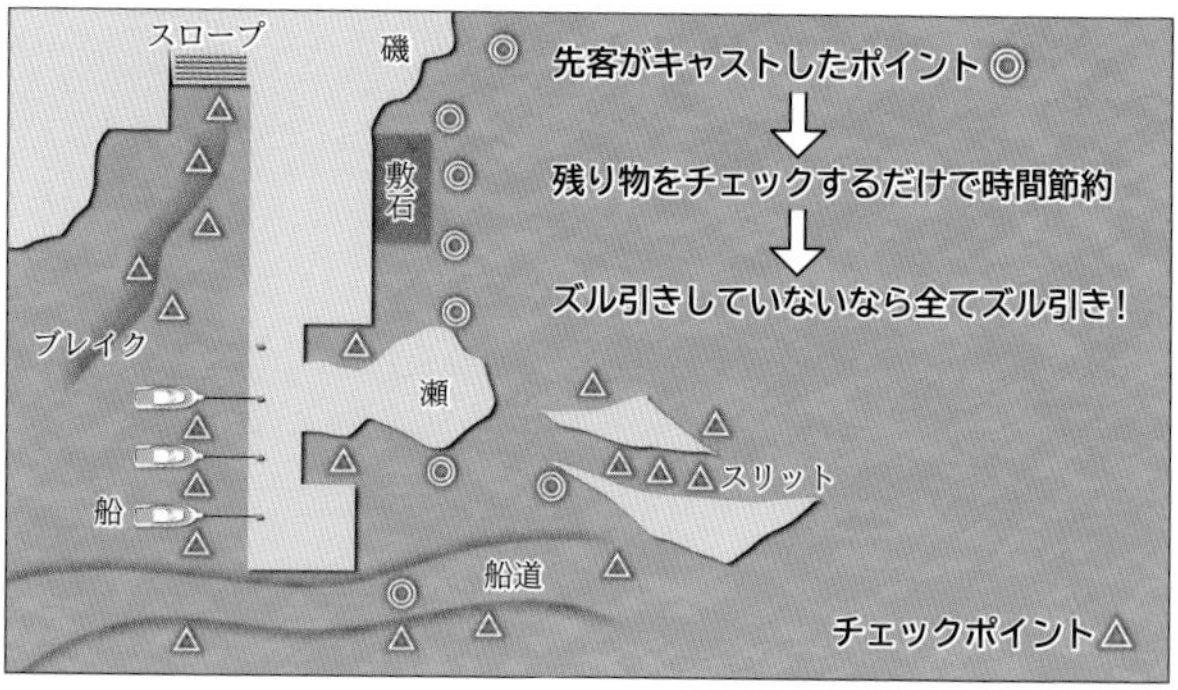

回遊する群れを待ち伏せる

居着きのアオリイカが全部釣られてしまったとしても、その一帯のアオリイカ全部がいなくなったわけではない。アオリイカには居着きのほか、ベイトを探したり群れを追いかけるため、一定の範囲内を回遊している群れがいるのだ。

アオリイカは青物と違い、何もないコースを高速で回遊したりはしない。カケアガリやミオ筋といった線状の障害物、沈み根や海藻帯といった点在する障害物を結ぶようなコースを、比較的ゆっくりとした速度で回遊する。

また常夜灯がある場所なら、周囲の海底に変化がなくとも、回遊コースに含まれる可能性が高い。常夜灯に集まるアジなどの小魚をエサにすべく、アオリイカも集まってくることがあるからだ。

ハイプレッシャーでも釣れる個体を見つけだす６つのコツ　その5　その6

その5
根掛かりする場所は釣果も有望だ

エギングで根掛かりはどうしても避けられない。根掛かりするということは、そこに地形変化があるということだ。アオリイカはこの変化を好んで移動コースにしたり、ときにはたまり場にしているのだ。

その6
人のやらないことをやってみる

人気の釣り場では、人がやらないことをやったり、釣らない場所を優先して狙うなどといった工夫が不可欠だ。ボトムを取るという基本を守ったうえで、意外な攻略法やコース取りをいろいろ試してみよう。

沖へ向かって長く突き出た堤防は、先端付近が人気で人も多い一方で、付け根付近はガラガラ。これは探ってみる価値がある。

ボトムメインの誘いで攻略

回遊する群れの居場所の見当がついたら、いよいよ実釣だ。前述したとおり、アオリイカは海底に障害物があるコースを好んで回遊するため、ボトムメインで誘うと効率的に攻めることができる。

まずはエギをボトムまで確実に沈め、底をズル引き。次にジャークで跳ね上げ、カーブフォールで再びボトムまで沈めたら、またジャーク。ズル引きの最中、アタリかどうか定かではないが、明らかに生物の感触が伝わってくることが多い。

これは、イカが触腕でエギを触る際に発生する「イカパンチ」と呼ばれる小さなアタリだ。これがあれば、アオリイカがエギに興味を持って近づいてきた証拠だ。慌てずズル引きとジャーク、カーブフォールを繰り返し、本格的なアタリを待とう。

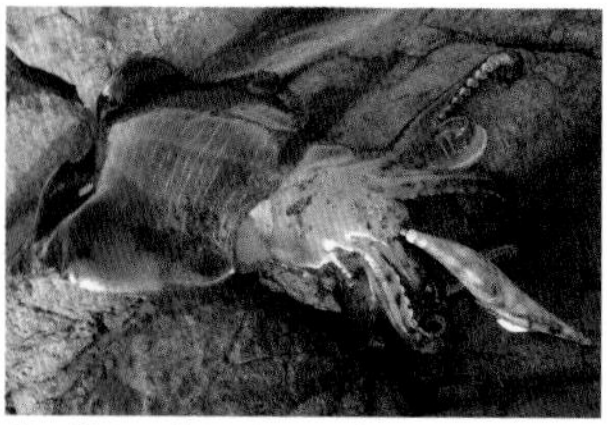

秋の終わりごろになると、良型といっていい1kgオーバーも交じってくる。エギングが一番楽しいシーズンだ。

02 季節で変わる習性とフィールドを知ろう

アオリイカは季節に敏感な生き物だ。卵からかえってから寿命を迎えるまで、アオリイカはいつ、どんな動きを見せるのか？季節で変わるアオリイカのポイントと習性、それに応じた狙い方を解説していこう。

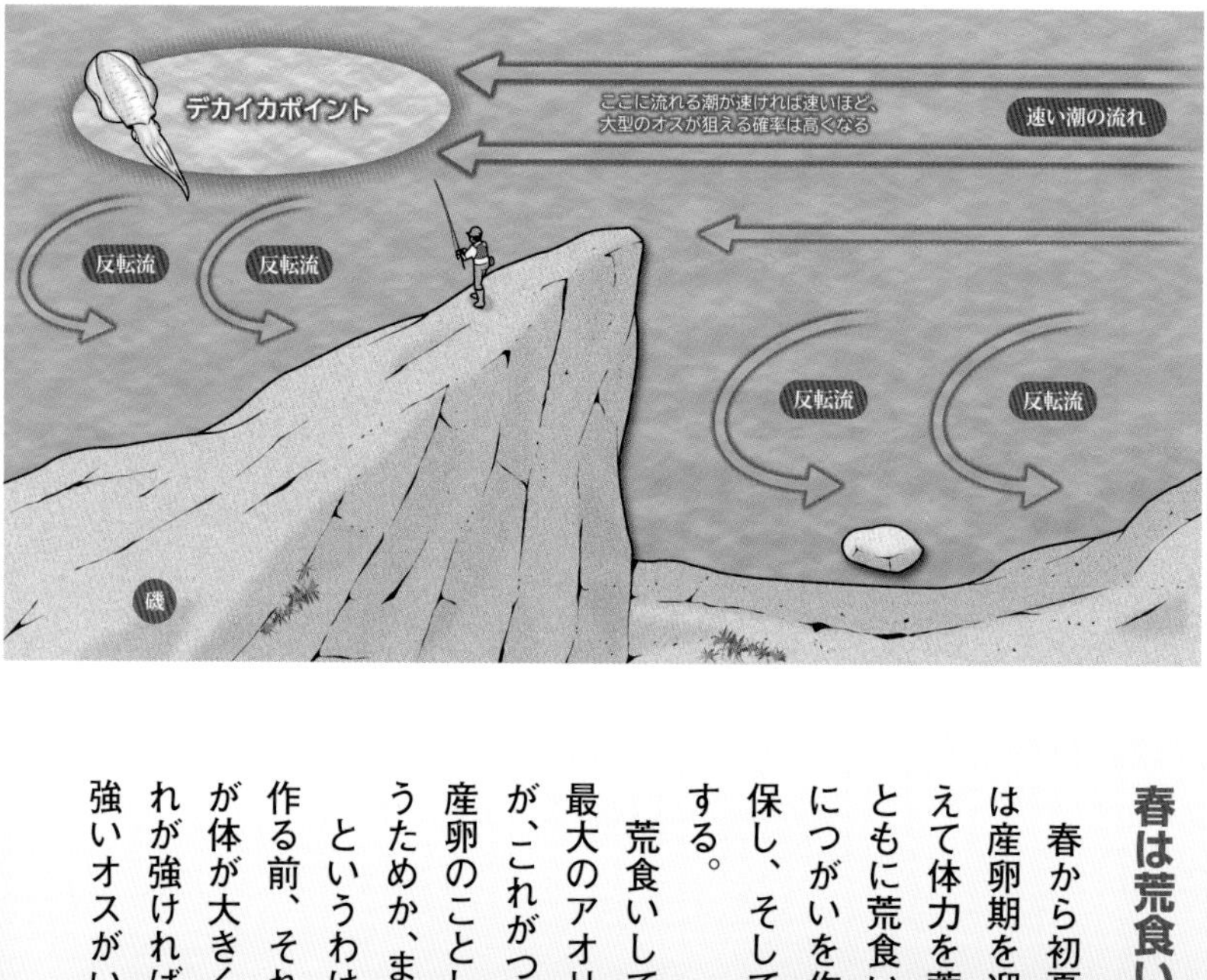

アオリイカの年間スケジュールとそれぞれの動き方

春は荒食いする個体が狙い目

春から初夏にかけて、アオリイカは産卵期を迎える。まずは産卵に備えて体力を蓄えるため、オス・メスともに荒食いをするようになる。次につがいを作ったのち産卵場所を確保し、そして産卵という流れで行動する。

荒食いしている段階は、年間でも最大のアオリイカを釣るチャンスだが、これがつがいを作ってしまうと、産卵のことしか頭になくなってしまうためか、まずエギを追わなくなる。

というわけで狙うなら、つがいを作る前、それもオスだ。オスのほうが体が大きく遊泳力も高いため、流れが強ければ強い場所ほど、大きく強いオスがいる確率は高くなる。

アオリイカのシーズンを逃さない 6つのコツ　その1　その2

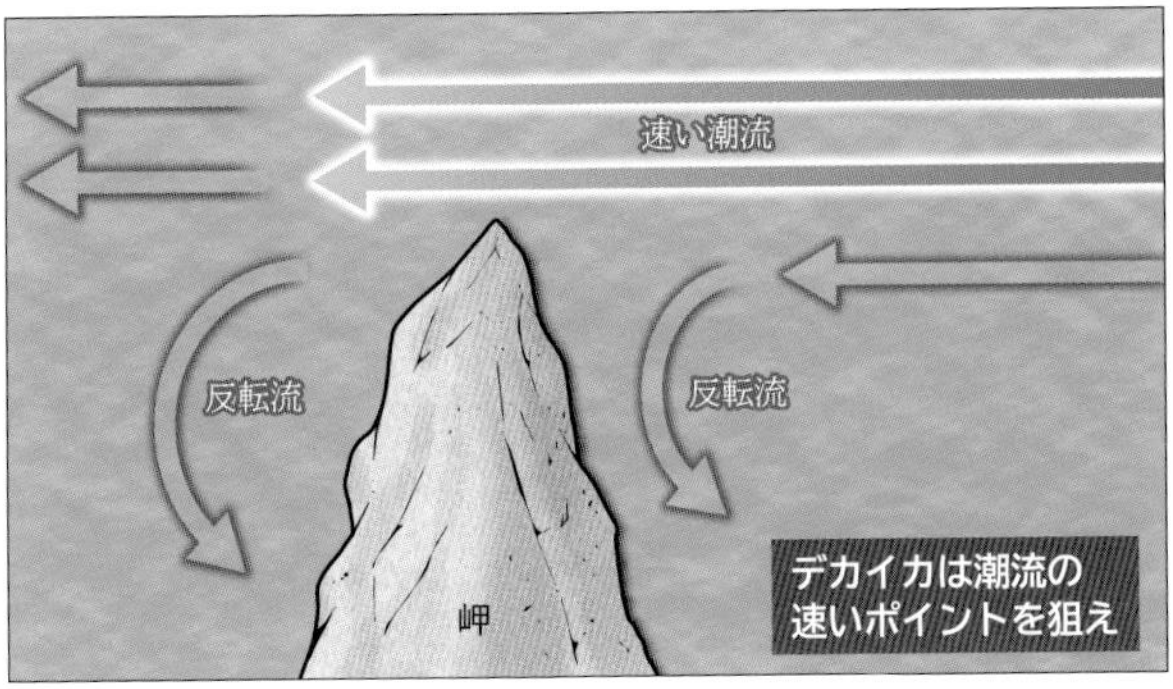
速い潮流
反転流
反転流
岬
デカイカは潮流の
速いポイントを狙え

その1
大物ゲットのカギは速い潮流に隠れている

流れが強い場所には、体が小さく遊泳力も弱い小型の個体は近づけないため、ここにいるアオリイカはもれなく大きく、そして遊泳力の強いものになる。速い流れを探そう。

その2
難しい冬の釣りは腕を磨くチャンス

水温が下がった冬は、アオリイカはボトム付近から離れようとしない。だが、ここでボトムでのエギ操作を覚えておけば、年中釣果に困らないほどの腕が磨かれるはずだ。

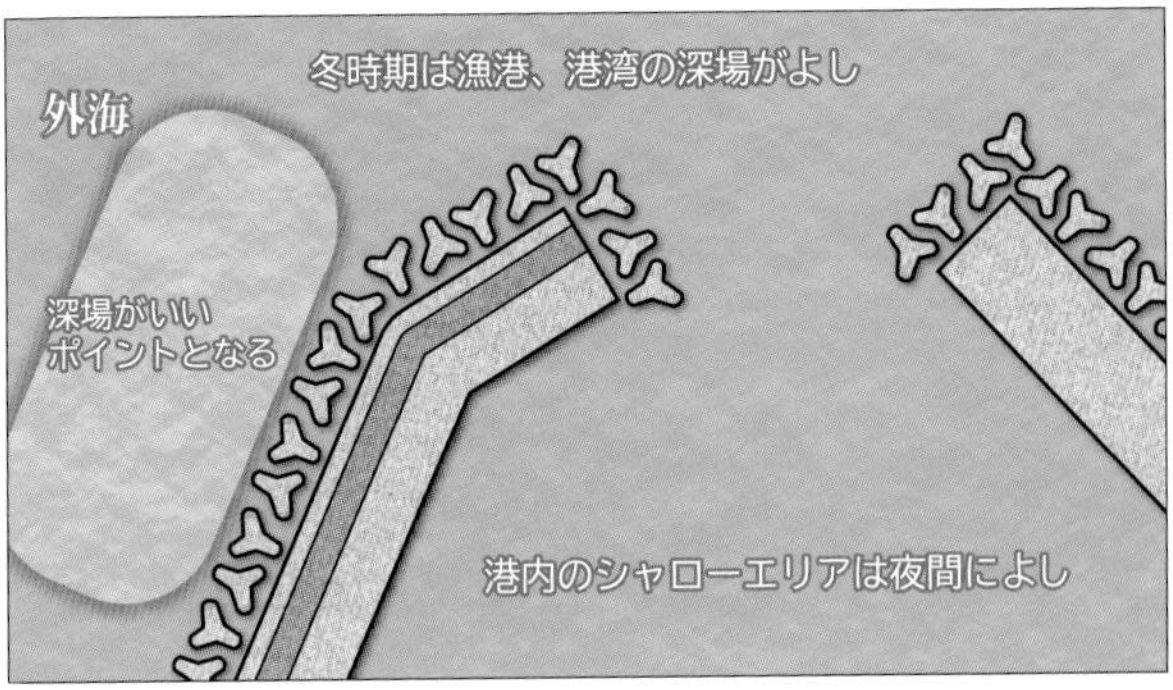
冬時期は漁港、港湾の深場がよし
外海
深場がいい
ポイントとなる
港内のシャローエリアは夜間によし

夏は入れ替わりの季節

産卵が終わったあとの6〜8月は、ポイント、狙い方、そして対象となるイカが、春とは完全に入れ替わる。

まず対象となるイカは、100〜300g前後の、ふ化したばかりの個体だ。これが夏から秋にかけて成長し、秋の気配が色濃くなるころになると、400〜500gまでサイズアップする。使用するエギは、2・5〜3号と、小型のものが中心となる。

この時期は、小さめの漁港がおすすめポイントだ。係留船の影や水中のロープなどに着いていることが多いため、まずは水中を観察、こういった障害物のそばをタイトに狙ってみよう。ほかには、船道にできたカケアガリも有望だ。ボトムを確実に取って狙ってみよう。

アオリイカのシーズンを逃さない6つのコツ　その3　その4

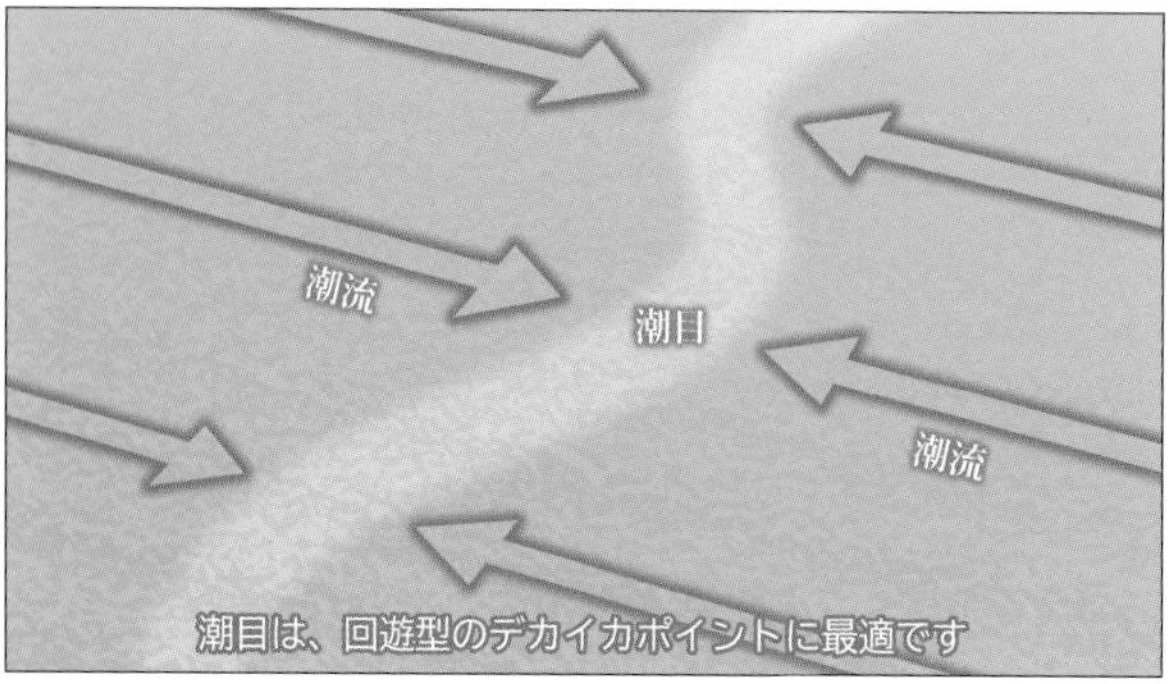
潮流
潮目
潮流
潮目は、回遊型のデカイカポイントに最適です

その3

大型狙いなら潮目を探そう

違う方向の潮がぶつかりあい、水面に帯状の変化を生じさせた潮目は、あらゆる海釣りで共通する狙い所だ。回遊型の大型アオリイカを狙うなら、まず潮目を探すところから始めよう。

その4

春のオスの強烈な引きを楽しもう

春、つがいを作る前のオスは体も大きく、また遊泳力も強いため、他の個体では流されてしまうような強い流れも泳ぎ切ることができる。イカとは思えない引きを楽しもう。

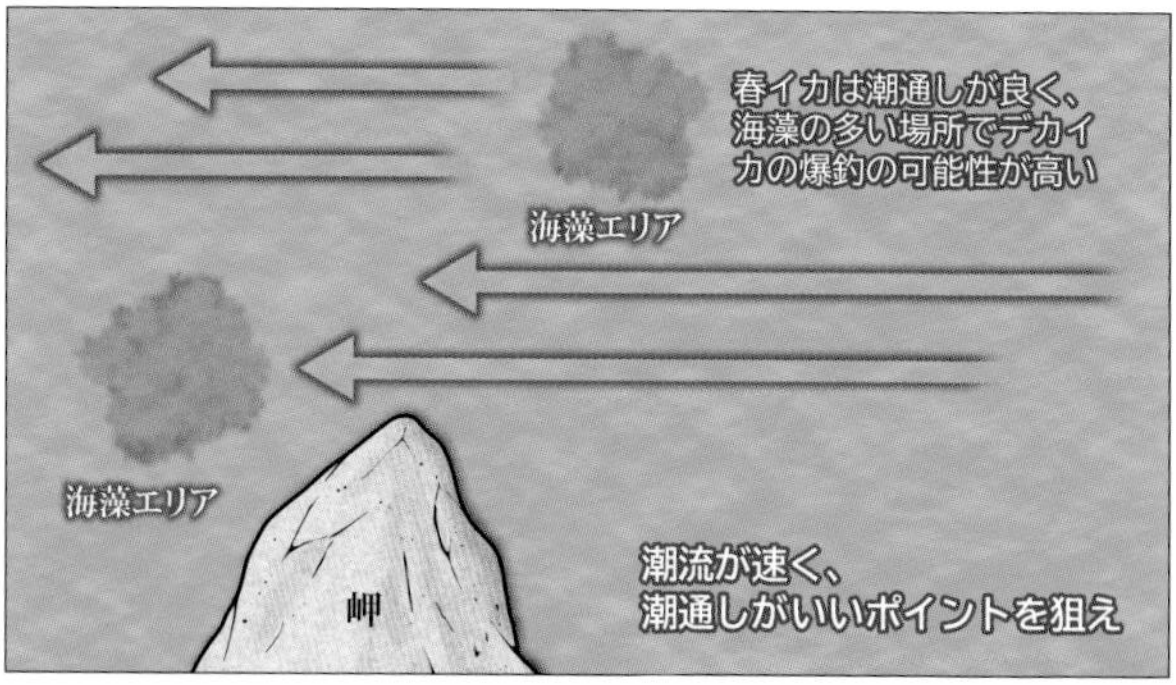
春イカは潮通しが良く、海藻の多い場所でデカイカの爆釣の可能性が高い
海藻エリア
海藻エリア
岬
潮流が速く、潮通しがいいポイントを狙え

秋から冬に本格シーズンイン

秋の行楽シーズンから初冬にかけての9～11月は、エギングの楽しさを思う存分味わえる季節となる。アオリイカのサイズも500～800gが中心となり、ときには1kgオーバーも交じることがある。エギのサイズは、3号がメインだ。

さらに季節が進み、12～翌2月の冬なると、ようやく良型と呼べるサイズがコンスタントに出るようになる。しかし釣り場は寒く、水温も低いため、とにかく釣りにくい季節でもある。防寒対策を整え、ボトムを中心にじっくりと探ってみよう。

そして2月の終わりから4月頭の早春まで、多くの地方でアオリイカのエギングがシーズンオフとなる。

以上が、アオリイカのおおまかな年間スケジュールと、その季節ごとの動き方となる。

アオリイカのシーズンを逃さない6つのコツ　その5　その6

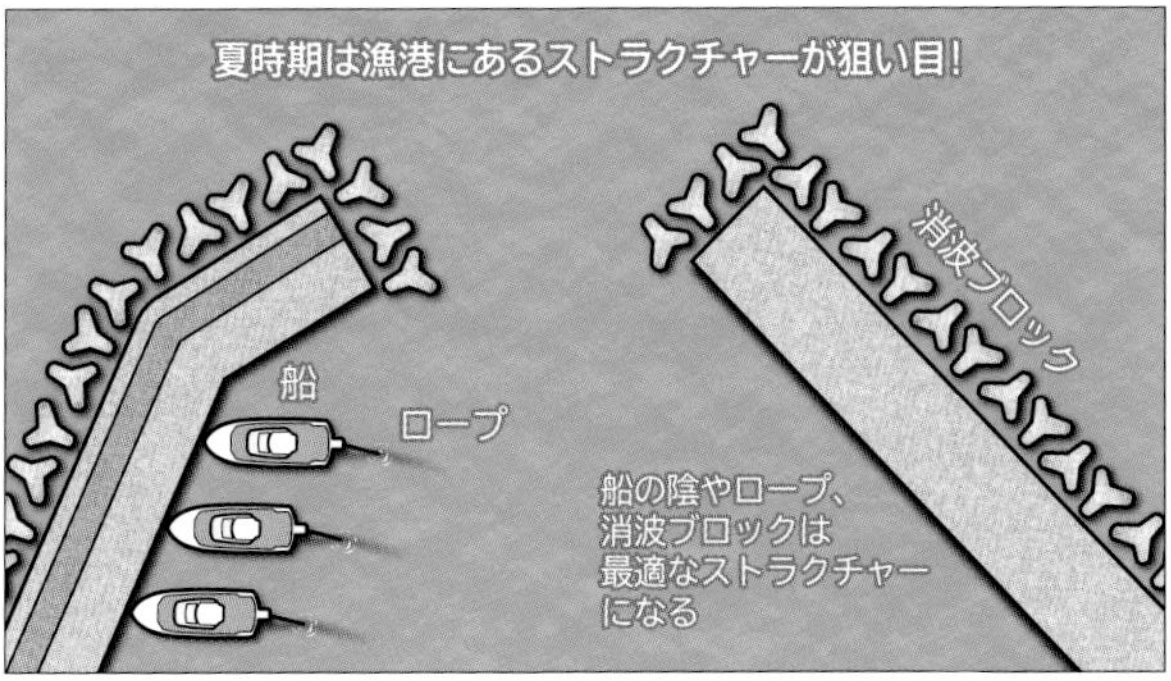

その5

夏は漁港内の静かな場所を狙ってみよう

ふ化したばかりの小さなアオリイカは、漁港のように流れが穏やかで、隠れるところが豊富な場所を好む。漁船やロープ、消波ブロックの影を、タイトに狙ってみるといいだろう。

その6

サーフエリアの意外な可能性

磯場や堤防に隣接したサーフは、沈み根や海藻帯などの目標物も多く、アオリイカがよく身を隠している。まだまだ人の少ない、隠れたホットスポットといえる。

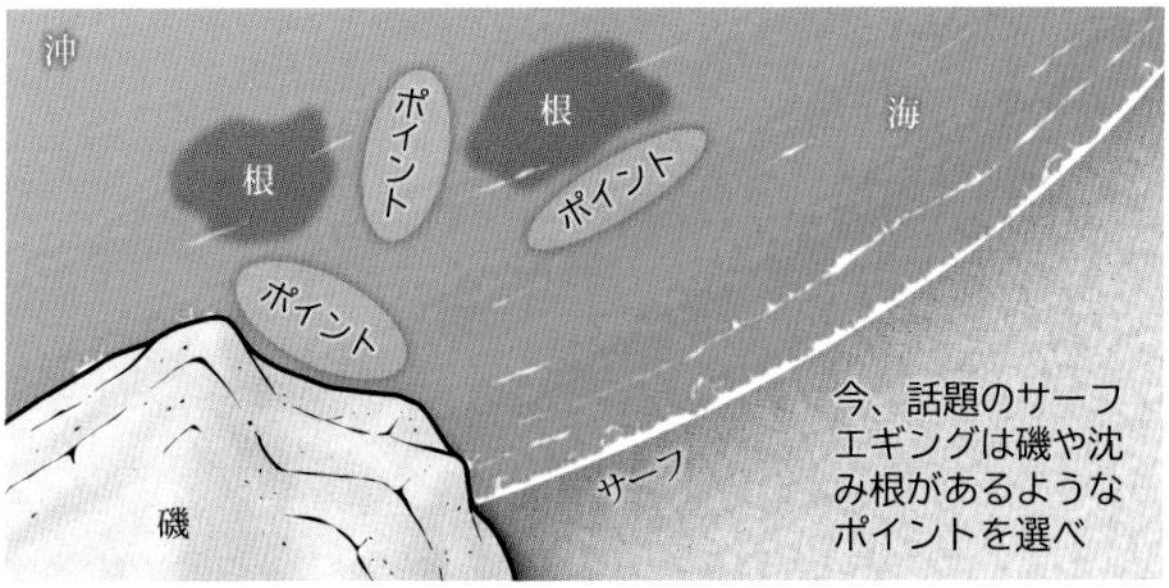

エギのカラーとサイズは?

季節に応じてサイズや行動パターンが入れ替わっていくアオリイカを狙うためには、季節に応じたエギのサイズを使い分ける必要がある。ただし、それぞれの季節でスタンダードとされているサイズが、必ずしも通用するとは限らない点に注意だ。

例えば秋の数釣りシーズンであれば、3号のエギを使うのが一般的だ。だがこの3号のエギで、アタリすら取れないこともしばしばある。こんなときは固定概念にとらわれず、エギのサイズを大きくしたり小さくして、なんらかの変化を与えてみるといいだろう。サイズだけでなくエギのカラーも、常識をあえて外すことで、より釣れることがある。

とにかく数多く釣り場へ通い、自分のスタイルを作ること。これが、正解を得るための近道といえよう。

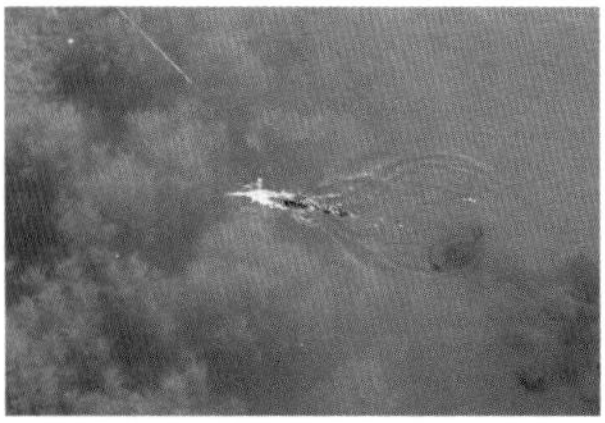

こんな浅いところでも、アオリイカは追ってくる。海藻帯の切れ目付近をエギが通過するときは要注意だ。

03 シャローレンジを攻略しよう

エギングは、エギをボトムまで沈めるところからスタートする展開が多い。だが、ボトムまでエギを沈めず、水面〜水面直下といった浅い水深を攻略するという選択肢があれば、より攻め手は広がるはずだ。

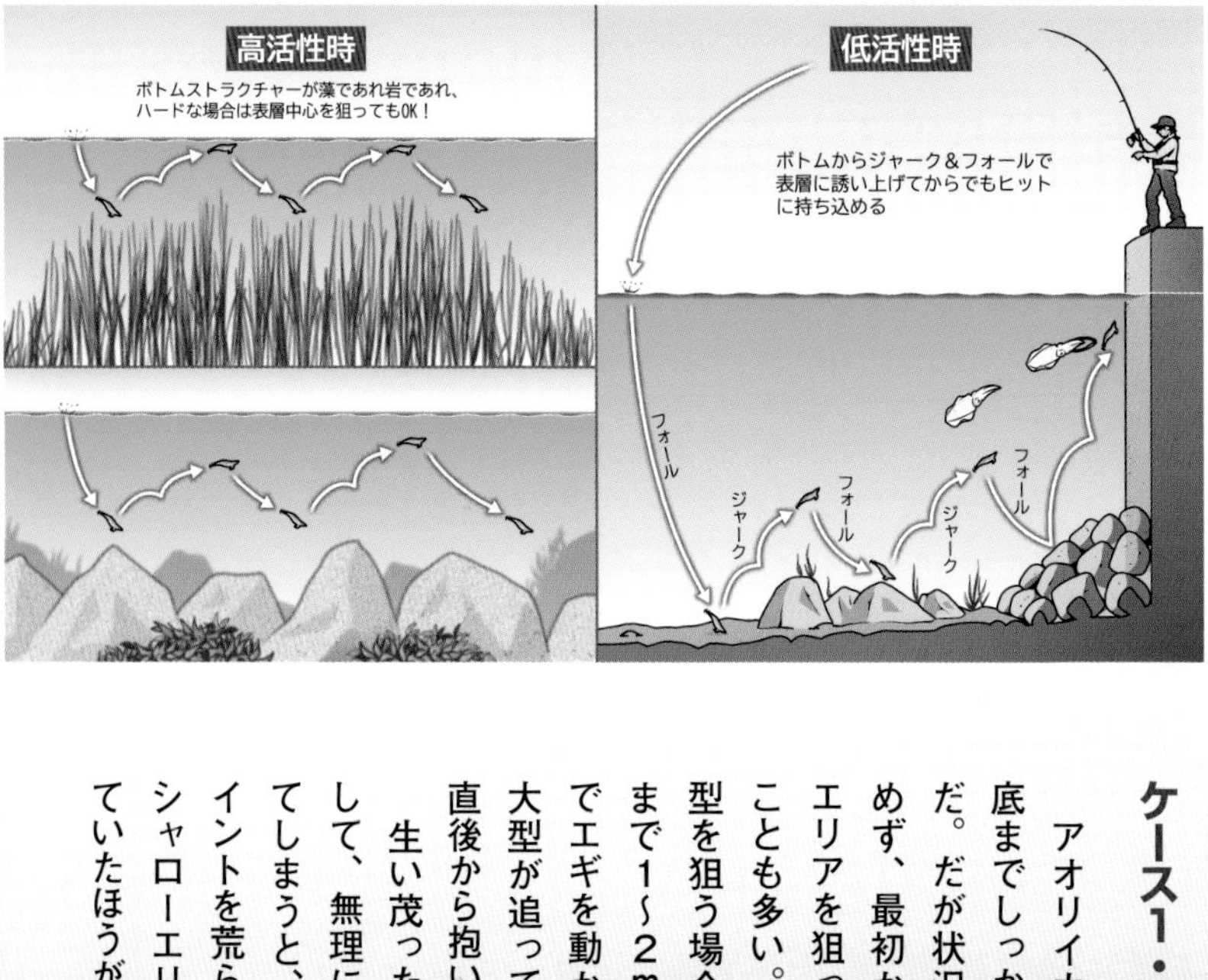

高活性時
ボトムストラクチャーが藻であれ岩であれ、ハードな場合は表層中心を狙ってもOK！
低活性時
ボトムからジャーク＆フォールで表層に誘い上げてからでもヒットに持ち込める
フォール
ジャーク
フォール
ジャーク
フォール

シャロー攻略が有効な3つのパターンとは

ケース1・春の海藻帯

アオリイカのエギングは、エギを底までしっかりと沈めることが基本だ。だが状況によっては、エギを沈めず、最初から表層などのシャローエリアを狙ったほうが手っ取り早いことも多い。例えば、春の藻場で大型を狙う場合だ。藻の先端から海面まで1〜2mの余裕があれば、ここでエギを動かすことで、活性の高い大型が追ってくる。ときには、着水直後から抱いてくることすらある。

生い茂った海藻の隙間を探ろうとして、無理にエギをボトムまで沈めてしまうと、海藻が引っ掛かってポイントを荒らしてしまう。それなら、シャローエリアだけでエギを動かしていたほうが効率的だ。

アオリイカ・シャロー攻略６つのキモ

その１　その２

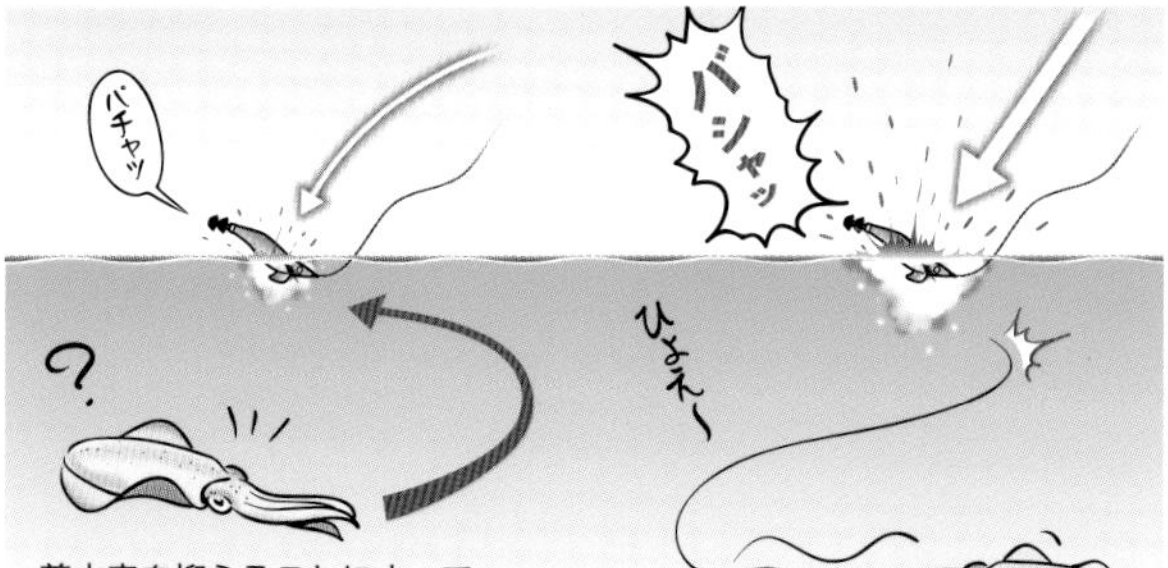

着水音を抑えることによって
アオリイカがエギに興味を示す

その１

ソフトなアプローチでイカを驚かせない

　エギが着水する直前、放出されるラインを指で抑える「フェザリング」という動作をはさむと、エギは静かに着水する。こうすることで水面直下のイカを驚かせない、ソフトなアプローチが可能となる。

その２

風や潮にラインを引かせない

　横風や横向きの潮流が強いと、大きな糸フケが発生し、それにエギが引っ張られることがある。こうなると、どんなに活性の高いイカでも見向きもしなくなる。できるだけラインが引かれない方向にキャストしよう。

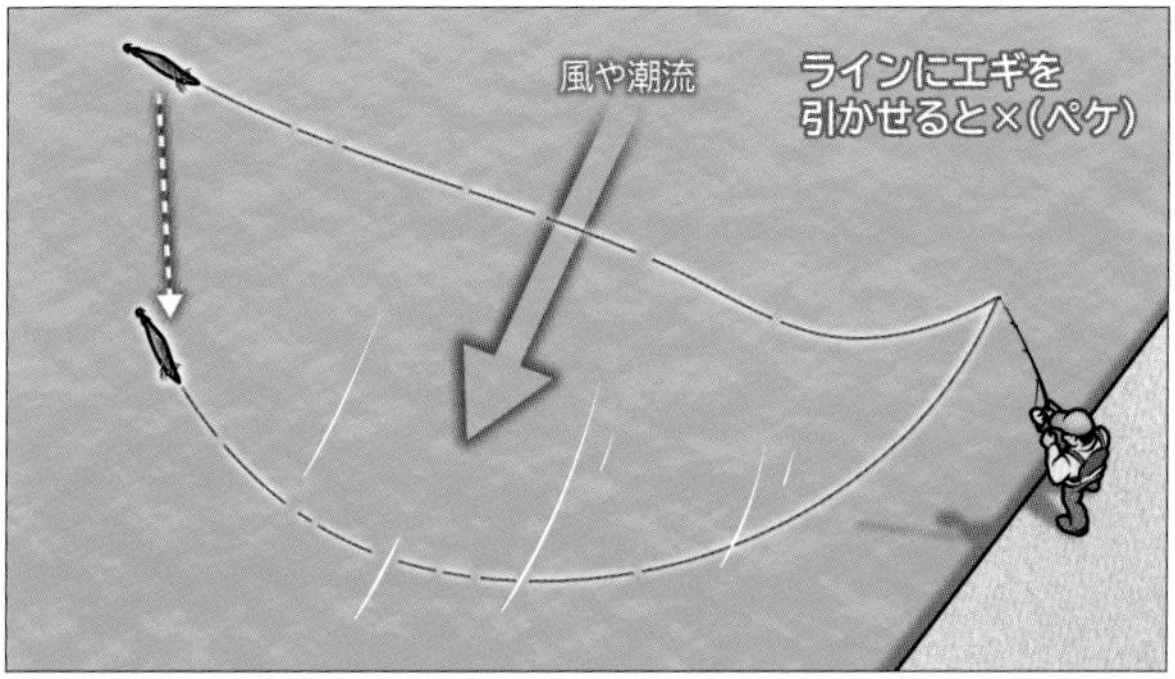

ケース2・初見の岩礁帯

　磯でのエギングは、夜明け前のまだ暗い時間からキャストすることも多い。だが初めて行くような磯では、沈み根の位置が把握できていないため、少しでも底のほうにエギを沈めていくと、あっという間に根掛かりしてしまう。

　こういった岩礁帯にいるイカは、高活性であることも多い。つまり、エギを表層から中層に沈めるだけで反応してくるのだ。夜明け前のまだ暗いうちなどは、水面直下でヒットすることもある。

　このように、磯やゴロタといった底に障害物が多数あるようなポイントでは、たとえ初見でなくとも、最初から最後までシャロー攻略に徹するのも手だ。根掛かりはエギングについてまわるものではあるが、避けられる根掛かりであれば、とことん避けたい。

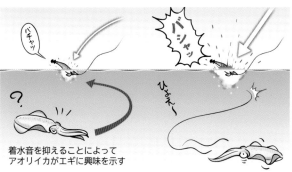

アオリイカ・シャロー攻略６つのキモ

その３　その４

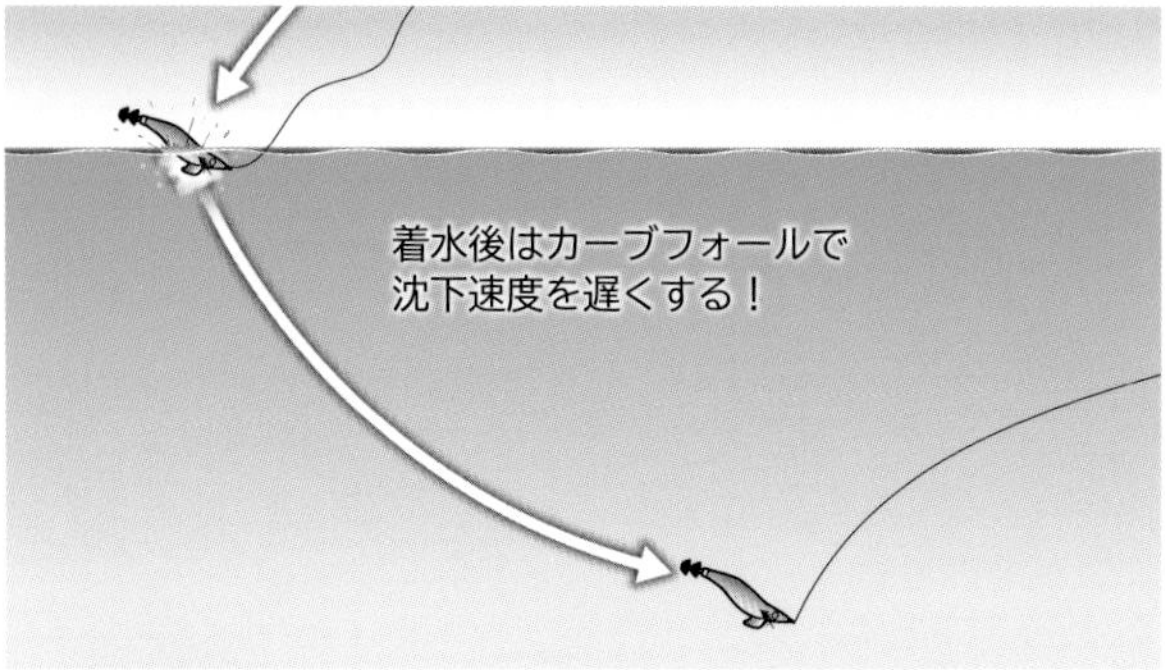
着水後はカーブフォールで
沈下速度を遅くする！

その３

カーブフォールで沈下速度を遅くする

シャローレンジでのフォール距離は短いため、ラインの抵抗でブレーキがかかるカーブフォールを使う。こうすることで沈下速度が遅くなり、イカがエギを見つけて抱いてくるための、十分な時間が稼げるようになる。

その４

同じ立ち位置でもキャストの方向を変える

同じところに何度もエギを着水させると、イカは警戒心を抱き、表層に寄りつかなくなってくる。同じポイントで同じところにエギを投げるのを避けたければ、イラストのように複数の方向に向けて投げるといいだろう。

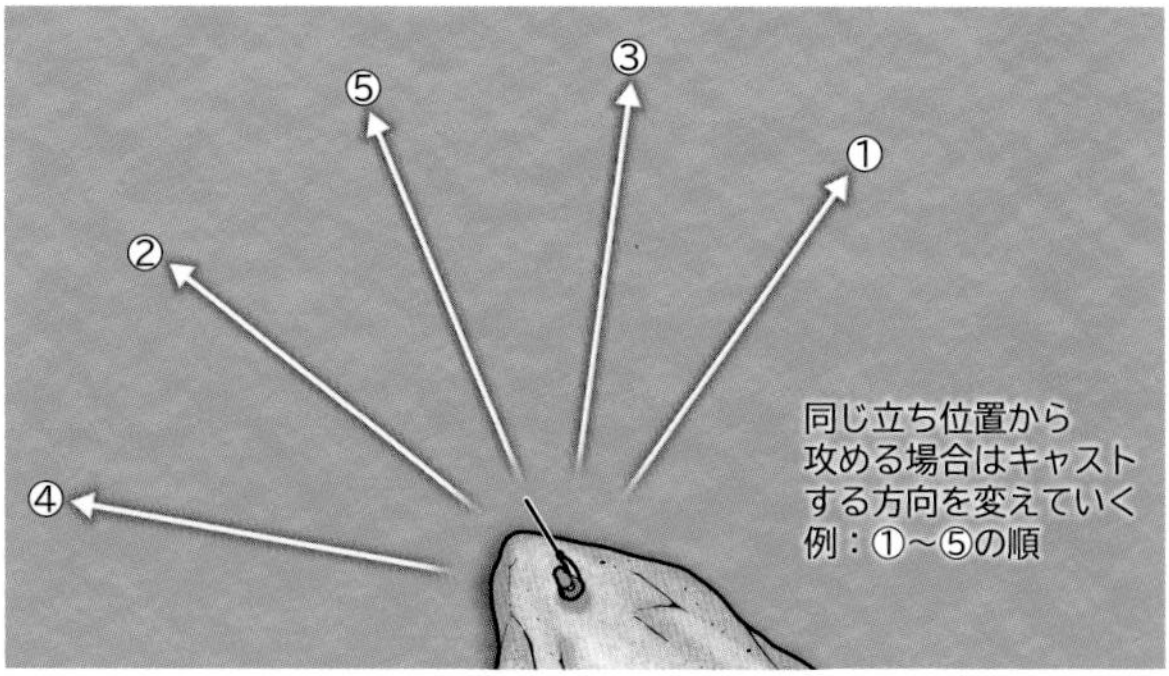
①
②
③
④
⑤
同じ立ち位置から
攻める場合はキャスト
する方向を変えていく
例：①～⑤の順

ケース3・島しょ部の速い流れ

瀬戸内海や九州西部のように、本土のすぐ沖に小さな島が点在するような地域では、ときおり川のような急な潮流が発生することがある。この速い流れのなかで、エギを沈めてボトムを取るのは、きわめて難易度が高い。

だが、このような急流でアオリイカを狙うのであれば、無理にボトムを取る必要はない。前述した岩礁帯同様、急流でエサを追っているようなアオリイカは活性が高いため、日中でも着水直後からヒットしてくることも珍しくないからだ。

エギを中層、あるいは表層まで軽く沈めたら、あとは流れに乗せながらシャクリを入れることで、アオリイカへ十分なアピールをすることができる。流れとシャクリの相乗効果は、思っている以上に絶大だ。

アオリイカ・シャロー攻略６つのキモ

その５　その６

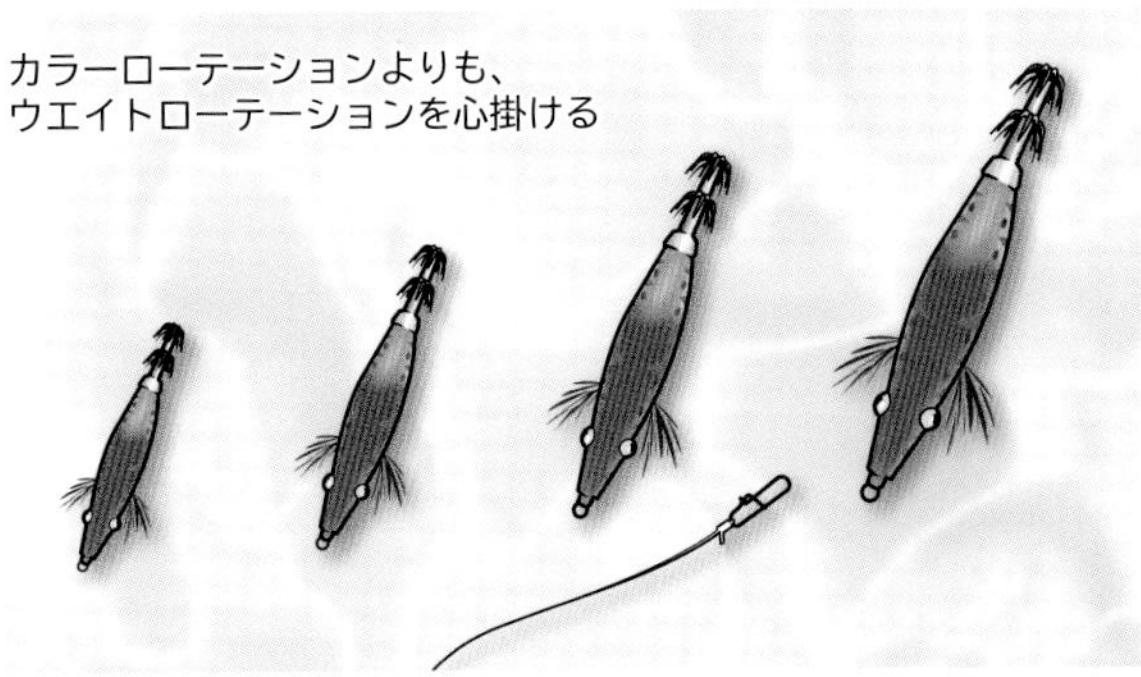
カラーローテーションよりも、
ウエイトローテーションを心掛ける

その５

エギのウエイトを使い分けてみよう

　アオリイカの気配があるのになかなかヒットしない場合は、同じカラーで違うウエイトのエギに変えて投げてみよう。３号を基準にするのであれば、3.5号から2.5号といった具合に、ある程度大雑把な交換でも意外と効果がある。

その６

根掛かりはなんとしても避ける

　秋の数釣りならまだしも、春の大型狙いでは、根掛かりを発生させたらその一帯はもう釣れないと思っていい。シャロー攻略は、このなんとしても避けたい根掛かりのリスクを軽減できる、というメリットもあるのだ。

なるべく根掛かりや藻掛かりさせないようにしよう！
グイ
グイ
グイ
アオリイカが警戒してしまうので

シャローエリアの攻め方

　いずれの場合もシャローエリアを攻める場合に有効なのが、タダ巻きとジャーク&フォールだ。

　タダ巻きは、水面、もしくは水面直下の水深を保ちながら、エギをスローに引いてくる。これは、水面からボトムまで1・5ｍ前後しかない、きわめて浅い場所で使う。ジャークやフォールといった縦の動きを伴わず、横の動きだけで誘うので、ここまで浅くても釣りが成立するのだ。

　さらに水深があるような場所であれば、おなじみのジャーク&フォールの出番だ。ただし定石どおりにボトムまで沈めず、中層から上をメインに探ってくるといいだろう。

　ジャーク&フォールで、まずはアオリイカを表層近くまで誘い出し、そこでヒットさせるという手もあるので試してみよう。

アオリイカより丸い体と短い触手が特徴のコウイカ。アオリイカより低水温に強く、冬でも活発にエギを追ってくる。

04 さまざまなイカをエギで釣ってみよう

エギのサイズや種類をそろえることで、アオリイカ以外のさまざまなイカも、エギングで釣れるようになる。またイカだけでなく、タコも釣れる。バラエティに富んだエギングのターゲットを攻略してみよう。

場所によって
夏～冬だったり
冬～春だったり
灯りに集まるベイトを
食べにくるよ
周年、
岸際で釣れる
ベイト
表層、ボトム
で釣れるよ
ヤリイカ
ヒイカ
スルメイカ
ケンサキイカ
アオリイカ
梅雨～秋
晩秋～初夏
マダコ
コウイカ
シリヤケイカ
ボトム
メインだよ
時期、場所で狙い分けていけば
エギ自体のシーズンが長く楽しめるぞ！

エギングで釣れるのはアオリイカだけではない

細長いイカを釣ろう

エギングで釣れるイカは、おなじみのアオリイカだけではない。地方やポイントによってシーズンがずれることはあるが、スルメイカやケンサキイカ、ヤリイカといった細長いイカが、陸っぱりからのエギングで釣れることもあるのだ。

これらツツイカの多くは、ベイトを追い回して広範囲を回遊する最中、一時的に岸近くに寄ってくるという行動パターンがほとんどだ。そのため、決まった場所・決まった時合いではなかなか釣れない。そのかわり、タイミングさえ逃さなければ、アオリイカよりエギへの反応ははるかによく、それこそなにを投げても釣れるほどの積極性を見せる。

イカ&タコ五目必釣６つのコツ

その１　その２

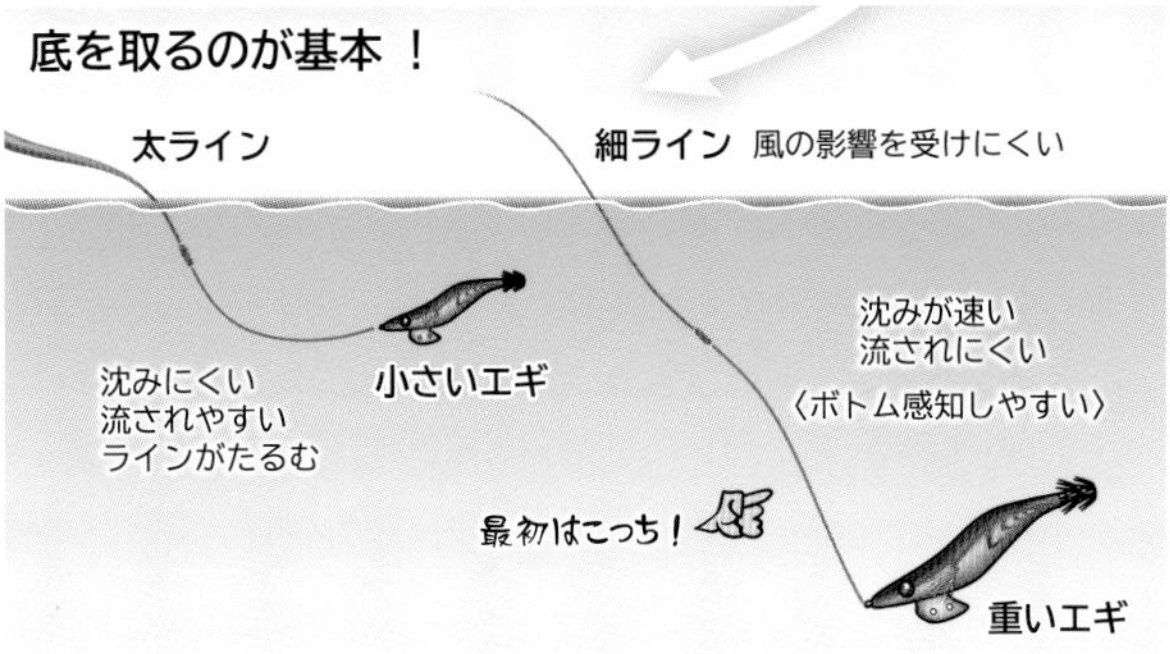

その１

細いPEラインとデカイエギから始める

これはアオリイカのエギングにも共通することだが、まずはボトムを取るという基本動作を習得するため、最初は細いPEライン、デカくて重いエギという組み合わせからスタートすることをおすすめしたい。

その２

夜間の回遊ピークを見逃さない

イカが夜回遊してきて釣れるピークは、おおかたの種類で一晩で３回ほど訪れる。これらのイカは居着きの個体とは別グループなので、混雑した釣り場であらかた抜かれてしまったあとでも釣れる。

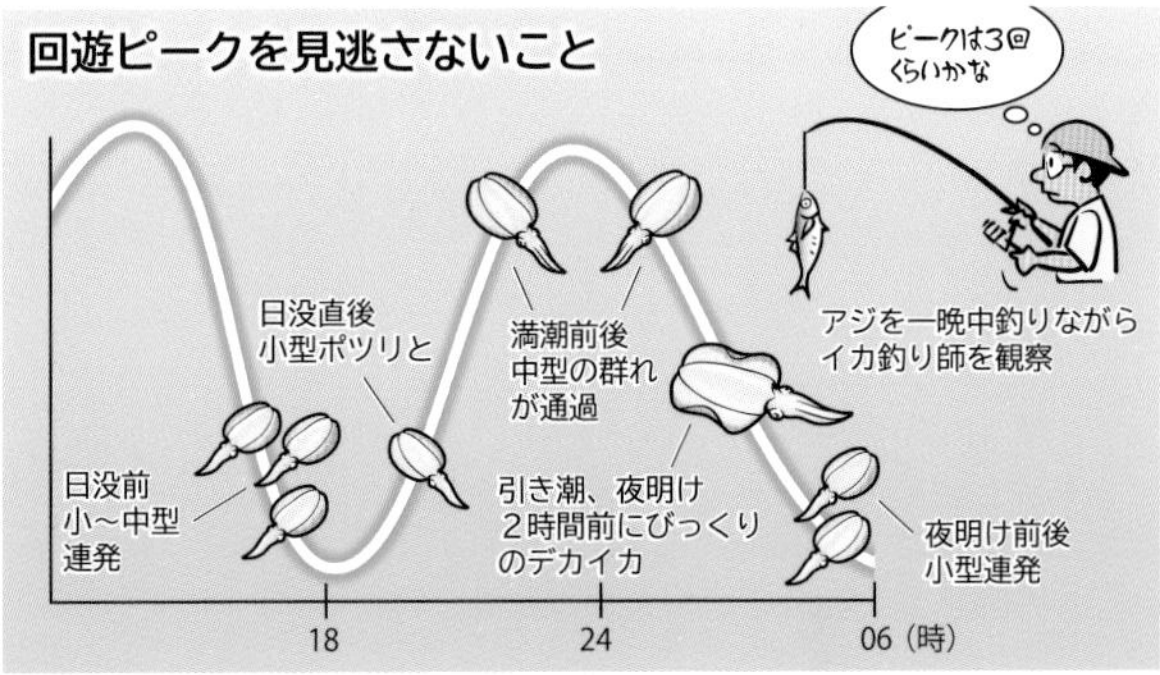

横移動の釣りがメイン

ツツイカは夜間、常夜灯に集まったベイトを狙って回遊の足を止め、捕食行動に入る。泳ぎ回る小魚をおもに食べるため、表層から中層でよく釣れる。釣れるレンジをいち早く探り当て、横方向の釣りで狙おう。

注意したいのは、ツツイカと称されるイカが、常に同じように釣れるわけではないということだ。似たような見た目のため、同じ種類のイカと勘違いしてしまうかもしれないが、ヤリイカ・ケンサキイカ・スルメイカはすべて違う種だ。よって釣れる季節も違えば好みのエサも違うし、どのタイミングで積極的にエギを追うのかも当然違う。

こういった情報は、釣り具店やSNSで広く出回ったりしているので、そういった情報源に常にアンテナを伸ばしておくことも重要だ。

イカ&タコ五目必釣６つのコツ

その３　その４

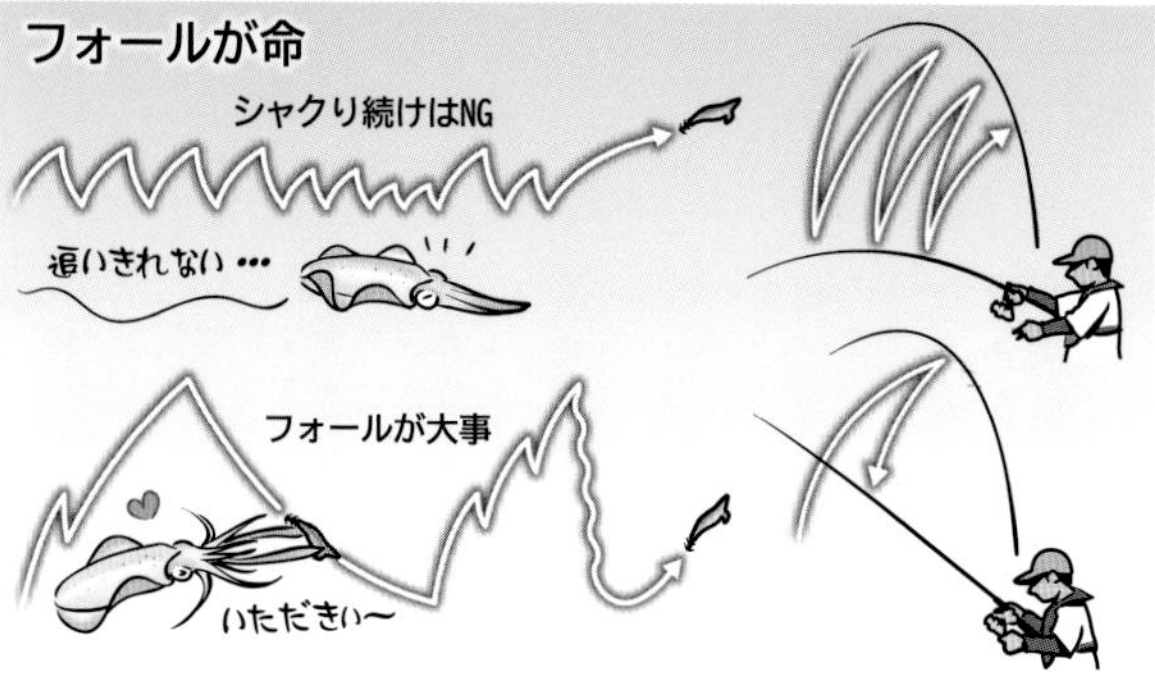

その３
フォールと横移動が最大のチャンスタイム

あらゆるエギングにおいて、シャクリはあくまで誘いのために行なわれる。シャクリで大きく跳ね上げさせたエギがフォール、または水平移動に移行したときが、実はヒットさせる最大のチャンスなのだ。

その４
遠投する意味を再確認しよう

エギングに限った話ではないが、明確な理由もなくむやみに遠投するのは時間の無駄だ。キャストの前に、遠投する意味はあるのか、あるとすればどのくらい重要なのか、再確認する習慣をつけておきたい。

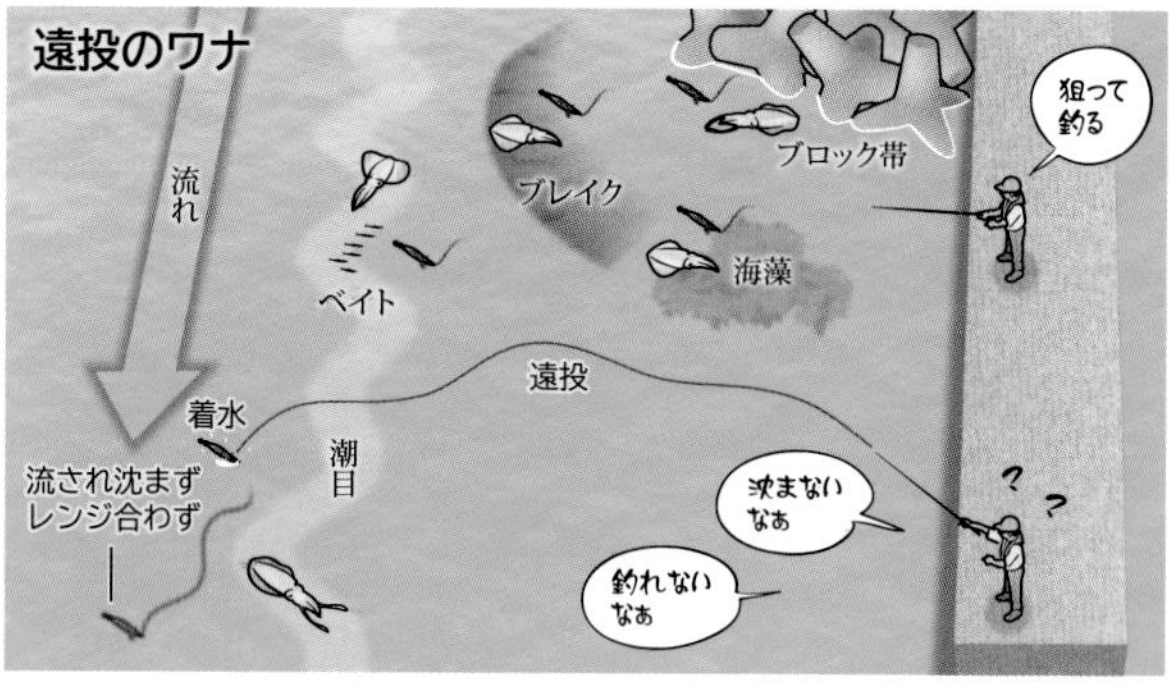

コウイカを探して底狙い

ツツイカは表層から中層を横に探る釣りがメインだったが、探る層をボトムに変えると、今度はコウイカと呼ばれる別のグループのイカが釣れるようになる。

基本的にボトムに張り付いているか、ボトムより少し上の層だけをゆっくりと泳ぎ回り、エビやカニ、シャコといった甲殻類を食べている。そのため釣り方は、エギをボトムまで沈め、ズル引きするというものになる。

表層から中層でも釣れるアオリイカに比べてレンジの制約は大きいものの、季節や水温といったそれ以外の条件は、アオリイカよりゆるい。水温が下がってアオリイカが釣れなくなったあとでもよく釣れることから、真冬の癒やしターゲットと呼ばれることも多い。

イカ＆タコ五目必釣６つのコツ

その５　その６

細いイカはレンジキープ

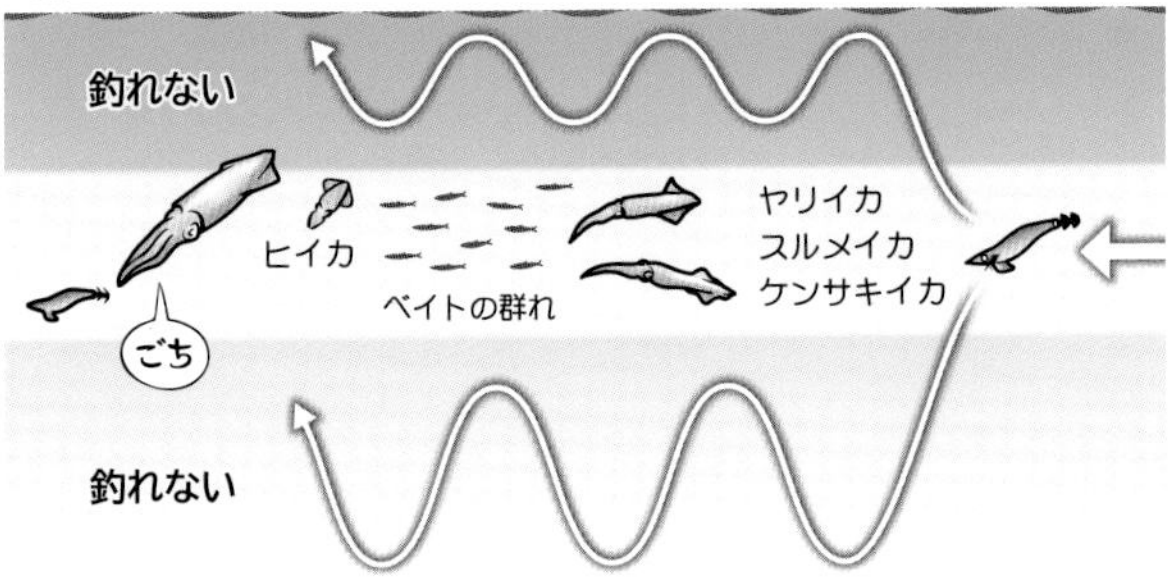

その５

ツツイカ類は横移動が大好き

小魚の群れを追いかけるツツイカ類は、一定のレンジを保ちやすく、横移動能力に長けたエギをセレクトすると、楽に釣ることができる。またツツイカのなかでも小型のヒイカは、ワームで釣ることもできる。

その６

マダコははがすかそれとも浮かせるか

マダコは泳ぎは得意ではないため、ボトムや壁からはがしてしまえば、あとは簡単に寄せて取り込める。本文中でも触れたとおり、エギがボトムから少し浮いた状態を維持できれば、アオリイカやツツイカを釣るタックルそのままで釣ることもできる。

エギを着底させたのち、軽くシャクって底から少し離したら、その泳層を維持しながら引いてこよう。マダコがボトムから身を乗り出し、半分浮いた状態になって触手がエギに届くような泳層が理想的だ。

タコもエギングで釣れる

コウイカ同様、ボトムを好んで生息しているのが、おなじみのタコだ。日本の沿岸で釣れるタコの大部分は、マダコと呼ばれる種類である。

コウイカが冬によく釣れるのに対し、マダコのシーズンは夏だ。梅雨が明けたあたりから岸近くへ大量に押し寄せ、ボトムに落としたエギやテンヤなどの仕掛けに襲いかかってくる。

イカに比べて吸盤が発達しているマダコは、ボトムに張り付かれると、エギングロッドではまず引きはがせない。だが、ボトムから少し離した位置にエギを定位させ、マダコが身を乗り出してエギを抱かせるようにすることで、エギングロッドでも楽に釣ることができる。そのための専用仕掛けも各社から販売されているので、試してみるといいだろう。

05

ツツイカの代表 ヤリイカを狙ってみよう

アオリイカに比べ、水産資源としてはヤリイカのほうが流通量も多いため、イカといえばこの形を思い浮かべる方も少なくないはずだ。

細長い体を持つツツイカのなかでも、エギングの対象として最も人気があるのがヤリイカだ。大きな群れでまとめて釣れる一方、時合いは短いヤリイカを、仲間とのチームプレイで攻略してみよう。

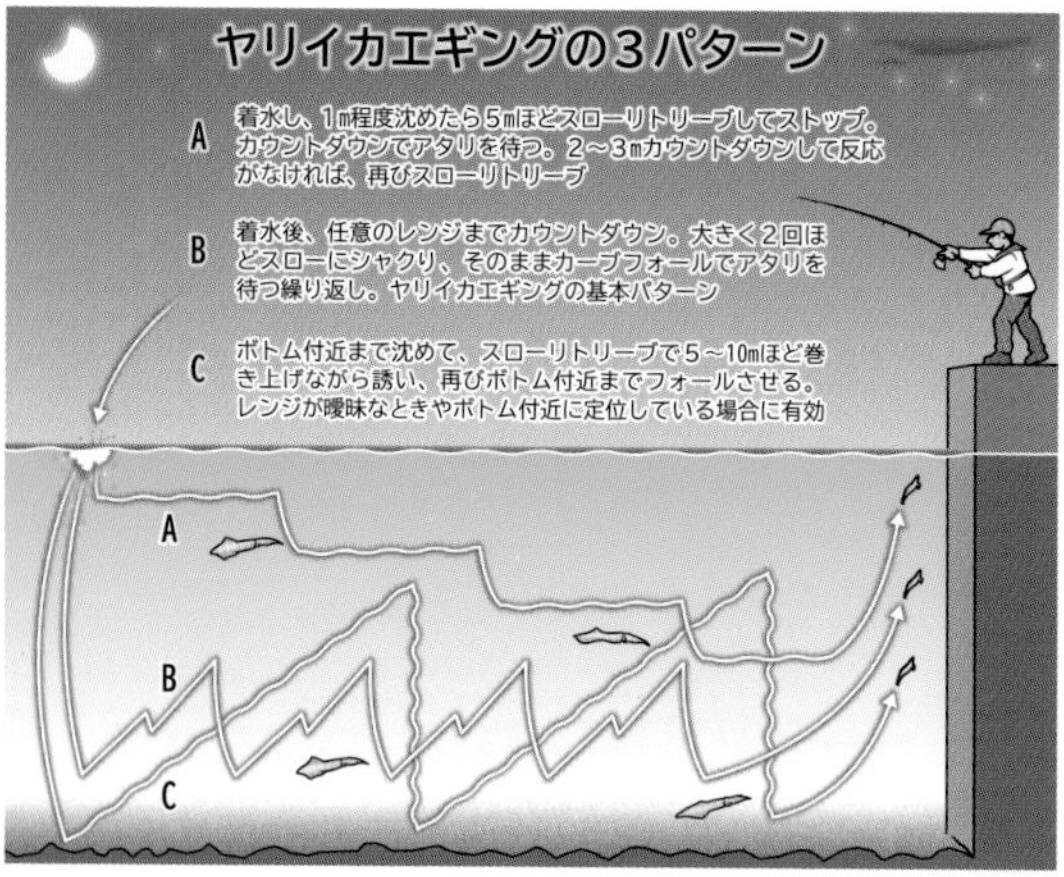

ヤリイカエギングの3パターン
A 着水し、1m程度沈めたら5mほどスローリトリーブしてストップ。カウントダウンでアタリを待つ。2～3mカウントダウンして反応がなければ、再びスローリトリーブ
B 着水後、任意のレンジまでカウントダウン。大きく2回ほどスローにシャクリ、そのままカーブフォールでアタリを待つ繰り返し。ヤリイカエギングの基本パターン
C ボトム付近まで沈めて、スローリトリーブで5～10mほど巻き上げながら誘い、再びボトム付近までフォールさせる。レンジが曖昧なときやボトム付近に定位している場合に有効
A
B
C

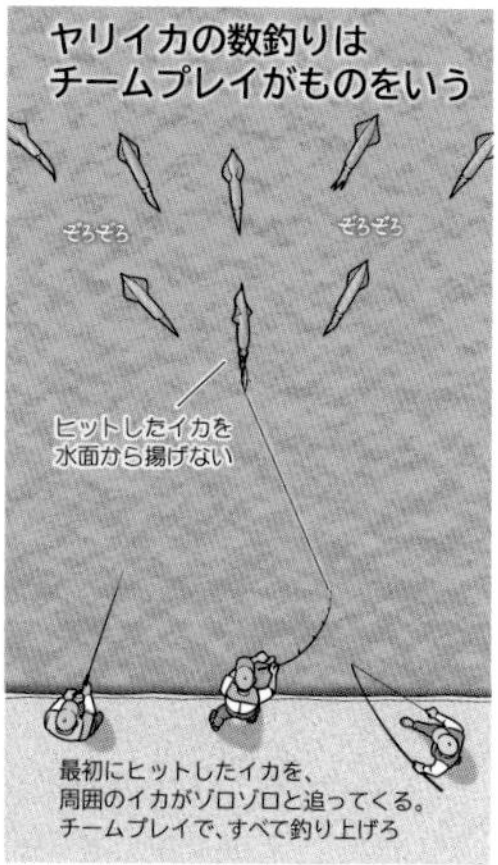

ヤリイカの数釣りは
チームプレイがものをいう
ぞろぞろ
ぞろぞろ
ヒットしたイカを
水面から揚げない
最初にヒットしたイカを、
周囲のイカがゾロゾロと追ってくる。
チームプレイで、すべて釣り上げろ

短い時合いにまとめて釣れる ヤリイカ特有の攻略法とは

回遊性の強いヤリイカ

アオリイカの生息域は、太平洋側は茨城、日本海側は新潟がそれぞれ北限とされているが、それより北でも釣れるのが、ヤリイカをはじめとするツツイカ類だ。

なかでもヤリイカは、東北や北海道といった北日本に多いイカだ。特に東北では、古い歴史を持つ釣り物として親しまれている。

ツツイカ類の例にもれず、このヤリイカも回遊性が非常に強い。昼間は沖の深場に潜み、夜になると岸近くの浅場に入ってきて小魚を捕食しはじめる。この岸に近寄ってエサを食べる時間は非常に短いため、それを逃さないための、さまざまな工夫が考案されている。

ヤリイカエギング6つのコツ

その1　その2

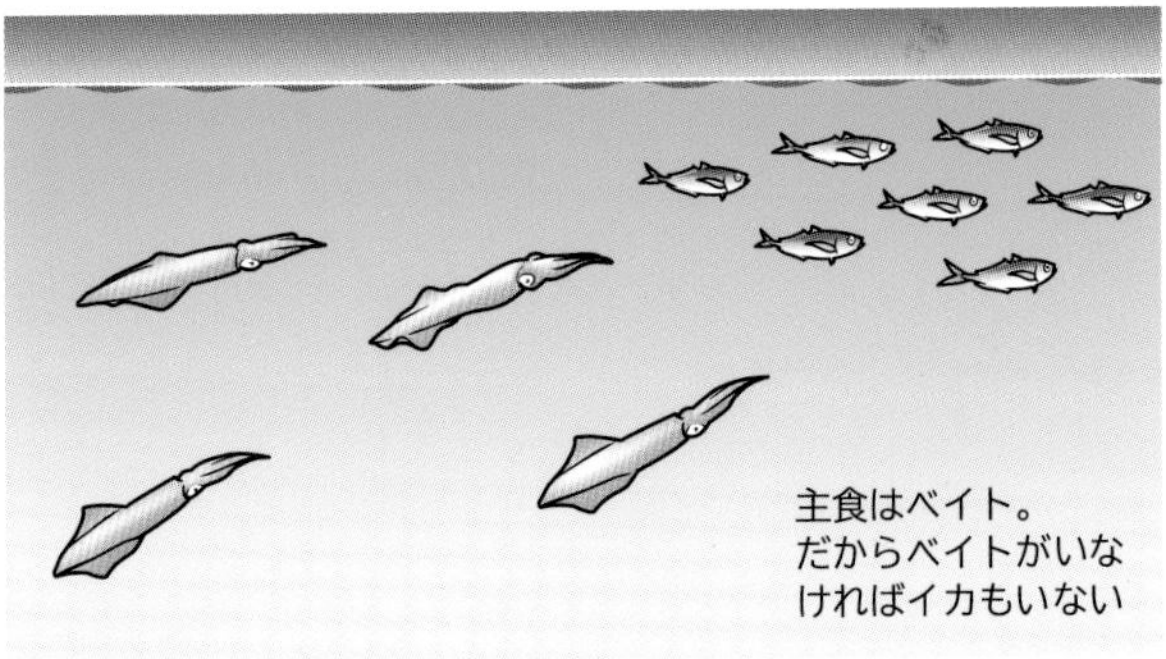
主食はベイト。
だからベイトがいな
ければイカもいない

その1
エサがいなけりゃイカもいない

これはアオリイカのエギングにも共通することだが、まずはボトムを取るという基本動作を習得するため、最初は細いPEライン、デカくて重いエギという組み合わせからスタートすることをおすすめしたい。

その2
まずは水面直下から攻める

活性が高ければ、ヤリイカはトップでも釣れる。まずは水面下1～2mから探ってみよう。反応がなければ少しずつトレースコースを下げていき、最終的にボトムまで沈めるという流れだ。最初からボトムを攻めてはいけない。

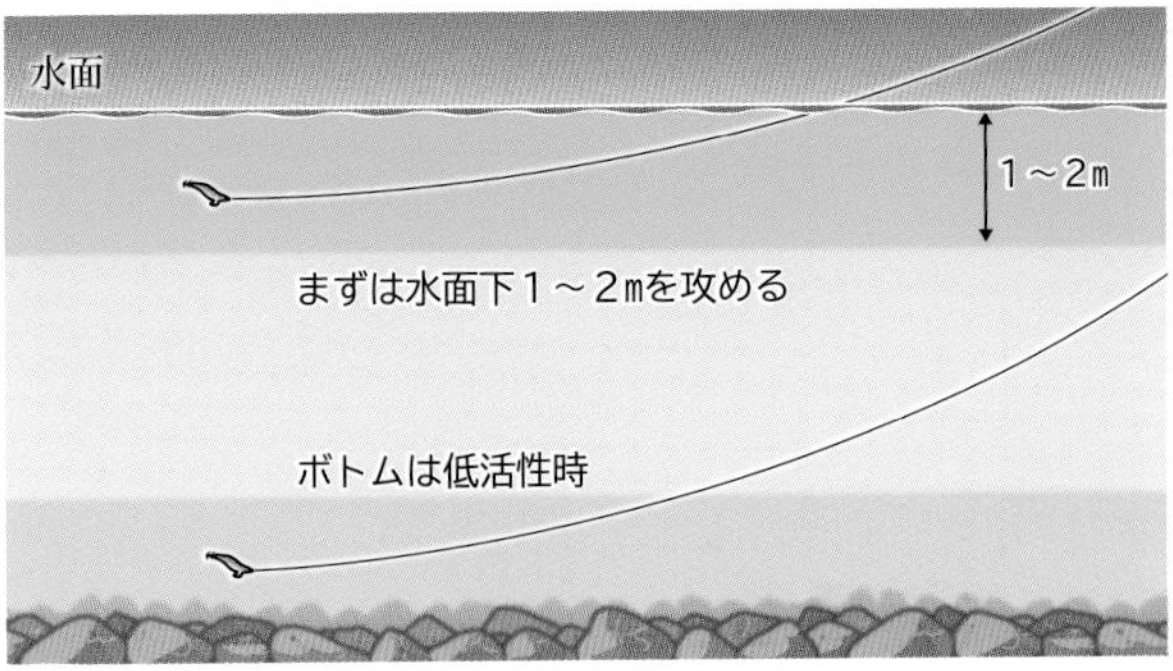
水面
1～2m
まずは水面下1～2mを攻める
ボトムは低活性時

チームプレイの出番

ヤリイカは群れを作って回遊するため、一度釣れ始めると、周囲は一気に入れ食いモードとなる。だがその時合いは短く、またバラシが続くとすぐにスレてしまう。短時間でいかに確実に、そして効率よく釣るかで、釣果は大きく変わってくる。

漁港で釣る場合は、常夜灯周辺の明るくなっているところをまず探そう。視認できるほどの近くまで群れが寄ってきているようなら、いよいよチャンス到来だ。

ここでできることなら、複数の仲間を伴って釣行したい。誰か一人が最初にヒットさせたら、その場合はイカをすぐに取り込まず、周囲にほかのイカが群がるのを待つ。そしてその群がったイカを他の仲間が釣るという、チームプレイが効果的だからだ。

ヤリイカエギング６つのコツ

その３　その４

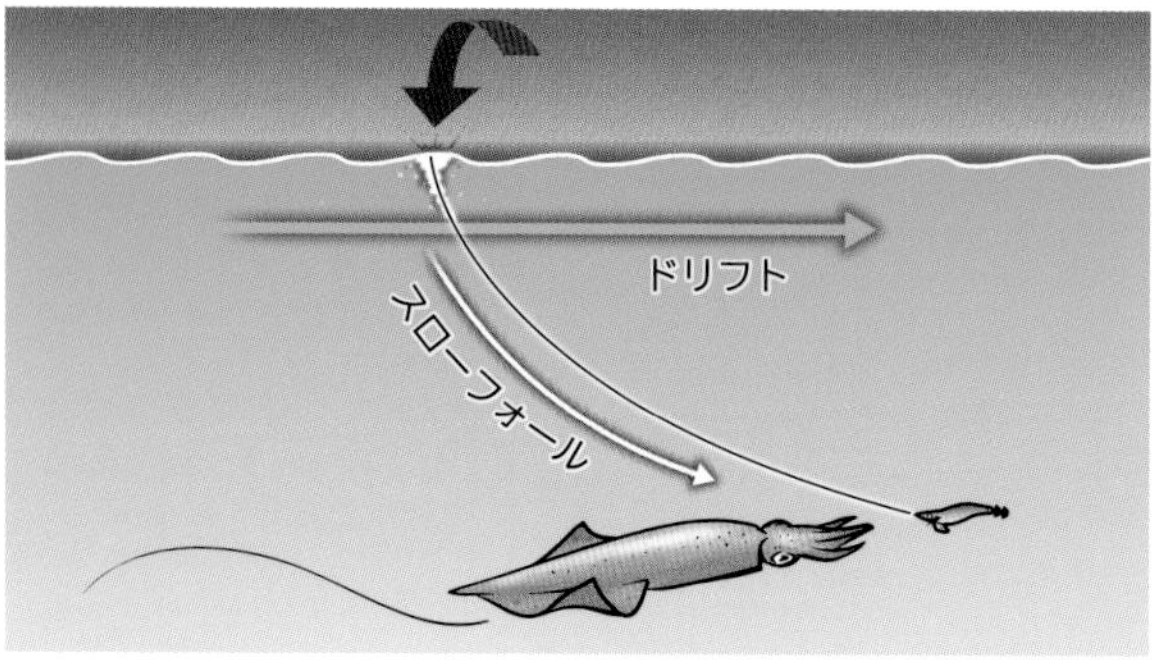

その３

スロードリフトフォールで横方向にもアピール

ヤリイカは、シャクリを入れたあとのスローフォールが、最大のヒットチャンスとなる。この際、まっすぐ沈下するより、横方向にドリフトしながら沈下したほうが、格段にヒット率は高い。

その４

反応がなくなったらカラーを変える

エギに興味を持っているのは確実だが、なかなか乗らない。こんなときは、エギのカラーを変えてみよう。３～４杯も釣ると、そのカラーには興味を示さなくなるので、釣れていてもカラーは変えたほうがいい。

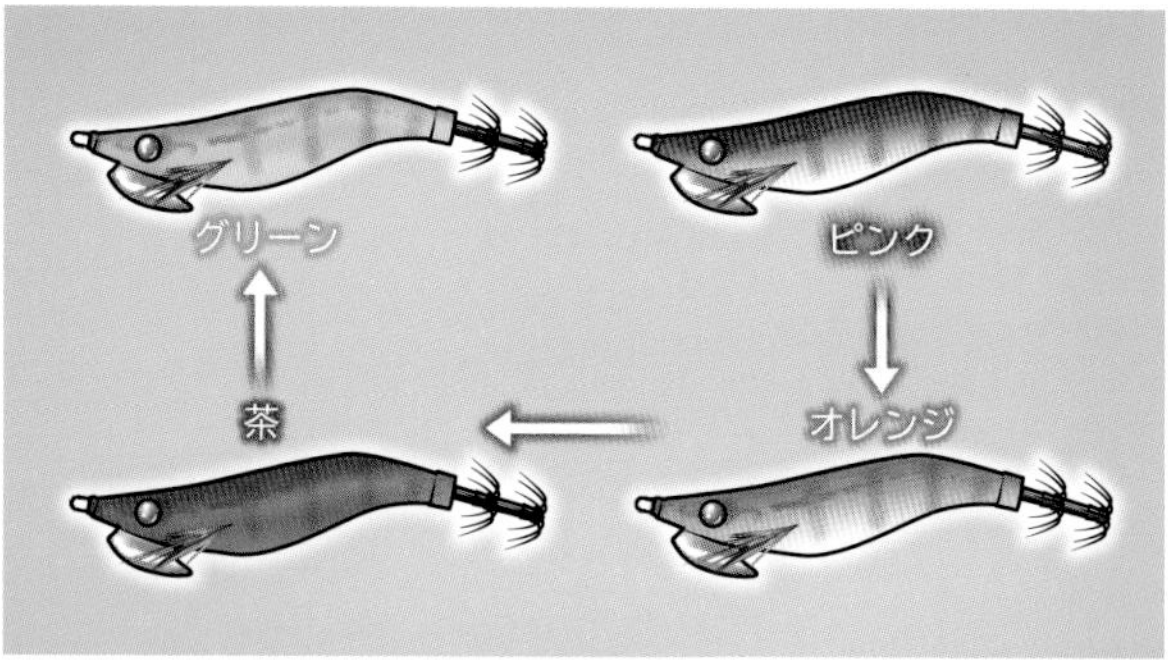

PEラインは使わない

エギングといえば、伸びも少なく細くても強いPEラインを使うのが一般的だが、ことヤリイカ狙いに関しては、PEラインはあまりおすすめできない。PEラインの伸びの少なさが逆に災いし、エギを触ってもすぐに離してしまうからだ。こうなるとアタリも途切れたままになり、短い時合いを逃して終了となるケースも多い。

ヤリイカ狙いのメインラインには、フロロカーボンやナイロンといった、PEラインより伸びのあるラインを使いたい。アオリイカ狙いのように、鋭いシャクリでエギをキビキビと動かす必要がないので、PEラインのような伸びの少ないラインでなくとも釣れるからだ。またロッドも、張りの強すぎるものではなく、やや軟調のものが望ましい。

ヤリイカエギング６つのコツ

その５　その６

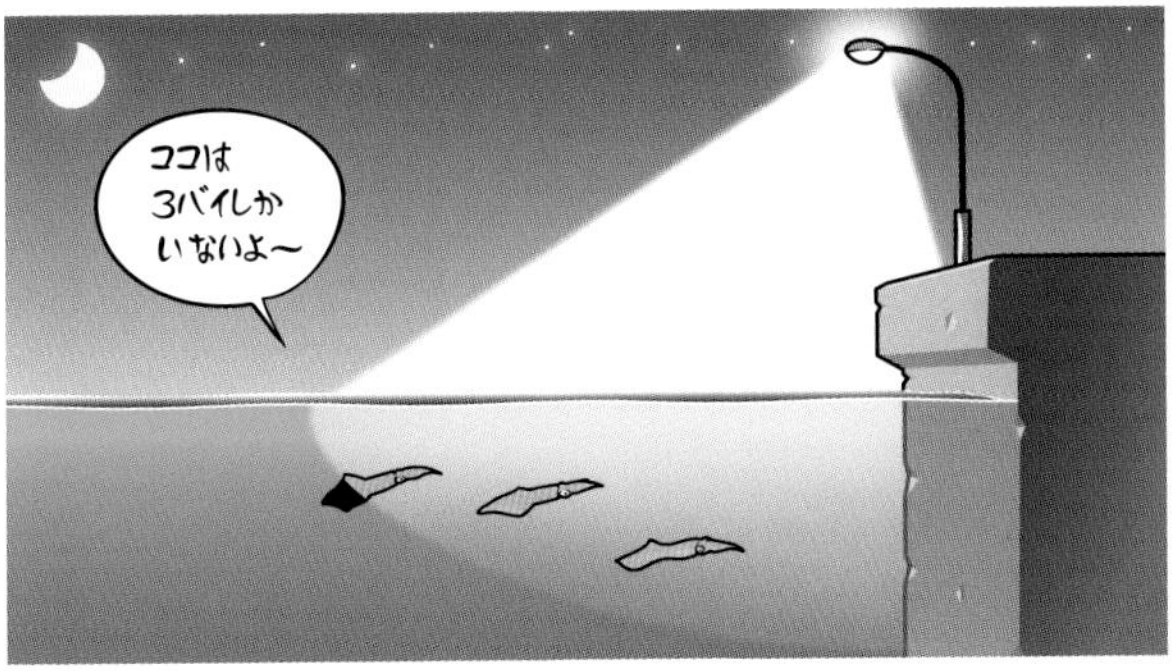
ココは
3バイしか
いないよ～

その５
釣りきったら迷わず移動

活性が高い場合、ヤリイカは文字通りワンキャスト・ワンヒットとなる。釣れなくなったら、その日のそのポイントはもう店じまいだ。粘っていても新しい群れはまずこないので、迷わず移動して新しいポイントを探ろう。

その６
「乗り」重視のタックルを使おう

硬めのロッドや、PEラインのように伸びの少ないラインを使うと、ヤリイカが違和感をおぼえてエギを離してしまう「弾き」と呼ばれる現象がよく起こる。軟調ロッドと伸びのあるラインを組み合わせ、静かに乗せよう。

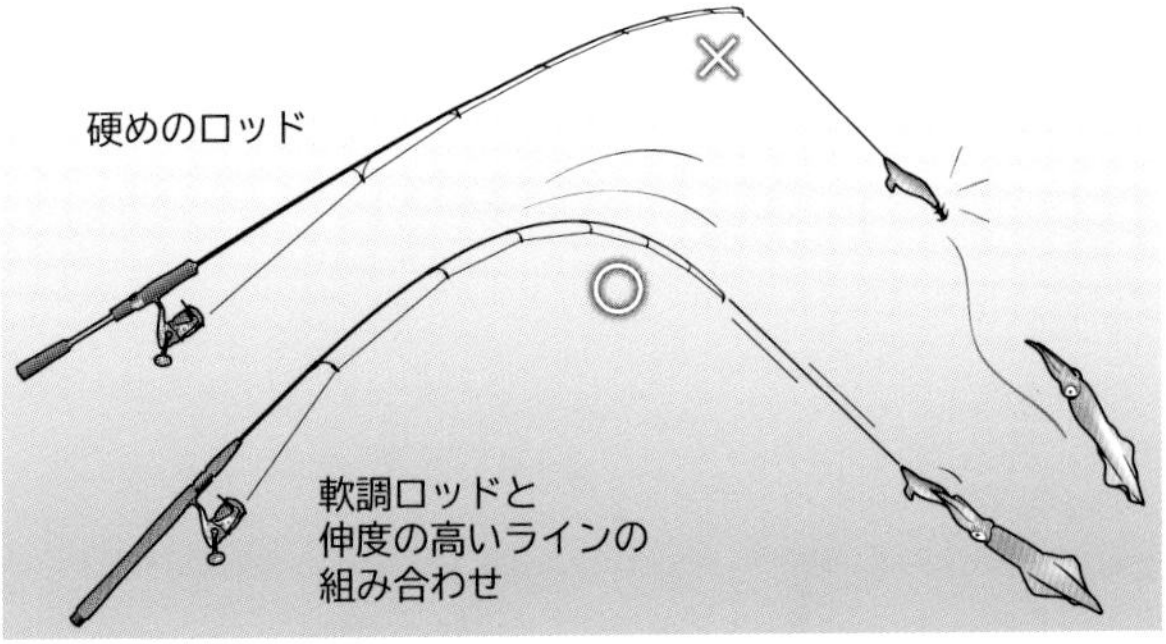
硬めのロッド
軟調ロッドと
伸度の高いラインの
組み合わせ

レンジを探って釣る

夜のヤリイカは、水面下1～2mという浅いところまで浮いてくることが多い。このレンジにエギを沈め、ゆったりとしたシャクリとフォールで釣るのが基本だ。

だが、水温が急激に変化するなど不安定な場合は、ボトム付近でしか反応しないことも珍しくない。また水温が安定していても、レンジは時間帯によって変化していく。水深1m前後の表層部からボトムまで探りを入れ、反応のいいレンジを見つけることが数釣りのコツだ。

誘い方は、大きめのシャクリを1、2度入れ、できるだけエギがスローに沈んでいくよう、カーブフォールでテンションをかけておくというものだ。アオリイカと違い、派手なダートアクションは逆効果となるので注意したい。

リリースする際は、このようになるべく目の細かい網を使って、ていねいに扱おう。

06 飼育してわかったアオリイカ生態学

プールでアオリイカを飼育してみると、海では見えないさまざまな姿が観察できる。どのくらいの速度で成長するのか、エサの群れにはどうやって近づくのかといったアオリイカの秘密がわかれば、実釣でも必ず役に立つはずだ。

リリースサイズを釣らない方法はあるか

リリースする際にていねいに扱うのが難しければ、最初からリリースするようなサイズを釣らなければいいのでは？　という選択肢も、当然出てくるだろう。だが、これも簡単ではない。リリース対象となるような100 g前後の小型に3.5号のエギを見せると、昼なら高確率で見切ってくれるが、夜だと平気で抱いてくるのだ。つまり、大きなエギを使って小さなイカを釣らないという手も、限界があるということだ。

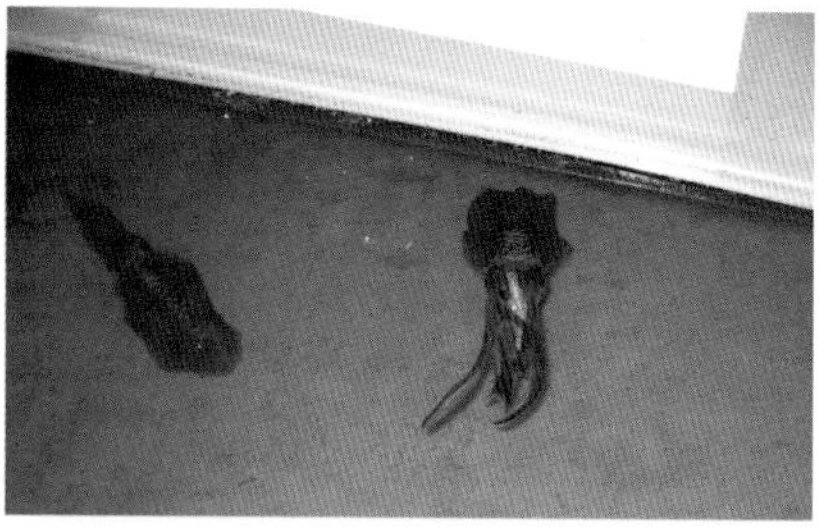

このように、アオリイカは自分とあまり大きさの変わらない小魚でも食ってくる。3.5号のエギでも、夜にはエサと認識するのもうなずける。

近くで見てわかったアオリイカの意外な素顔

アオリイカの体はデリケート

エギングの本場である愛媛県の水産関係者が、アオリイカの飼育実験をしたときのレポートを、ここからはお届けしよう。

対象となったのは、秋シーズン、200g前後に成長した段階のアオリイカだ。このアオリイカを3トンほどの流水式プールに入れ、飼育して観察するというものだ。

捕獲はエギングで釣ることによって行なったが、この際に手で直接触った個体は、体が一部白濁してしまった。この白濁は治ることはなく、早い個体で30分、遅くても2日で生存不能状態となってしまった。つまり、リリースする前に地面に落としたり手で触ったりしたアオリイカは、その場では泳

ボトムでゆらゆらと揺れるように放置したエギに食いついてきた。このイカはキープした。

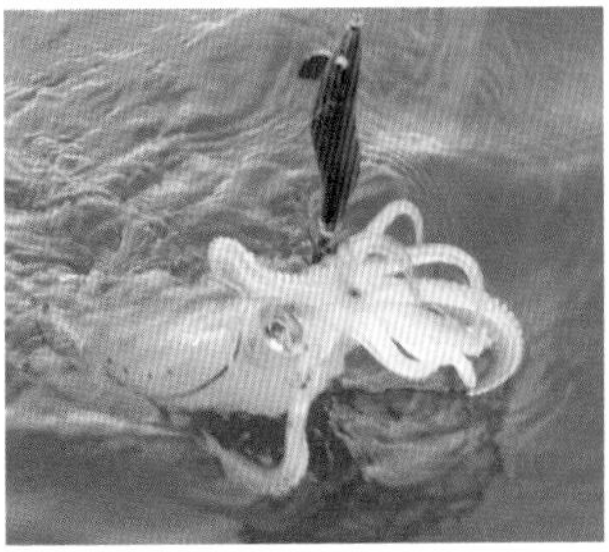

高活性な個体はこのように脳天でフッキングすることが多い。

海底に放置したエギで釣れるか

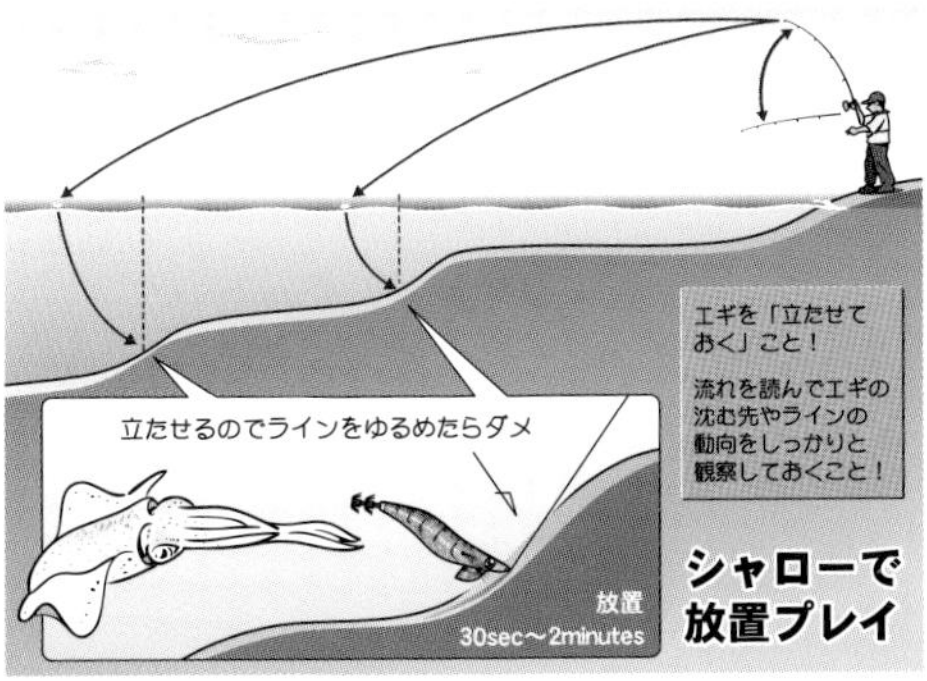

エギを「立たせておく」こと！
流れを読んでエギの沈む先やラインの動向をしっかりと観察しておくこと！
立たせるのでラインをゆるめたらダメ
放置
30sec〜2minutes
シャローで放置プレイ

次ページで詳しく触れるが、アオリイカはエサに食いつく際、味や匂いではなく動きで判断している可能性が高い。逆にいえば、エギのような人工物が少しでも動いていれば、エサと誤認して食いついてくる可能性があるということだ。

海底にエギを放置してアオリイカを誘うなら、完全に動きが止まらないように注意したい。頭を支点にして尻を上にして立たせ、水流を受けてその場でゆらゆら動くようにすれば、しっかりと誘えるはずだ。

いでいったとしても、生きながらえることは望めない、ということが判明したのだ。

よって、もしリリースするのであれば、手で触ったり雑に網ですくったりしないよう心がけたい。あまり小さなエギを使わず、最初からある程度以上の個体しか釣れないようにしてもいいだろう。

アオリイカの成長は早い

またこの実験では、アオリイカの成長が非常に早いこともわかった。夕方にエサとして20㎝ほどのアジを1尾入れると、翌朝には頭だけになって底に沈んでいた。そしてそのアジを食べたと思われるアオリイカは、前日より明らかに膨れていたのだ。アオリイカは、文字どおり食べたぶんだけ大きくなること、そしてその成長スピードは、1日単位で分かるほど早いという結論が出たのは、言うまでもない。

ゆっくり近づき一気に噛みつく

アオリイカは、自分よりはるかに小さなエサであれば、ためらわずに触手で捕まえ急所に噛みついて捕食するが、自分とあまり変わらない大きさのエサを狙う際は、それなりに警戒して近づいていく。

なるべく自分の身を小さく見せつつ、最初はゆっくりとジワジワ近づき、ある程度まで距離を詰めたら一気に急接近し、急所に噛みつく。これがアオリイカの一般的な捕食方法である。

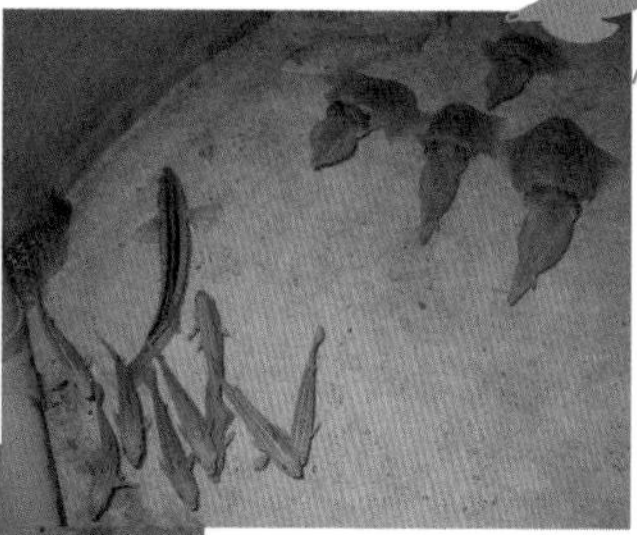

獲物と直角になるような位置に身を置くことで、自分を小さく見せて油断させようとしている。

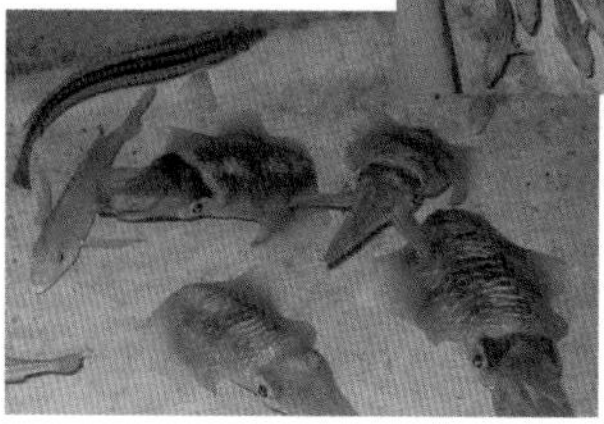

距離を詰めたあとは、一気に食いついていく。

動いているものであれば、人工物のエギにも興味を持ち、触手を伸ばしてくる。

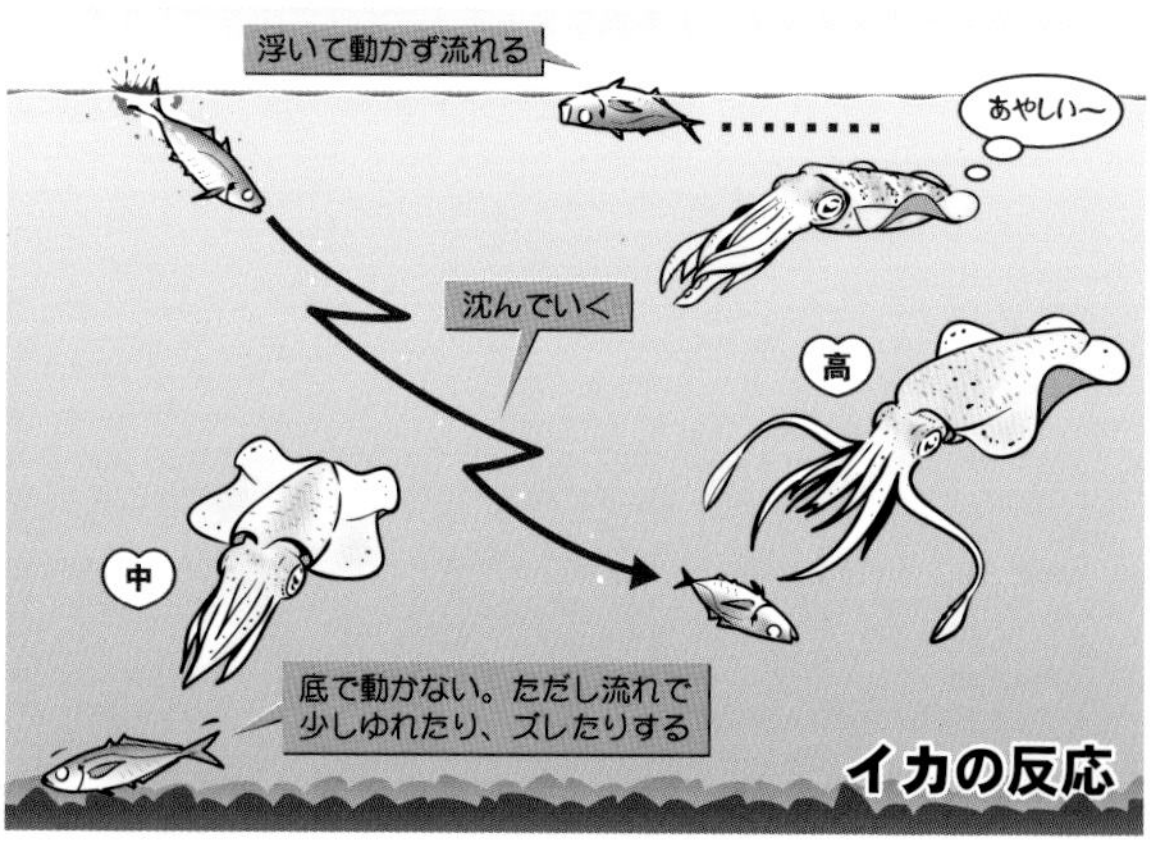

動きを見て判断している!?

また、死んだアジをプールに沈め、アオリイカの反応を見てみるという実験も行なった。

まず、底まで沈みきったアジには、近づいてはくるが、なかなか食いつこうとしなかった。また水面に浮いたアジには、警戒したかのように距離を置き、様子を見るだけだった。

最後にこの浮いたアジを沈めると、とたんに抱きついてきた。味も匂いも本物のエサと同じはずなのに、動きがないアジには反応が鈍いいっぽうで、沈んでいくアジには好反応を示したのだ。

このことから、アオリイカは獲物を匂いではなく、動きで判断しているのでは？　という仮説が導き出された。エギをボトムステイさせてアオリイカが釣れるのも、これなら納得できるというものだ。

第3章

知っておきたいエギのあれこれ

エギの使い分けと使いこなし
知ると知らぬでここまで違う

エギはなぜ「エギ」という名前なのか？　ほかのルアーと違って、表面がゴワゴワしているのはなぜか？　号数やテープってなに？　使っているエギについてもっとよく知れば、さらなる釣果アップも間違いなしだ。

CONTENTS

01 エギのカラーはこうして決まる

エギのカラーは、下地のシートと上に貼った布の組み合わせで決定される。よってエギのカラーセレクトは、異なるふたつの要素を合わせて考える必要がある。下地と上布の組み合わせでどうなるのか、例を見てみよう。

ピンクとオレンジが定番

エギの定番カラーといえば、ピンクとオレンジだ。派手なアピールカラーにも思えるが、アオリイカの大好物であるエビの色を模した、ある意味ナチュラルなカラーともいえる。

ピンク、オレンジともに定番となったのは、やはり安定した釣果のためだが、それはつまり、周囲の釣り人すべてが使っている可能性があるということでもある。釣り人が多いポイントでは、青系や茶系など、小魚の色を模したカラー中心に投げてみてもいいだろう。

アオリイカの好物であるエビの色を模したというものや、血を流して逃げる小魚に見えるというものなど、ピンクやオレンジが釣れる理由には諸説ある。

下地でおおまかな色合いを決め上布でアクセントを入れる

現在のエギは「大分型」

エギはもともと「餌木」と呼ばれる疑似餌であった。その名のとおり、キリやクスといった木材を魚やエビの形に削り、後部に「カンナ」と呼ばれる笠形のハリを装着したのち、姿勢を安定させるためのオモリ、そして魚のヒレやエビの足に似せた鳥の羽をつけたという構造である。

これが考案されたのは江戸時代のことだが、当初は単に焼きを入れただけの、真っ黒なボディだった。これが明治時代になると、焼き加減を調整して濃淡を表現するようになり、さらにその後大分県近辺で、着色したボディの上から布を巻くという、現代のエギの基本形といえる「大分形」のエギが誕生した。

下地カラー設定の例

ここではアオリーQ（デュエル）を例に、同メーカーの同じモデルでも、ここまでカラーバリエーションがあるという例をご紹介しよう。同じオレンジ系統でも下地の違いで、かなり印象が違ってくる点に注目したい。

●金テープ下地
エギの下側は上布に着色されていないため、下地の金色がやや透けて見える。

同じ金テープ下地でも、上布のカラーや模様が違うとこうなる。

●ホログラムベース下地
下側に見え隠れするホログラムの複雑な反射が、警戒心の強い大型を魅了する。

●赤テープ下地
メタリックの赤は、下地カラーとして最もベーシック。上布の虎縞もよく際立つ。

●マーブルテープ下地
メタリックにまだら模様が加わったマーブルは、コントラストが最も明確な下地カラー。

ベースカラー＋アクセント

大分形の特徴は、下地に「テープ」と呼ばれる、光沢メッキやホロ加工が施されたシートを貼り付け、その上から各カラーや模様がプリントされた上布を貼るというものだ。下地のテープと上布を合わせ、エギのカラーは最終的に決定される。

よって同じ下地テープでも、合わせる上布が違えば、まるで印象が異なるカラーになる。また上布のカラーや模様が同じでも、下地テープが違えば同様だ。

エギのカラーに関する情報を収集する際は、見た目だけでなく、カラーの「正式名称」も確認するようにしておきたい。同じピンクに見えても、違う下地を使っていると、イカにはまるで違う色に見えている可能性がある点に注意しよう。

02 状況に合わせたカラーセレクト

状況に応じた的確なカラーセレクトは、釣果を大きくアップさせる。潮の色や周囲の光量によって、水中のエギがどう見えるかは逐一変わる。視力の優れたイカに、確実に見せて食わせるためのカラーはこれだ！

「ご当地カラー」に注目

エギングは、地方色の強い釣りという側面も持っているため、メーカーがもともと設定したカラーのほか、全国各地のショップやアングラーがプロデュースした、いわゆる「ご当地カラー」のエギが豊富に流通している。

こういったご当地カラーは、地元ポイントに足繁く通ったスタッフや常連客の意見を反映して作ったものなので、当然その地元の釣り場ではよく釣れる。遠征した際は地元の釣り具店などで、ご当地カラーを探してみよう。

餌木猿3.5号（林漁具製作所）のカラーラインナップ一例。一番左、赤テープベースのエギが、四国のフィールドに合わせて作られたご当地カラー「かまたま」だ。

潮色で派手めか地味かを決め時間帯でコントラストを調整

派手なものから地味へ

エギングでは、潮の色と時間帯が状況判断の重要な要素となる。まずは、潮色によるカラーセレクトの方法からご紹介しよう。

潮が澄んでいるようなら、潮色になじみやすいナチュラル系カラーが強い。ただし、潮が澄んでいるからといって最初から地味なカラーを使うのではなく、最初だけはアピール系カラーで探りを入れるのがコツだ。

これは、最初にアピール系カラーで探りを入れ、状況判断を的確にするためだ。また、派手なものから地味なものへと色相に大きな変化を与えることで、様子を探ることができるという効果もある。

状況によるカラー選択の例

ここでは潮色・光量が異なる４つの状況下で、有効とされるカラーの例を挙げてみた。ただしこれは、あくまで一例であることにご留意いただきたい。例えばケイムラは、場所によっては日中に実績が高い場合があるのだ。

デイパターンで効くカラー

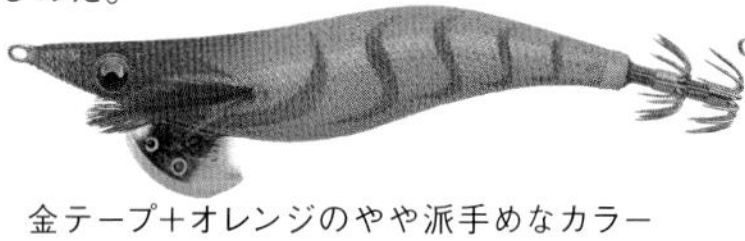
金テープ＋オレンジのやや派手めなカラーで、まずは様子を見てみよう（モデル：ヤマシタ・エギ王 LIVE）。

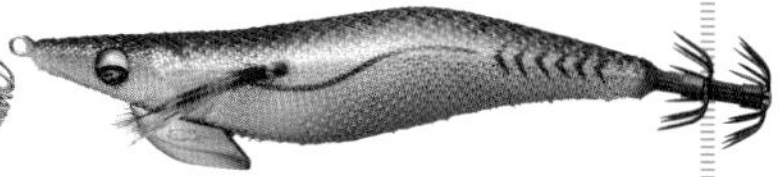
イカの活性がすこし落ちてきたと感じたら、地味めのカラーで１パイずつ確実に釣っていく（モデル：ダイワ・エメラルダスダートⅡ）。

クリアな潮で効くカラー

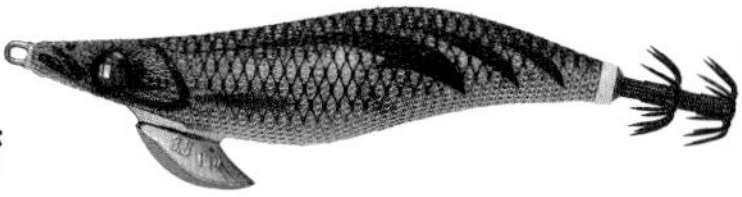
控えめながら確実なアピール力を持つホロ下地で、まずはエギの存在を見せるところから始めよう（モデル：メジャークラフト・餌木蔵ベイトフェザー）。

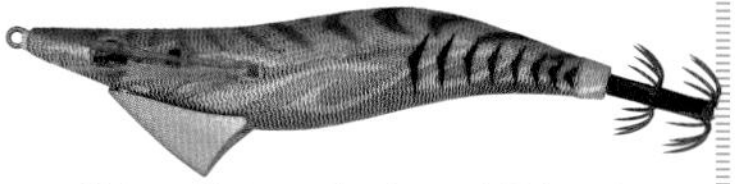
グリーン系は、エギのなかでも最もアピールが控えめとなる。イカに見切られることなく、細く長く誘うのにおすすめ（モデル：がまかつ・ラグゼエヴォリッジデッドフォール）。

ナイトパターンで効くカラー

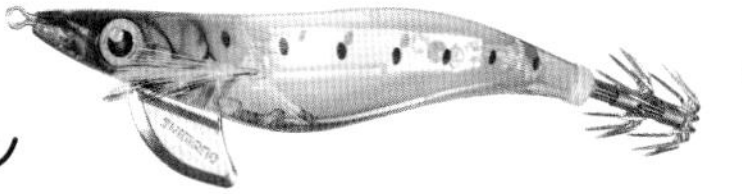
透明なプラスチック製ボディに反射板を内蔵したタイプは、わずかな光も確実に反射させ、イカに存在を見せつける(モデル：シマノ・セフィア クリンチ フラッシュブースト)。

可視光線ではなく紫外線によって反射するケイムラカラーは、光量のほとんどない夜でも関係なく存在を誇示する（モデル：ヤマシタ・エギ王 K ケイムラ）。

濁り潮で効くカラー

反射の強い金テープに、コントラストの効いた模様がプリントされた上布を巻いたパターンは、遠くからでもよく見える（モデル：キーストン・モンローエギⅢ）。

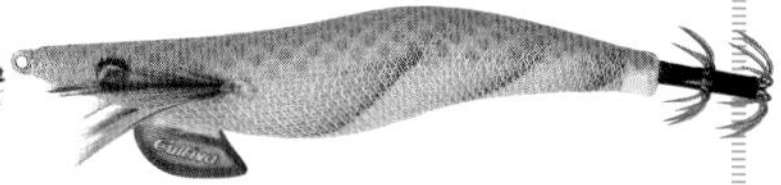
金テープ＋オレンジは、迷ったときに使える万能カラー。濁り潮では、高い視認性がアングラーを強力にサポートする（モデル：カルティバ・DRAW4）。

水中で確実にエギを見せる

一方潮が濁っているようなら、エギの存在を水中で確実にアピールする必要がある。というわけで、派手なアピールカラーを最初から使おう。この際、ダート性能に優れたものなど、動きが派手なエギを使うとさらに効果的だ。

そして、時間帯による使い分けだ。明るい時間帯では、グラデーションでカラートーンが自然に変化するものに実績がある。一方マヅメから夜にかけての暗い時間帯では、メリハリのついたはっきりとしたカラーがよく釣れる。

同じ夜でも、月が明るかったり常夜灯が効いている場合は、かなりの光が水中に到達していることもある。この場合は、下地テープが金のものがいい。一方新月などの闇夜であれば、赤テープに分があるようだ。

03

サイズを決める基準とは

エギのカラーは釣果を左右したが、エギのサイズは釣果のみならず、釣りが成立するかどうかの段階も左右する。水深や流れの速さ、狙うイカのサイズによって、適切なサイズのエギを使い分けるようにしたい。

号数という単位で決まる エギのサイズと用途

号数という単位を知る

エギのサイズは、長さを表す「㎝」でも、重さを表す「g」でもなく、「号数」という独自の単位で表記される。この号数だが、ほかの単位のように、正確に比例するわけではない。たとえば2・0号のエギは約6gだが、その倍の号数である4・0号のエギは12gではなく、さらに倍の約25gだ。

というわけで、どの号数が何gに相当するのか、計算するのはあまり意味がない。ロッドのスペックに表記されている「適合エギサイズ」も、釣り方も仕掛けの解説も、すべて号数が用いられているが、その選択肢はさほど多くないため、すぐ覚えられるはずだ。

サイズそのままで飛距離アップ!?

エギのサイズを上げれば重くなり、当然飛距離も増える。だが、狙えるイカのサイズを考えると、あまりサイズは上げたくない……こんな場合に頼りになるのが、飛距離アップの各種ギミックを搭載したエギだ。

例えば、このロケッティア・ホバーロックアキュレイド（バレーヒル）は、同じ号数のエギより、約14m遠くへ飛ばせる。この差は、悪条件下で満足に飛距離が稼げない場合に、よりはっきりと現れることになる。

移動式のシンカーとブースターフロートで、圧倒的な飛距離を叩き出すロケッティア・ホバーロックアキュレイド（バレーヒル）。

春の大型狙いは、4.0号以上の出番となる。場合によっては4.5号、5.0号を使うときもある。

秋の数釣りでは3.0号が基準。もっと早い夏の終わりの段階では、2.5号も視野に入ってくる。

1kgアップが交じりはじめる晩秋～冬になったら、3.5号の出番だ。数も型も狙えるこの時期は、この号数だけで通してもいい。

季節に応じた使い分け

アオリイカの場合、シーズン開幕といえる秋は、まず3・0号前後の出番が多くなる。秋が深まるにつれ、アオリイカのサイズも上がっていくため、エギもそれに合わせ、3・5号へ徐々にシフトしていく。

年を越した翌年の春は、3・5号に加えさらに大きな4・0号が主力となる。遠投して広く探れるだけでなく、潮の流れが速い場所でも扱いやすいという利点がある。

離島へ遠征する場合は、さらに大きな5・0号、6・0号といった特大エギの出番もある。釣れるイカが大きいというのもあるが、伊豆諸島や南西諸島といった島々の潮流が速いというのが一番の理由だ。狙うイカのサイズだけでなく、ポイントの状況によっても、適正エギのサイズは大きく左右されるというわけだ。

04 さまざまなタイプの使い分け

同じ号数のエギでも、早く沈むもの・ゆっくり沈むものと、沈下速度の違いがあると、さまざまなポイントや状況に対応できるようになる。また、同じシャクリでより大きく動くものがあると、さらに多彩な誘いができる。

タイプ違いによるバランスセッティング

ウエイトの重量を大きく変えず、エギの沈下速度に差を持たせるためには、ウエイトの位置を前後にずらすという方法がある。

シャロータイプは、エギがなるべく水平に近い姿勢でフォールするよう、ウエイトがやや後方につけられている。一方ディープタイプは、エギが前傾姿勢でフォールするよう、ウエイトが前方につけられている。慣れてくれば、この違いで瞬時にエギのタイプを見分けられるようになる。

すべて同じモデル・同じ号数だが、ウエイトの形や位置を変えることで、4つのバリエーションを持たせることができた。

同じ号数・同じサイズでもできることが違うエギがある

沈下速度の違いによる効果

同じサイズのエギでも、沈下速度の違うタイプを複数用意することで、エギのシルエットを変えることなく、浅場から深場まで攻略できるようになる。

例えば、海藻が水面まで生い茂る浅場で、水面と海藻の先端の間にあるわずかな水深をじっくり探りたいとき、シャロータイプと呼ばれる沈下速度の遅いエギがあれば、十分なアピール時間を稼ぐことができる。

一方、水深10mを超すような深場がすぐ沖に広がっているような場所では、すばやく底に到達させることができる、ディープタイプ、スーパーディープタイプと呼ばれるエギが役に立つ。

同モデル・タイプ違いのエギたち

ここでは同じモデル・同じ号数ながら沈下速度が異なるエギの例をご紹介しよう。「エギスタ」のように意図的に見た目に違いをつけているものと、「エギ番長」のように見た目の大きな違いがないものがある点に注目だ。

●エギスタ（釣研）

3.5 号で 21 g。状況が読めないとき、初めての釣り場での一投目にはこれ。

●エギスタ ディープ（釣研）

3.5 号で 23 gと、2 g重量がアップ。赤い目でほかのタイプとすぐ見分けられる。

●エギスタ スロー（釣研）

3.5 号で 20 g。青い目が目印の低速沈降モデル。1 g軽いだけでも、かなり動きが違う。

●エギ番長 ノーマルシンキング（エバーグリーン）

3.5 号・19 g。軽いシャクリでも鋭いダートを出せるスタンダードタイプ。

●エギ番長 XS エクストラスローシンキング（エバーグリーン）

3.5 号・16.5 g。スタンダードより 2.5 gと、大胆な軽量化を果たしている。

●エギ番長 XD エクストラファストシンキング（エバーグリーン）

3.5 号・28 gと、通常タイプの 4.0 号以上に相当する重量のため、深場や激流に強い。

同じサイズで多彩な攻略

エギングの黎明期は、こういった沈下速度の違いは、サイズによる重さの違いでしか出せなかった。遅く沈めたければ、軽くて小さなエギ。早く沈めたければ、大きく重いエギ。このような制約を受けることで、攻略できるポイントや状況の幅は、けして大きなものではなかった。

しかしエギングの人気が上昇するとともに、各メーカーによるエギの研究も進んだ。その結果、同じサイズでも沈下速度が違う、あるいは動きの幅が違うといった、現在ではおなじみのバリエーションに富んだエギが出回るようになったのだ。

エギのシルエットに敏感になった個体に対して、食ってきそうなシルエットを維持したまま、さまざまな攻め方やポイントが選べる利点は、かなり大きなものだ。

「プラスα」がついたエギたち

タダ巻きで水流を受けて泳いだり、特注のパーツを足して独自の動きを出したり、ほかのルアーとの連携が可能だったりと、プラスαが加えられたエギも数多い。どれも試行錯誤のすえ世に送り出された、自信作である。

●魚邪
(ガンクラフト)
表面の布巻きを廃し、ABS樹脂のボディをむき出しにした構造。これで水の抵抗を極限まで弱め、軽い動作で強烈なダートを生み出す。

●エギリー・ダートマックス
(フィッシュリーグ)
プラグを思わせる形の頭部には、上向きのラインアイ。この頭部で水流を受け、強烈にダート。

●エギーノぴょんぴょんサーチ
(ヤマシタ)
写真左、目のついていないほうが前になる。シンカーにつけられたリップで、底を跳ねて逃げるエビの動きが出せる。

●EZ-Q キャスト喰わせラトル 3.5 号 (デュエル)
エビが尾を曲げたときに発生する音を再現したラトルや、エビの足の動きを再現したパタパタフットなど、釣れるギミックが盛り込まれている。

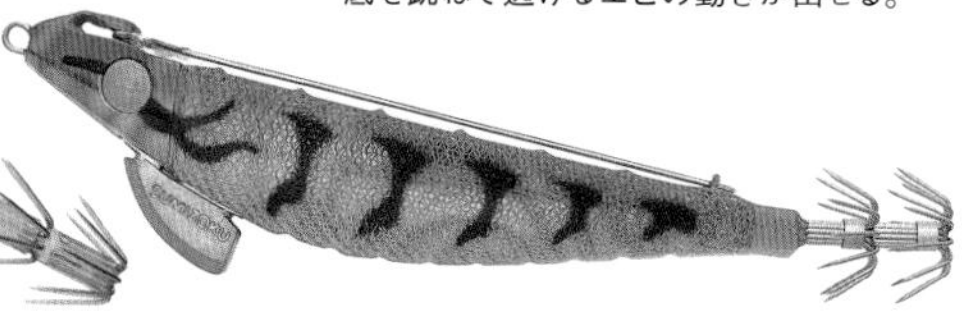

●墨族 オンブ (ハリミツ)
背中に搭載されたホールドピンで、ワームや生きエサを「おんぶ」できる。ワームをセットすると生物的な触感が増し、イカが違和感なく抱くようになる。

「泳ぐエギ」という選択肢

エギングといえば鋭いシャクリを伴うことが多いが、これは水中のエギへロッドの動きを伝え、大きく確実に動かしてアピールし、その後のフォールで抱かせるためだ。

一方、ほかの魚を狙う際に使うミノーやシンキングペンシルといったプラグ類は、タダ巻きだけで水流を受け、首を振ったり左右に蛇行したりと、小魚のような動きを出せるものがほとんどだ。このため、エギングのようなシャクリとフォールは、よほど強烈なアピールを出したいとき以外は、基本的に不要だ。

このプラグのような動きを取り入れたエギも、実は存在する。タダ巻きだけで蛇行するため、シャクリとフォールが入れられないような浅場でも、エギの横の動きだけでアピールを完結させることができるのだ。

第４章

シチュエーション別
実践エギング攻略

釣果をより確実にする
スキルアップ術

エギングの基本は学んだつもりでも、なかなか思うように釣れないのがエギング。だが、エギやアオリイカの本質を理解し、さらなる技術向上を目指せば、釣果も自ずと伴うようになる。

CONTENTS

エギのカラーローテーションは重要だ。

01

エギの進化

エギの進化には目覚ましいものがある。タダ引きで狙われていた初期からすると、昨今のエギは形状やカラーなどタイプのバリエーションも多岐にわたる。

日本発祥のルアーがエギ その紀元と歴史に迫ってみよう！

エギの発祥について

エギ（餌木）は日本古来のルアーで、その起源にはいくつもの説が存在するが、江戸時代に松明（たいまつ）を燃やして漁に出た薩摩（現在の鹿児島県）の漁師が、その松明を海中に落としたところ、それにイカが抱きついたことが始まりとされている。

奄美大島で発祥し、江戸時代中期から末期にかけて種子島を経由して薩摩に伝わったとされている。奄美では大型の魚型であったが、薩摩では小型になり、時代が進むにつれ細いエビ型になったり、焼き付けによる模様付けが行なわれた。

その後薩摩地方で発達し、江戸時代は武士の遊びとして流行。さらに明治時代は豪商がエギ職人をかかえ、人よりもよく釣れるエギを求めたとのことだ。

薩摩から全国に広がったエギだが、それぞれの地域の環境や漁法に合わせ、大分型・山川型・五島型・山陰型・紀州型などに形を変えてきたが、このうち現在市販されているエギの主流となっているのが、大分県保戸島周辺が発祥地の「大分型」と、鹿児島県山川町が発祥地の「山川型」である。

現在は多くのエギが開発されているが、基本的に外観はエビに似せた形や模様を施しており、木材やプラスチックで形成されている。これに金銀マーブルなどのカラーテープを貼り、さらにその上から各色の布を貼り付けているものが多い。

後方にはイカの触手を掛けるため

エギの形状（重さ）とその使い分けについて

一年を通して3.5号のノーマルタイプ（以後3.5N）が基本であり最も使用頻度が高い。しかし、中層狙いや海藻帯、シャローエリア、タフコンディションには3.5号ノーマルタイプから3.5号シャロータイプ（3.5S）、3.0号ノーマル（3.0N）の使用が効果的となることもある。

3.5Sはボディが3.5号でゆっくりフォールする。3.5Nでチェックして反応があるのに乗せ切れないときや、いそうなのに反応がない場合に、フォールスピードを遅くしたアプローチに反応することがあるので、そんな場面で登場させる。

それでも反応が悪いときには3.0Nに替える。フォールスピードの変化と小さなシルエットに反応することがあるからだ。反面、浅場で3.5Nのフリーフォールでストンとボトムにフォールさせてのリアクションが有効な場合もあるので、これも試す価値はある。

年間を通じて3.5号ノーマルタイプの使用が基本だ。

の針が放射状についているが、これはカンナと呼ばれ、これには「カエシ」が付いていないのが特徴だ。

進化を続けるエギ

また、エギの前方下部には鉛のシンカーが取り付けられているが、沈下姿勢や沈降速度により、その重さはメーカーごとにさまざまである。形状にも四国型や大分型など、生産地や生産者ごとに分類されたいくつかの種類が存在している。

日中はピンクやオレンジのエギの視認性が高く、扱いやすい。

近年ではそうした地域的な形状変化よりも、各メーカーともにアングラーの用途に特化したエギを開発する傾向にある。例えば、沈下速度の速いものとか、遅いもの、またダートさせやすいものとか、シャクリ上げを向上させたものなど、バリエーションはさまざまである。

エギの色に関しては多くの説があるので、正確なことは経験により構築されるものであるが、海の濁り具合や空模様、天気などによってイカへのアピール度が違うと言われている。それぞれのシチュエーションで見えやすい色が違うため、現在では多くのカラーバリエーションが各メーカーごとに開発され続けている。

エギにおいては布地の色よりも下地の色が重視され、これは下地テープが反射素材を用いていることが主な理由とされる（※内容についてはさまざまな文献等を参考にした）。

エギングのおもしろさをとことん満喫するなら、やっぱりデイゲーム！

02 デイエギングのキモ

エギングは夜釣りと決めつけていないだろうか？　もちろん夜は釣りやすい要素が集まっていて釣果にありつく確率も高いのだが、デイゲームだって、夜に負けないくらいの釣果は出せる。ここではその秘訣や心構えについて考察してみよう。

デイゲームが成立しやすい季節

晩秋から冬以外、つまり春から秋にかけてはデイゲームが有効だ。水温が高いシーズンは、シャローにイカがいるからというのがその理由だ。水温が低く安定しないシーズンは、どうしても沖の深場に落ちやすくなるので、ショアからは狙いにくくなる。

GWが明けて水が冬の呪縛からようやく開放され、あとは水温が上がるのみの時期、つまり春本番以降がデイエギングに好適である。

明るい日中にアオリイカを仕留めるための極意とは？

昼と夜。アオリイカはどっちが釣れる？

この問いについては、基本的には大きな差はないと思う。ただ日中は、ある程度のサイズに育ったアオリイカは水深のあるところに移動することが多いので、狙いを成長した個体に絞るのであれば、デイゲームで狙いにくいのは事実である。とはいえ、シャローに残っているイカも多いので、ラン&ガンをすれば充分にこれを狙うことはできる。

夜はどちらかというと、ラン&ガンよりも回遊待ちで狙うことが多くなるので、頻繁に移動しないぶん、ある意味狙いやすいイメージを持つことも多いと思うが、実際のところは潮が動く現場に当たってしまえば、

デイゲームが成立しやすい潮時

シャローをラン＆ガンする場合は、潮位の関係で下げのタイミングが釣りやすい。ただ、それは釣り人の事情であって、活性の高い個体を拾っていく釣りでは、潮時はあまり関係ない。釣り人の事情とはなにかといえば、それは潮が下げていく時合いのほうが、探れるポイントが増えるという点だ。特に、水深のあるところへ回遊してくる個体を狙う際は、この違いは顕著となる。

アプローチのしやすさと、残った水位によるポイントの維持を天秤に掛けると、ある程度潮が引いた状況で地磯にエントリーして下げいっぱいにかけて釣るプランが理想的となる。

デイもナイトも釣果に大きな差はない。ナイトと比べて綿密に潮のタイミングを絞る必要こそあるが、デイゲームでも間違いなく釣るチャンスはある。とくに春から秋にかけては水温もだんだん高くなるため、アオリイカの活性も高まり、日中にショアから狙いやすくなる季節だ。この機会に、ぜひデイゲームの楽しさを満喫してほしいと思う。

さて、エギングがここまでメジャーな釣りになったのは、それまでナイトゲーム専門だったこのゲームが、当時は最新のアイテムだったPEラインを使うことにより、デイでも手軽に狙えるということがわかってきたからだ。ただ、近年は競争の激化などで釣りにくくなってきたため、以前と同様、実際はナイトのほうが釣りやすい状況になってきているケースも多いが、それでも敢えてデイゲームで行なう価値は十分にある。

デイゲームで狙うのはここ！

バス釣りをやったことのある人はわかりやすいと思うのだが、デイのエギングはカバー撃ちの要領で障害物周辺を探っていくと、かなりヒット率が上がる。

カバーさえあれば、水深1m以下でも釣れるのがシャローのデイエギングだ。藻場、スロープ、シモリ（沈み根）といった、イカが身を隠して捕食していそうな場所を積極的に狙っていこう。

水面上に見えるストラクチャーが多数存在する港湾部。こういったカバー周辺を手際よく撃っていこう。

月齢を問わないのがデイゲームの利点

エギングでは「新月がいい」とよく言うが、明るい日中にシャローをラン＆ガンするのであれば、月齢はあまり関係ない。そういう意味では、月齢を問わないデイゲームでは、ナイトよりチャンスタイムが多いとも言える。

ナイトゲームでは月明かりは重要な要素となるが、デイゲームでは月齢は関係なく釣れるケースも多い。

磯やゴロタは、水面下に根や沈み石が隠れている場合も多い。これら水面下のストラクチャーも格好のカバーとなる。

デイゲームのおもしろさと難しさ

こんな状況下ではあるが、やはりこの釣りの楽しさはデイで釣ることにある。エギが飛んでいく方向が見えるし、それを追ってくるイカも見える。明るい時間にいろんなものが見えるという状況は、非常に楽しいものだ。

以前より釣るのが難しくなったとはいえ、しっかりとやれることさえやれば、アオリイカは釣れる。厳しい環境だからこそ、かえって釣り人としてのスキルも向上するというものだ。

デイゲームのなかでもおもしろさに注目すると、やはり楽しいのはシャロー（浅場）撃ちだ。目で見て分かるストラクチャーやシモリをエギで撃って、活性の高い個体を探しながら釣れること、アタリをライン変化

デイゲームでイカが反応しやすいエギのカラー

基本的には活性の高いイカをシャローで狙うことが多いため、イカが好む色というよりは自分自身、つまりアングラーが見やすいカラーを使うことをおすすめする。

狙ったストラクチャー付近にエギを接近させられたかどうか、エギの現在地を常に把握し、近付いてくるイカとの距離感を見極めるためにも、アングラーから見てわかりやすいカラーを使うことで、ゲームを優位に進められる。

活性の高いイカはカラーの選り好みをさほどしないため、人間の都合でカラーを決めてしまったほうがいい。これならエギの現在位置も一目瞭然。

デイゲームでイカが反応しやすいアクション

ナイトと違ってデイのいいところは、ある程度アクションを雑にしても釣れてしまうという点が挙げられる。活性の高いイカを選んで釣っていく関係上、そんな個体はエギが適当に動いてさえいればすぐに抱いてくることも多い。狙い目のシャローポイントでは、通常のデイエギングのようにいちいち着底させず、表層から中層を速いテンポで探ればOKだ！

デイエギングでは、シャクリの大きさより、テンポの速さを持続させることのほうが重要だ。

晴れ・曇り・雨。天候によって釣果に差はる出か？

天候的な条件でいえば、晴れて気温の高い日と雨の降り出し、この２つのケースで実績が高い。シャローが日光でどんどん温まっていく晴れの日か、低気圧で魚のプレッシャーが下がる曇り～雨の日、これが釣り人にとってのチャンスタイムだ。特に晴れの日特有の水温上昇は、マヅメによる光量の変化よりも劇的にイカを引き寄せる傾向があるため、このタイミングをぜひ捉えていきたい。

水温の上昇につられて岸際にやってきたイカを、真っ昼間にゲット成功！

でしっかり取れること……これらは、他の釣りにはない特別なものである。

エギングのイメージというと、同じ場所でひたすら投げ続けるだけだと思っている人も多いように思うが、シャロー撃ちは違う。目で見て選別したポイントへ、こちらから出向いて積極的に仕掛ける攻撃的な釣りなのだ。

こちらからチャンスを引き寄せる必要がある以上、どれだけ足を使うか？　で勝負が決まることは紛れもない事実だ。なかなか釣れないときは、何時間もかけていくつものポイントをラン&ガンすることを余儀なくされるケースだってある。ひたすらシャローを撃っては見切る……という行動を延々と繰り返すのだが、そんな努力の結果、アオリイカの居場所を見つけたときの感激は、なにものにも代えがたい。デイゲームにはそんな魅力が詰まっているのだ。

03

サイトフィッシング

エギング自体、日本で発展したまだ歴史の浅い釣りであり、以前はナイトゲームで行なわれることが多かった。そこに登場したサイトフィッシングは、発展型の新しいアプローチである

サイトフィッシングの基本を覚えよう。

穏やかな陽気だとぽっかり浮かんでいるアオリイカを目視できることが多い

海中の一部始終を目で見て行なうスリリングなゲーム

サイトフィッシングの起源

エギングが行なわれ始めたころは、アオリイカはナイトゲームでしか釣れないと言われていたものだが、ひとつのエピソードに「ある釣行で朝になってから新子サイズのアオリイカがいるのが見えた。そこで興味本位で小型のエギをキャストすると、反応してきたのが見えてヒットさせることができた」というものがある。

釣りでよくある常套句に、「見える魚は釣れない」というものがあるが、サイトフィッシングが行なわれるようになった当時は、この方法を行なうアングラーがほとんどいなかったため、知っているものだけが、「アオリイカを見つけられさえすれば釣れる」というくらいにヒットを稼ぐこ

アオリイカが付きやすいポイントはどこ？

まずはカバーの周辺を狙う。カバーとは何かと言うと、漁船やその係船ロープ、イケスやイカダのブイやロープ、橋桁、漁港の捨石、海藻などのことを言い、その周辺がアオリイカのポイントになりやすい。そして地形的には、カケアガリや大きな岩の周辺がポイントとなる。さらに潮の流れが変化する場所も狙い目だ。防波堤の先端やカーブ付近、岬の先端周辺、潮目はプランクトンが集まりやすく、これを追って小魚も集まるため、結果的にアオリイカのポイントとなりやすい。

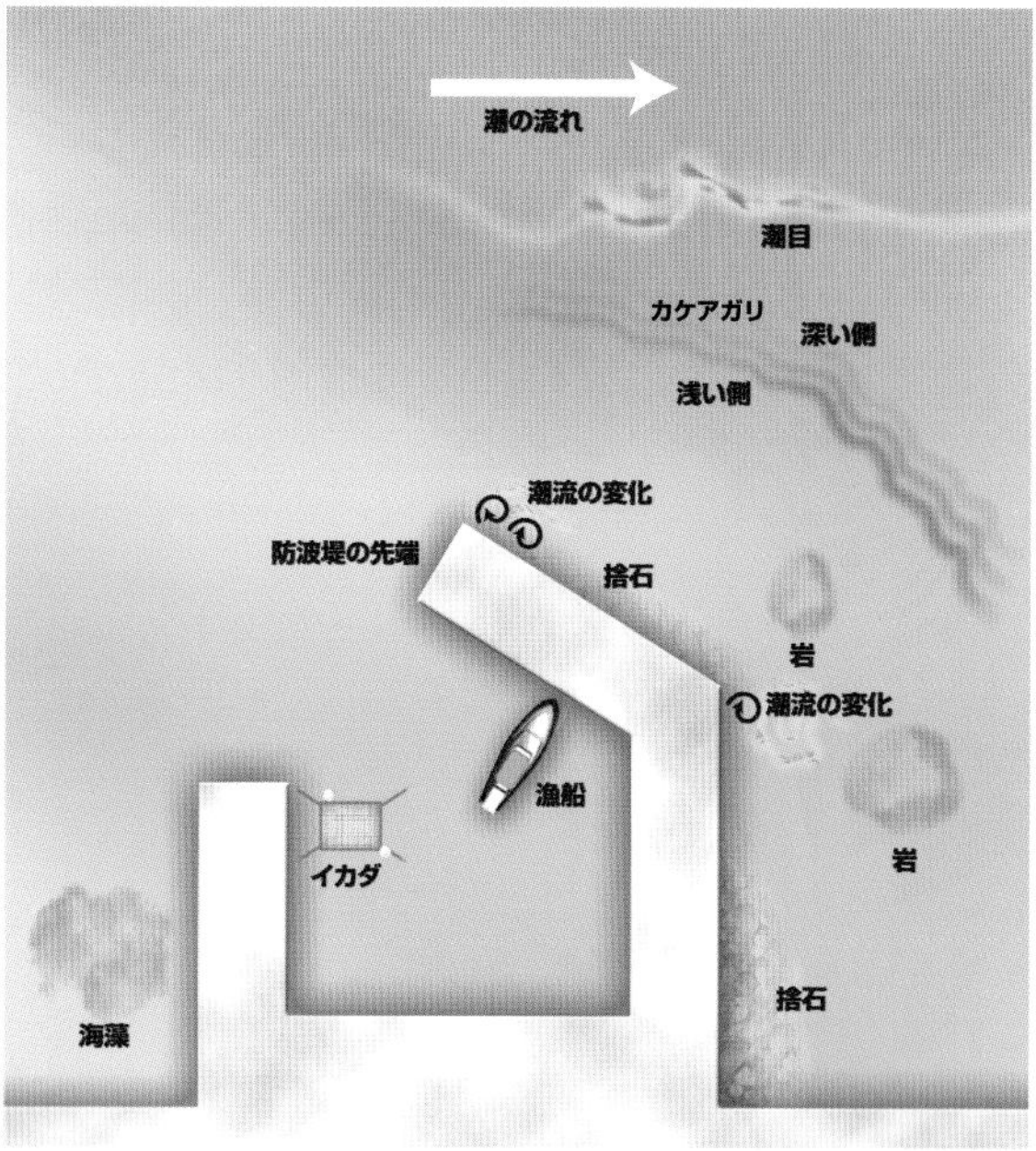

ちょっとしたブイにもアオリイカは着くので見逃せない。

係留船の影は定番ポイントだが、キャストに自信のない人は自重しよう。

海藻体にカケアガリ（ブレイク）が絡むところは絶好のポイント。

とができたのである。こうしたことが徐々に広まり、デイゲームでのアオリイカのサイトフィッシングは普及、現在に至る。

サイトフィッシングのおもしろさ

サイトフィッシングとは、「見える魚」、エギングの場合なら「見えるアオリイカ」を釣ることであるが、こうして見えるアオリイカを狙ってヒットさせることができれば、どれだけ楽しいだろうか。

時には複数のアオリイカが見えたり、それらがエギを追い掛けて来ることがある。こうしたアオリイカをヒットさせられれば、サイトフィッシングの成立となるのだが、さらにステップアップして、もっと多くのアオリイカをヒットさせることができれば、おもしろさも倍増することだろう。

デイゲームでアオリイカを見つけるコツ

アオリイカが近くに浮いている場合は、偏光グラスを着用していれば簡単にこれを見つけることができる。ちなみに防波堤や岸壁などで、アオリイカのものと思われるスミ跡があれば、誰かが釣り上げた証拠となるためポイントの参考になるが、イカが見えない場合には、いそうな場所へエギをキャストして反応を探らないことには、これを見つけられない。そんな場合は、めぼしいところにエギを投げてみる。このとき、ファーストフォールやアクションを入れるたびに底取りはしないで、ボトム近くまでフォールさせるだけでいい。これを水面までダートさせながら浮かせることで、活性の高いアオリイカがいれば、エギを追い掛けて来る姿を確認できるだろう。

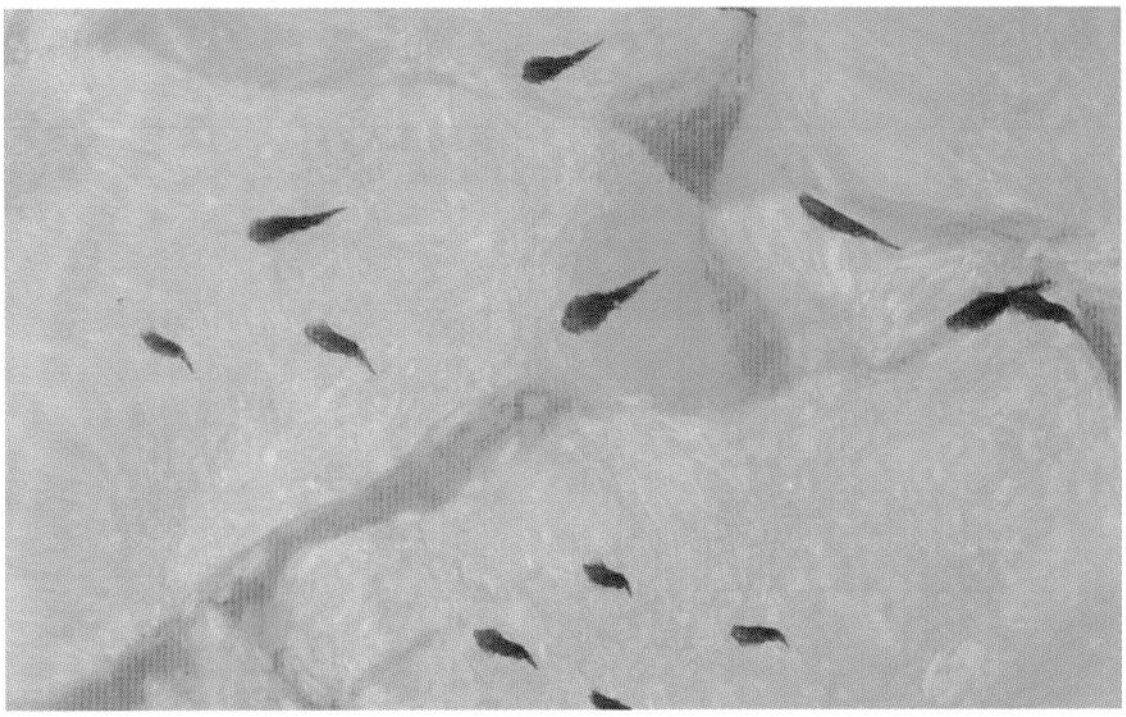
至近距離だったり水面が静かなら、浮いているアオリイカを見つけやすい。

障害物に隠れたイカは、いそうな場所にエギをキャストして誘い出すイメージで攻略！

秋イカシーズンはサイトゲーム入門に最適！

サイズ違いのアオリイカが複数見えた場合、例えばいちばん小さいアオリイカであっても、これをヒットさせることができれば、それはそれで楽しいだろう。しかし、より上を目指して、この群れのなかで最も大きなアオリイカを選んでヒットさせることができれば、自己満足度もマックスとなるだろう。

このように、すべてが見えることがサイトフィッシングのよさであり、おもしろさである。

しかし、繰り出すアプローチ次第では反応が正反対になることがあったりと、楽しいゲームでありながら、難しさも含んだ奥の深いゲームとも言える。

シーズンについて考えた場合、春は大型が狙える半面、アオリイカの

偏光サングラスの重要性と使い分け

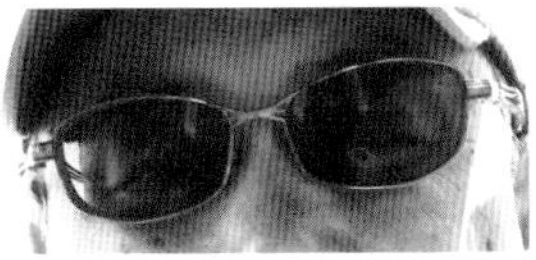

ライトブラウン系が基本カラー。まずはこれから揃えよう。

偏光サングラスの重要性については、大きく分けて４つある。

①アオリイカを見つけるため
②地形の変化を見るため
③自分のラインを見やすくするため
④目の保護や事故防止のため

これらのためにも、偏光サングラスは必需品である。最初に用意するならば、基本となるレンズカラーはライトブラウン系。さまざまな天候で使用できる。素材はプラスチックレンズが軽くて使いやすい。次に雨降りや朝夕のローライト用にグリーン系かイエロー系のレンズ、さらに夏の晴天時、眩しい程の天気であれば、濃いブラウン系のレンズがあれば万全だ。

偏光サングラスを着用していれば、アオリイカの行動のもととなるベイトフィッシュの存在も確認しやすい。

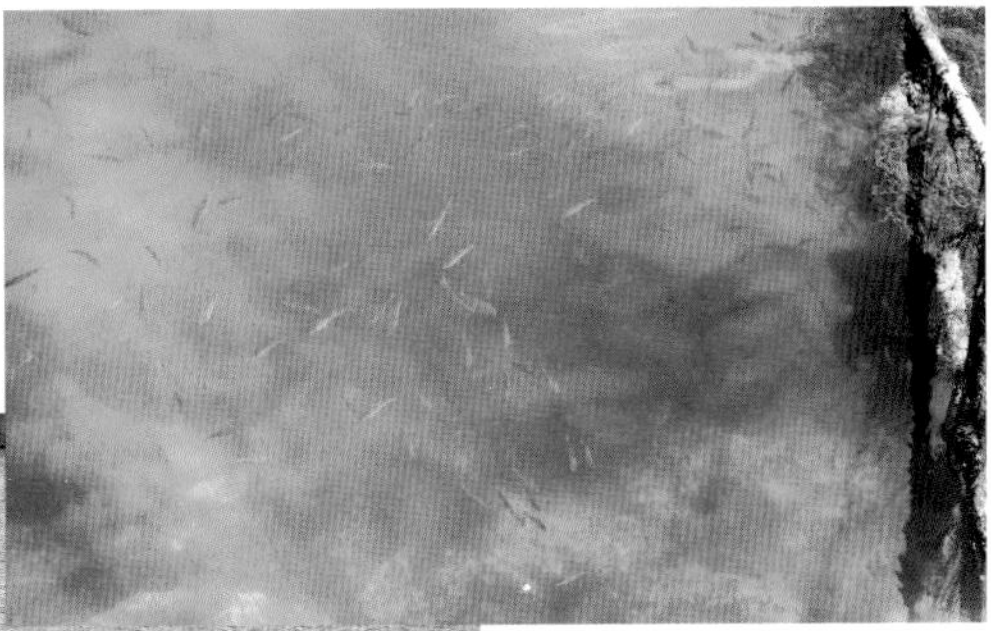

手前がブレイク（カケアガリ）で沖に沈み根が確認できる。偏光サングラスなしではサイトフィッシングは成り立たないと言っても過言ではない。

数が少なくなるため、サイトフィッシングで狙うには厳しいものがある。しかし、これが秋になると、春から夏に生まれたアオリイカがエギで釣れるサイズまで育ち、活発にエサを求めて活動するようになる。

サイズこそ小型が中心となるが、数は多く、ウブなアオリイカをお手軽な漁港や護岸から狙うことができるため、エギング入門に、そしてサイトゲーム入門に最も適したシーズンと言える。サイズが小さいとは言ったものの、晩秋以降はキロクラスまで狙えるので、楽しみはさらに増えてくる。

気候的にも真夏の暑さが和らいだ秋は、朝夕に涼しさが感じられるようになり、体力的にも体感的にも楽に釣りができる絶好のシーズンとなる。秋のエギング本格シーズンを期に、ぜひサイトフィッシングに挑戦してみよう。

水温低下時期にはそれ相応の狙い方がある。

04

水温低下対策

秋シーズンは各地で活発な釣果が聞かれたアオリイカだが、冬に向けて水温が徐々に下がってくると、秋によく釣れていた方法だけでは対応が難しくなってくる。そんな、だんだんと難しくなってくる晩秋以降の攻略法を見ていくことにしよう。

晩秋から初冬にかけてはアオリイカも堅くなっているため、秋シーズンとは違ってじっくり攻めるのがセオリーだ。

海水温が下降した条件下でのポイント選定と実践攻略術

水温低下時の付き場の変化

秋の付き場には夏と比べて大きな変化はなく、シャローからディープエリアまで広範囲で活動するため、さまざまなポイントで狙える。これが晩秋近くになると、シャローからディープへと徐々に付き場が移動するため、シャローでは狙えるタイミングが限られてくる。気温の低下が表面水温の低下を招き、台風や低気圧の影響で海が荒れて大雨が降ったりすると、アオリイカは影響が少ないディープへと移動するからだ。

水温低下で難易度は上がる

海水温の低下とともにシャローではベイトが見られなくなり、このベイトの移動とともにアオリイカも

ラン&ガンか？ 回遊待ちか？

秋口は海水温が高く、アオリイカの活性も高いことが多いため、ラン&ガンを主体にゲームを組み立てると効率がいい。しかし、晩秋に向かうにつれて海水温が下がると、アオリイカの活性も同時に下がる。そのため、日中はラン&ガンで狙い、さまざまな状況をチェックして、夕方からはベイトや潮の動きがあるポイントに絞り込んで回遊待ちするというのが、サイズを獲るためにはおすすめとなる。

日中にいろんなポイントを下見しておき、ここぞというところには夕方から入るのが効率がいい。

日中が穏やかで晴天だと、午後に水温が上がって好時合いとなるケースもある。

ディープへ移動する。このため、わずかでも海水温が上昇するタイミングでのみ、シャロー狙いが有効だ。

具体的には、2～3日好天が続いて風や波がなく、海水温が上昇したタイミングでの釣行時は、シャロー狙いもおもしろくなる。なお、水温低下とともに、海の透明度が高くなり、警戒心も徐々に高くなると思われるため、不用意に水際へ立つことは避けるように心掛けたい。

晩秋から冬へ向かうにつれて、昼間から夜へと活動時間が変化。日中に反応がなかったポイントでも、夕マヅメ～日没2～3時間でグッドサイズが連発するのがこの時期だ。

目安はベイトと潮の動きだ。多くのベイトが出入りする漁港で、なおかつ潮が動くポイントが有望で、ここでは沖のブレイクから足元の捨石周りまで細かく探り、ヒットポイントを見つける努力をしよう。

水温低下にともなう時合いの変化

海水温が高い間は気にしなくてもいいが、低下と共にアオリイカの行動も夜型に移行するようだ。例えば本土では、11月以降は日中に反応がなくても、夕マヅメ以降に連発することがある。また、日中に風が当たらず、日差しにより表面水温が上昇するような日は、午後に時合いがくることもある。また、台風や大雨による急な海水温の低下は、活性を極端に下げる要因となるので要注意である。

晩秋以降のアオリイカの時合い

一般的には→タマヅメ〜夜が有望
穏やかで好天→午後に時合いがくることも

水温が下がってくる晩秋以降は、一般的にアオリイカは夕方から夜にかけてエサを求めて接岸する傾向が強い。

数は少なくなってくるものの、水温低下にともなって良型が混じってくるのが晩秋以降のお楽しみだ。

効果的なエギのアクション

ベストと思われるアクションは、さまざまなアプローチから導き出す必要があるため一概には言えない。ただ秋のベストシーズンには、思いつく限りのアクションで反応が見られるのに対し、晩秋以降は徐々にボトム中心でスローなアクションにサイズが出る傾向だ。

小型のアオリイカは、ハイピッチショートジャークによる左右のダートからのフォールに反応がいいことが多いが、水温低下時は、スローピッチのショートジャークによるゆっくりとした左右のダートからのフォール、そしてボトムでのステイといったスロー気味なアクションが有効になってくる。

ただしディープのポイントでは、中層に「二枚潮」と呼ばれる上下で潮の流れが違っていたり、逆に流れ

水温低下時の具体的な狙い方

夕方からナイトゲームに掛けての時間帯での、サイズ狙いについて説明する。漁港などで、潮が通りベイトが多いポイントでは、ロングキャストしてボトムを攻める基本パターンはもちろんだが、ショートキャストして足元の捨石周りをじっくりと攻めるのも効果的だ。この場合、10m程度の水深であれば3.5号のノーマルタイプのエギで十分底取りができる。もう少し浅い場合なら、シャロータイプで底取りができるとさらに効果的である。

具体的には、捨石の少し沖へショートキャストして底を取り、ショートピッチで緩めのジャークを2～3回。このときに大きく動かさず、ほんの少し動かすイメージで操作。アクションの最後は、リールのハンドルを巻かずにフリー気味にフォールさせて、できるだけ移動距離を少なくする。こうして捨石の斜面を細かく探る。この際、軽めのエギを使うことで、根掛かりを少なくできる。

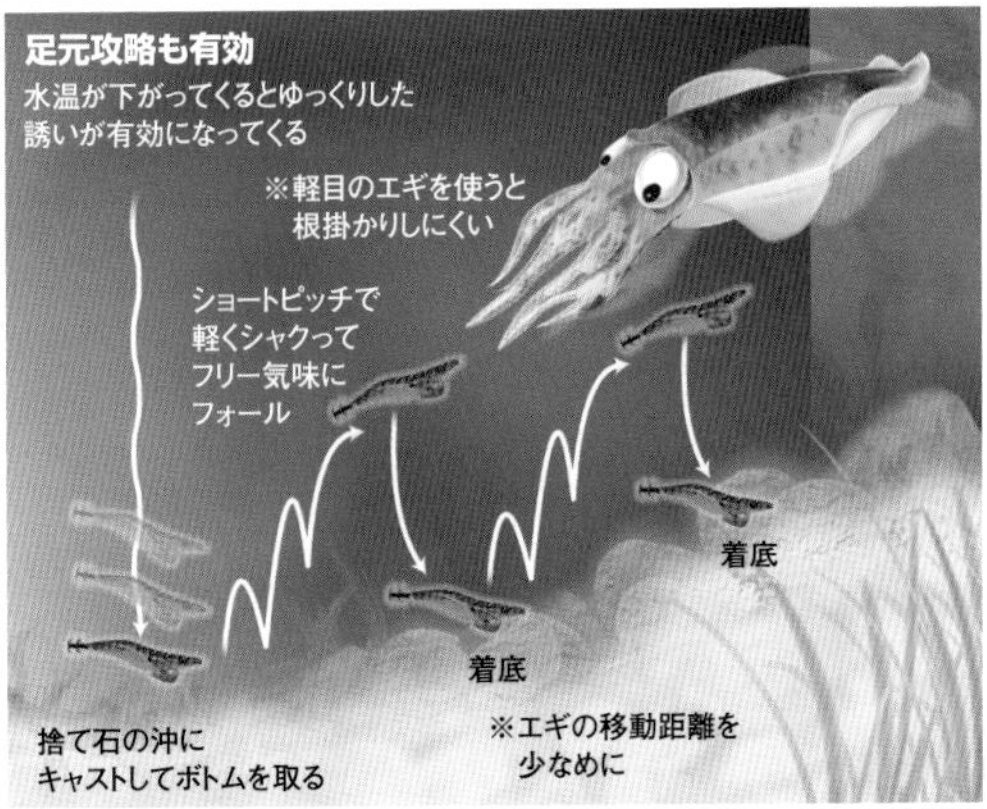
足元攻略も有効
水温が下がってくるとゆっくりした誘いが有効になってくる
※軽目のエギを使うと根掛かりしにくい
ショートピッチで軽くシャクってフリー気味にフォール
着底
着底
捨て石の沖にキャストしてボトムを取る
※エギの移動距離を少なめに

ベイトが溜まりやすい足元の捨て石周りなども、見逃さずに探っていきたい。

る場所がある。「上下の潮目」と私は呼んでいるが、こんな場合はこの潮目の上下がヒットポイントになることがあるので注意してみるといい。

数は減るもののグッドサイズが期待できる時期！

日中から夜へとアオリイカの活動時間が変化するこの時期だが、一方で日中より夜にヒットするほうが明らかに大きなサイズを狙える時期でもある。時として日中の2倍にもサイズアップすることがあり、デイで500～600gがヒットしていたら、夜にはキロアップが狙える楽しみなシーズンとも言える。活動範囲もシャローからディープへ移動すると思われるため、ボートからディープを狙うと、キロアップどころか2kgクラスがヒットすることもあり、ティップランエギングが好シーズンとなる。

水深60〜70mでヒットした2.5kg。

05 ディープエギング

ときには5kgオーバーなんていう釣果がビギナーでも可能なエギング、それがディープエギングだ。これはいわゆるティップランエギングの応用であるが、エギやタックルは深場対応タイプを使用。モンスターと呼ぶにふさわしいでかアオリと対峙する。

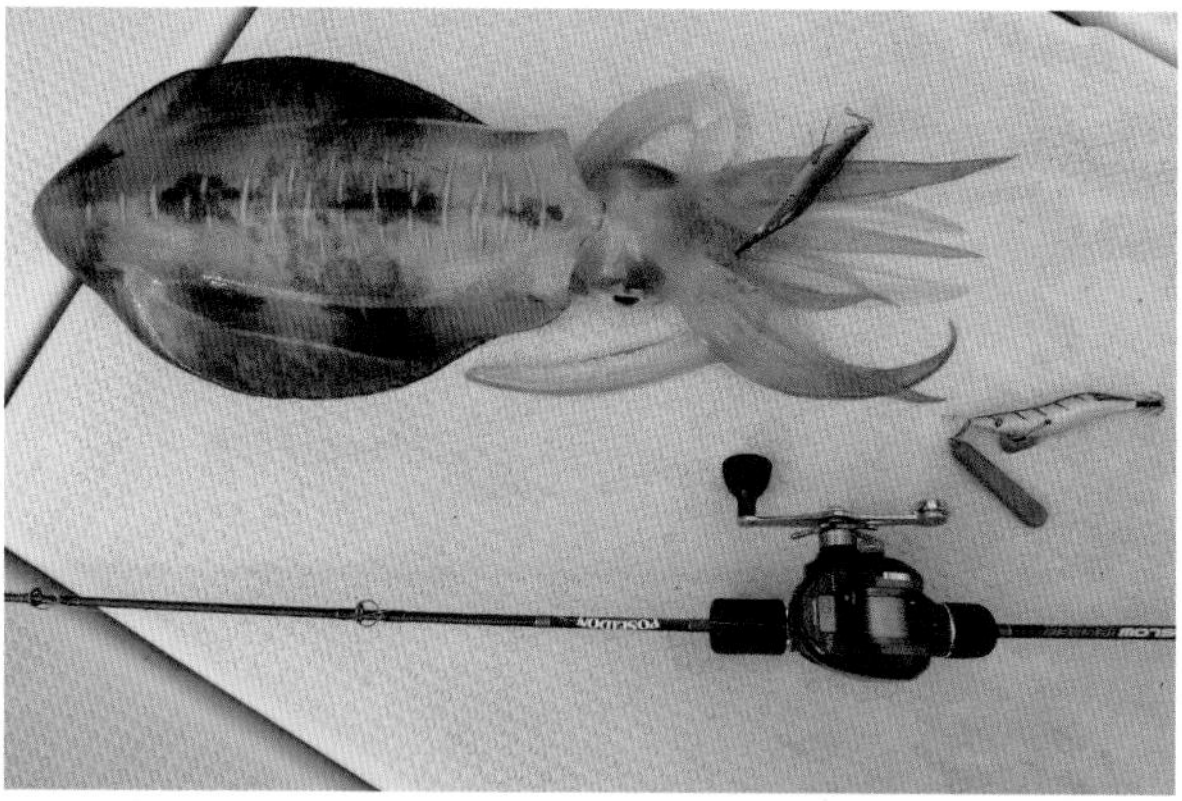

エギを2個装着したアゴリグ（胴突き仕掛け）でヒット。リールはカウンター付きが便利だ。

5kgオーバーも狙える ティップランエギングの進化版！

ディープエギングはこんな釣り！

ディープエギングとは、一言でいうと、ボートから30m以上水深があるディープのアオリイカを狙うエギングのこと。シロイカ狙いではこういった水深を狙うことが多いが、大型になるアカイカ型の生息するエリアでは、50〜100mといったディープを狙う。

南西諸島では50m以上のディープ狙いは標準的な水深だと思われるが、使用するエギ、シンカーのサイズ次第では水中抵抗が大きくなるため、スピニングタックルからベイトタックルへ持ち替えるユーザーが増えているようだ。

元々漁師はベイトタックルを使い、

ディープエギングのおすすめエリア

本州では紀伊半島、南西諸島方面では沖縄や種子島が有望だが、特に沖縄本島がおすすめだ。北部、東部、西部、南部とどのエリアにもポイントがあり、それぞれのエリアでディープエギングのできるボートもある。天候やシーズンで場所を選べるのもいい。ボートの手配については、ほとんどの船宿がウェブサイトを持っているため、予約システムについては案内に従えばいい。

沖縄県にはディープエギングができるボートサービスが多い。

船中同時に3kg前後がヒット！　なんていうこともあるのがディープエギング魅力だ。

ディープエギングタックル

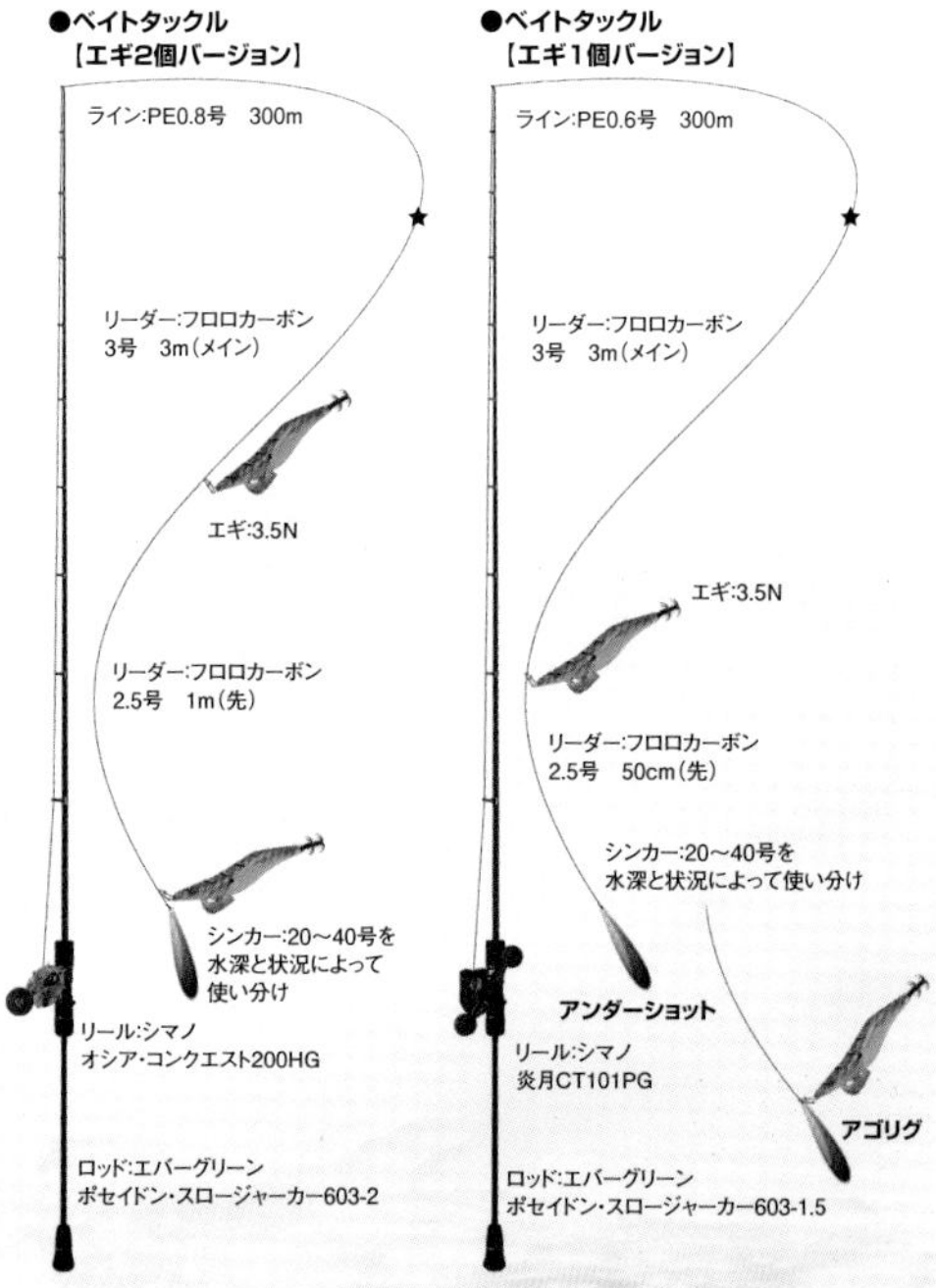

胴突き仕掛けにエギを2個セットして、でかアオリをバンバン水揚げしていたのだから、基本に戻ってきたとも言えるだろう。

ショア用のエギングタックルを使用し、メインラインは0・5号でもやれなくはないが、狙う水深が徐々に深くなると、風や潮の影響でラインを150mほども出さざるを得ない状況になることもある。

こういったケースでは、リールにはトルクとパワーが要求されるため、サイズの大きなベイトタイプが必要となってくる。これだと巻き上げ速度も速く、なによりも狙いの超大物アオリイカとのやり取りを優位に進められる。

そうはいっても、現在ディープエギング専用のタックルが存在しないため、これも代用に過ぎず、まだまだこれから専用タックルの開発が待たれるのが実情である。

ディープエギング基本テクニック

ボートからは、基本的に船長の指示に従い、片舷に並んで釣りをする。船長の合図でエギを船べりから投入するが、水深を伝えてくれるため、
①ラインの色分け、カウンターを目安にボトムまでエギを沈める。
②エギが着底したらワンピッチのジャークを4、5回～10回連続して行なう。
③しばらくステイさせてアタリを待つ。
④アタリが来なければ再度ボトムまで沈める。

この一連の動作を繰り返す。ワンピッチのジャークを行なう回数は一定ではなく、変化させて反応が出やすい回数を探る。ときには1セットだけではなく2セット、3セット続けることにより、ボトムから広範囲のタナを探るようにする。

船中で誰かにヒットしたときはチャンスで、ヒットした人のライン角度とタナに合わせてエギを入れると、活性が上がった別のアオリイカがヒットすることが多く、ときには船中5～6人全員に連発でヒットすることさえある。

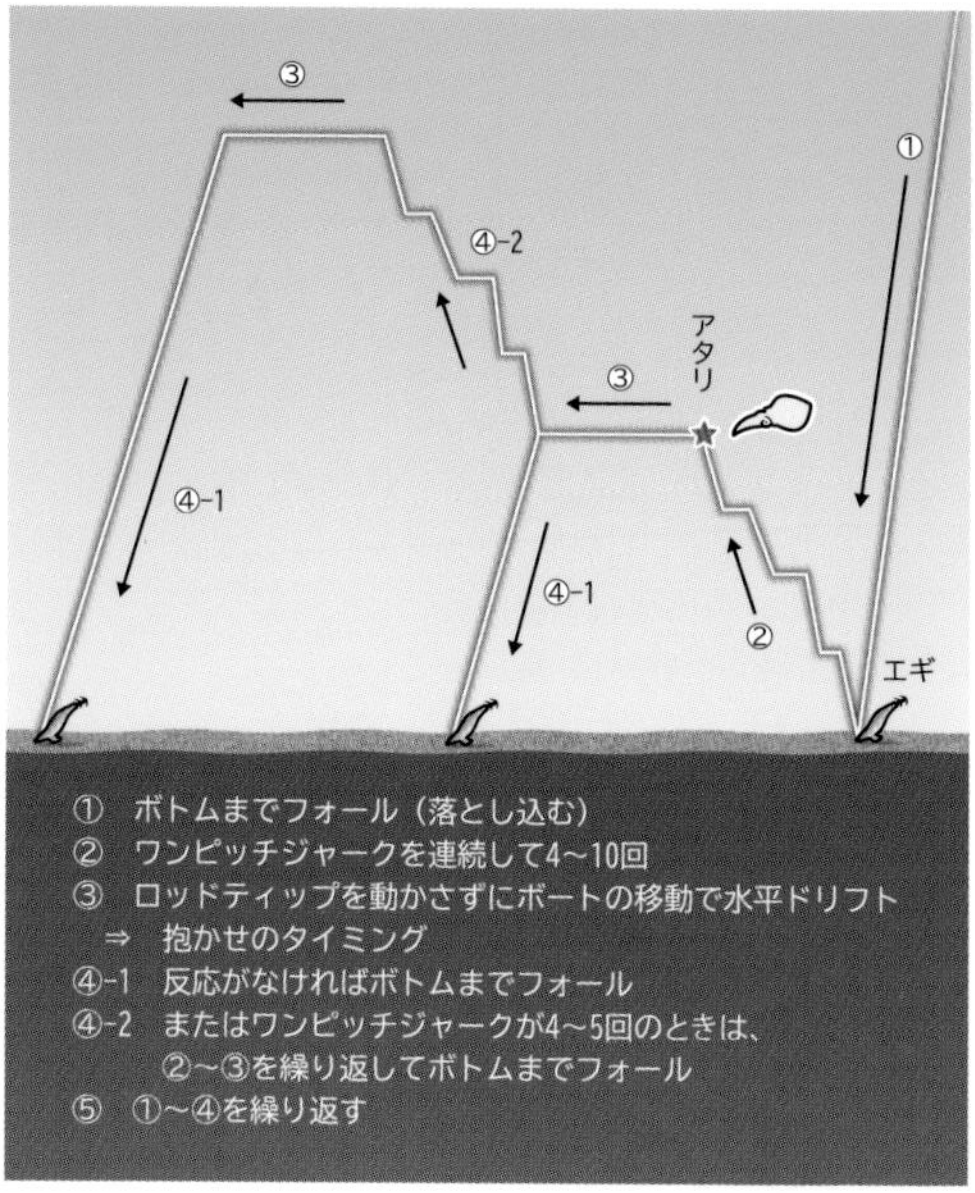
③
①
④-2
アタリ
③
④-1
④-1
②
エギ
① ボトムまでフォール（落とし込む）
② ワンピッチジャークを連続して4～10回
③ ロッドティップを動かさずにボートの移動で水平ドリフト
⇒ 抱かせのタイミング
④-1 反応がなければボトムまでフォール
④-2 またはワンピッチジャークが4～5回のときは、
②～③を繰り返してボトムまでフォール
⑤ ①～④を繰り返す

ヒット後は一定速度で巻いてくることでバラシを防止する。

まずはボトムを取ってジャーク後のステイでアタリを待つスタイルだ。

ディープエギングの楽しさと難しさ

伊豆諸島や紀伊半島、南西諸島ではショアから4～5kgとか6kgオーバーのアオリイカが釣れてはいるが、ほとんどがナイトゲームだ。しかも、頻繁に釣れているわけではなく、一般的には3kgオーバーを釣ることでさえ難しいのが現実だ。

対してディープエギングの場合は、3kgどころか4kg、5kg、最大で6kgオーバーの実績もあり、しかもデイゲームで狙えるのも魅力だ。

ただ、ボートゲームは天候に左右され、荒天だと出船できなかったり、乗船代も安くはない。

とはいえ、それさえ克服すれば、デイゲームで初めての挑戦でも自己記録の更新どころか、夢の5kgオーバーに出会えるかも知れない釣り。それがディープエギングなのだ。

第5章

覚えておきたい エギング用語

知らなければ悩みは続くが 知れば即座に解決する！

釣りの例にもれず、エギングもまた日常では使わない用語をよく使う。知っているつもりの用語が、実は違う意味だったという可能性もある。というわけで、エギングでよく使われる各種用語を、五十音順にまとめてみた。

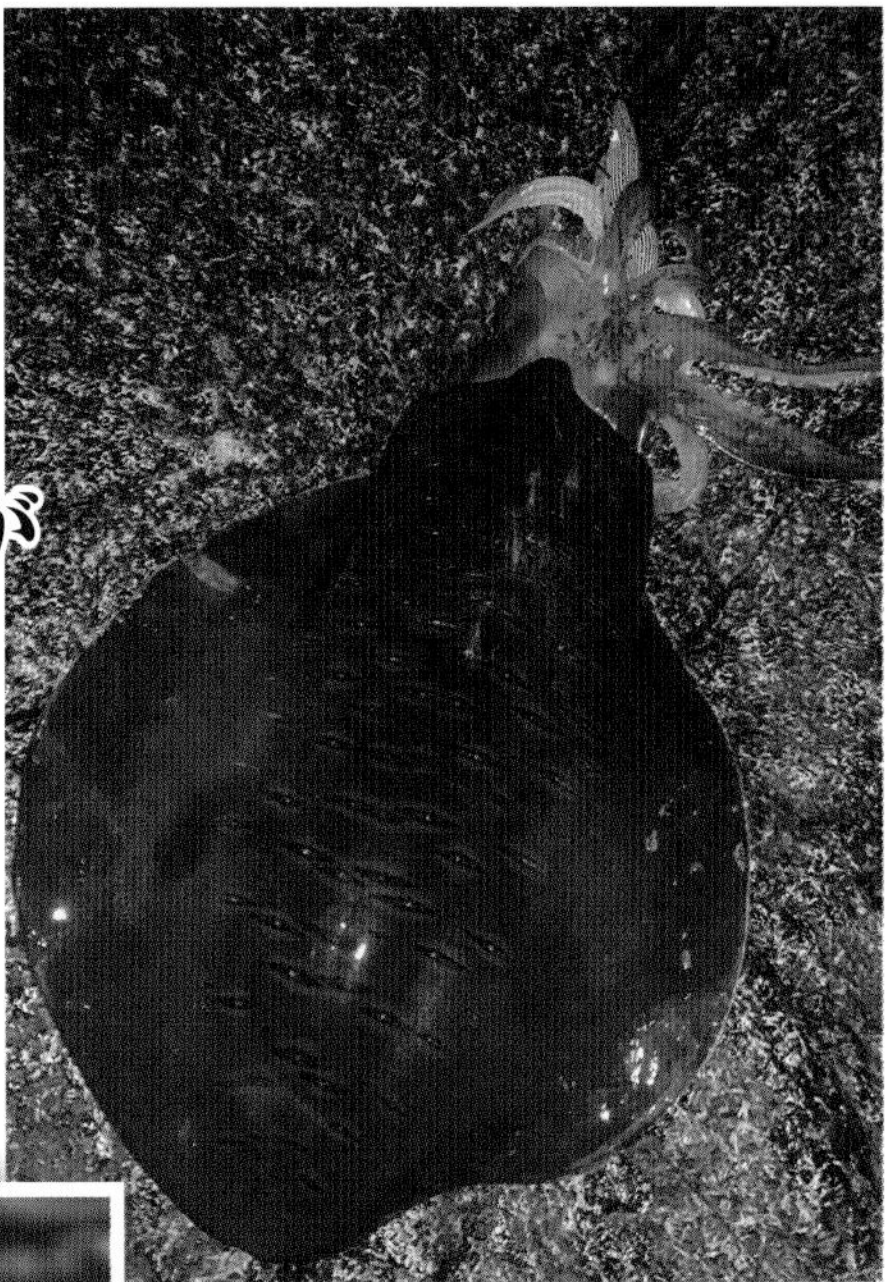

●あ行

【青物】サバやブリなどに代表される、背中が青い回遊魚。その多くがフィッシュイーターであり、ルアーフィッシングの好ターゲット。ただしアオリイカの天敵でもあるため、青物が現れるとアオリイカの釣況は悪くなることが多い。

【秋イカ】春に生まれたアオリイカが成長して、エギをスムーズに抱けるくらい大きくなったサイズのアオリイカ。胴長13㎝くらいでエギに掛かりはじめる。

【アゲインスト】向かい風。釣りづらいが、横風よりも期待は持てる。

【朝マヅメ】夜明けのいっとき。日の出前の薄明かりから日の出までの時間。日の入りから日没直後の暗闇までを「タマヅメ」という。双方ともに、魚の移動やエサの捕食が活発となり、釣りをするうえでベストな時間帯とされている。

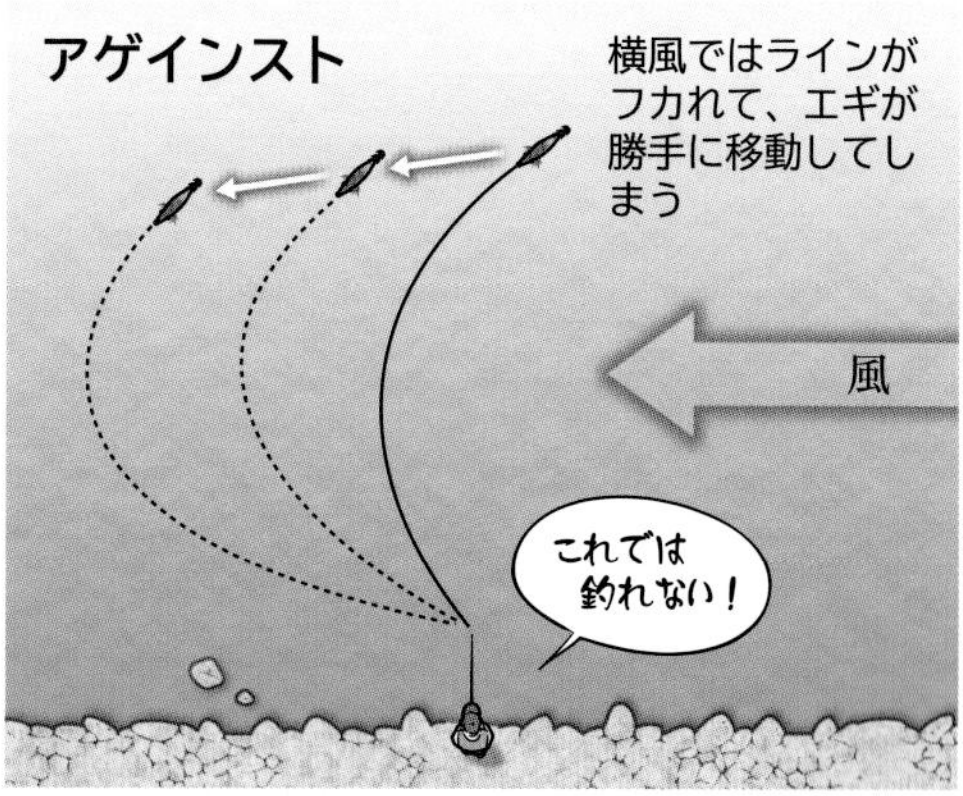
アゲインスト
横風ではラインがフカれて、エギが勝手に移動してしまう
風
これでは釣れない！

【アプローチ】釣り場までの行程、またはポイントにエギをキャストする行為。

【アマモ】砂地底に根付く細長い海藻。アオリイカの産卵場にもなる。

【編み込み式ノット】PEラインとリーダーの結び方のひとつ。PEラインをリーダーに編み込み、その摩擦力を生かした結び。ミッドノットやFGノットなどが、これに該当する。ラインの強度を大幅に下げる「結び目」が存在しないため、メインライン本来の強度を生かしきれる。ただし、結束の難易度はやや高め。

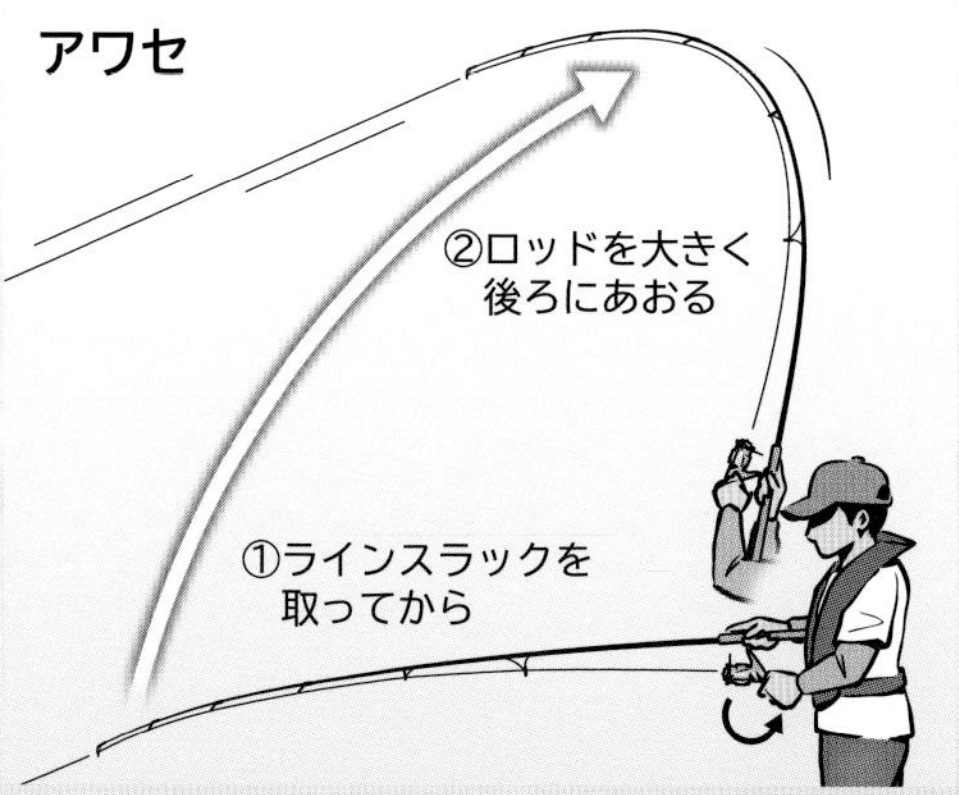
アワセ
②ロッドを大きく後ろにあおる
①ラインスラックを取ってから

【アワセ】ロッドを大きくあおって、イカや魚の口にハリに掛ける動作。

【アワビシート】アワビの殻を利用し

たステッカータイプの集魚板。自然な虹色のアピールでアオリイカに有効とされている。

【イカスミ】イカのスミには旨味成分が含まれているため、イタリア料理でよく用いられる。ちなみに、アオリイカよりコウイカのほうがスミが濃いため、よく料理に使われる。

【イカパンチ】ラインが引ったくられるようなアタリのこと。アオリイカが触腕を伸ばしてエギを触るしぐさが、まるでパンチをしているように見えることから、こう呼ばれるようになった。この状態では、フッキング率は悪い。

【ウイード】藻のこと。海の場合は、ホンダワラやアマモなど、海藻全般を差す。

【ウイードエッジ】海藻帯の切れ目。

【SiCガイド】「エスアイシーガイド」と読む。富士工業製の、非常に硬度の高いガイドリング。

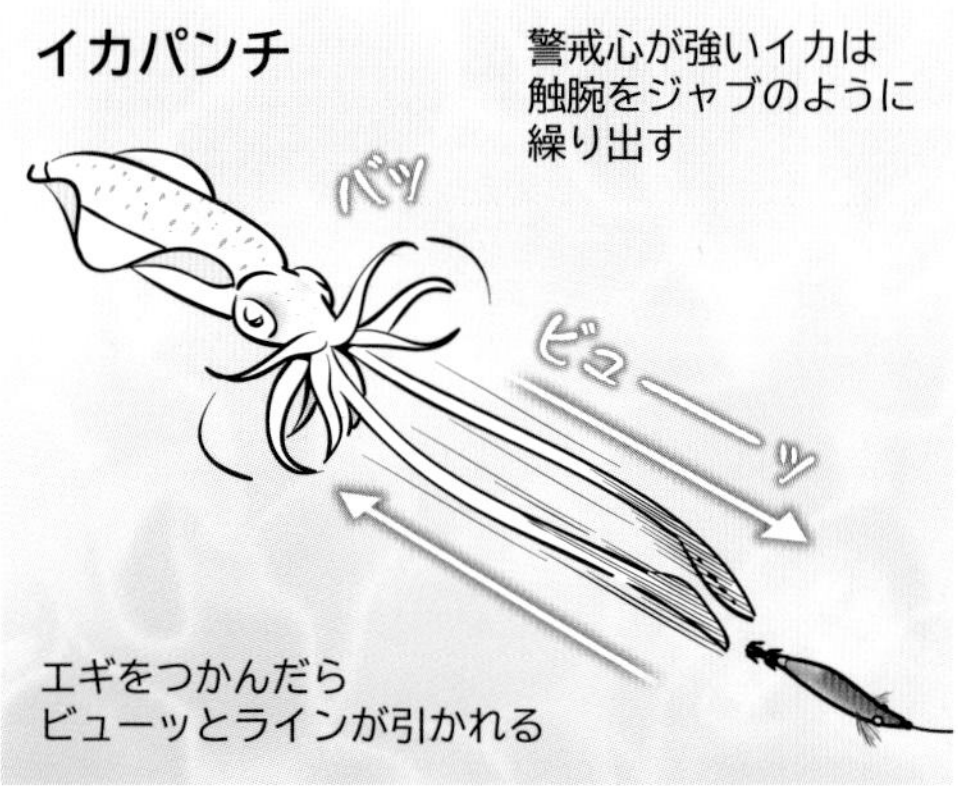
イカパンチ
警戒心が強いイカは
触腕をジャブのように
繰り出す
バッ
ビュ――ッ
エギをつかんだら
ビューッとラインが引かれる

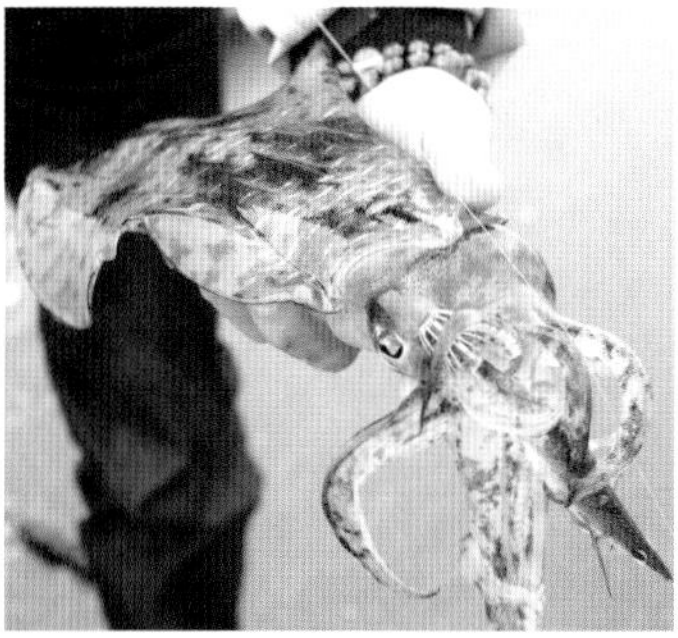
秋イカ。胴長15cmくらいのものは、好奇心も旺盛だ。

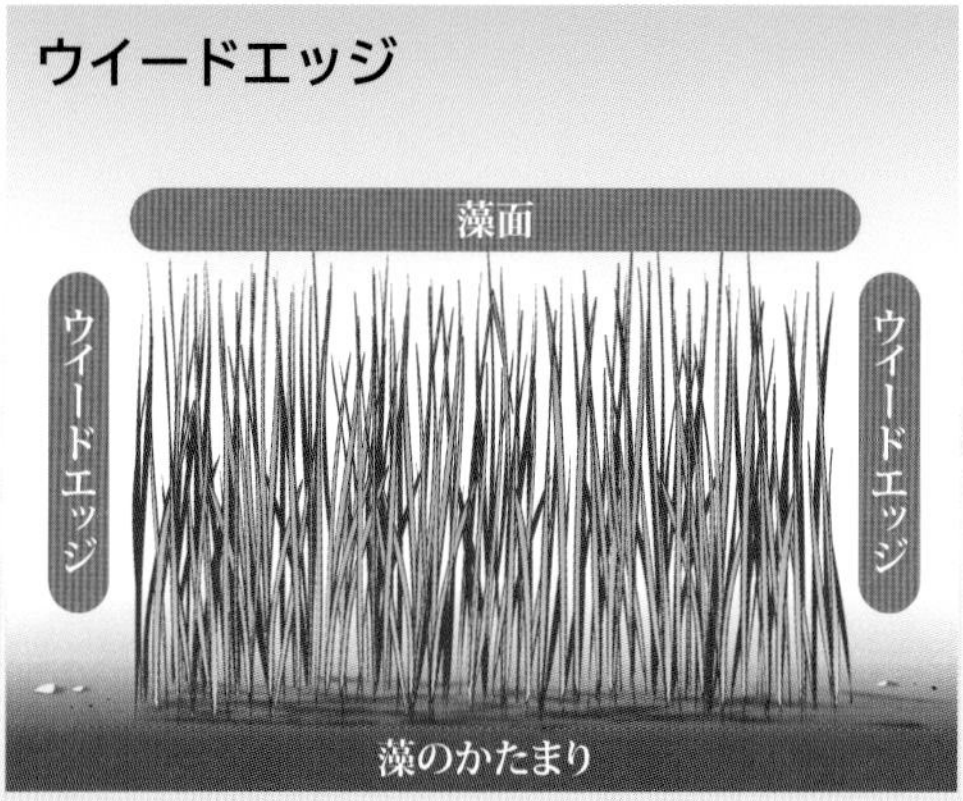
ウイードエッジ
藻面
ウイードエッジ
ウイードエッジ
藻のかたまり

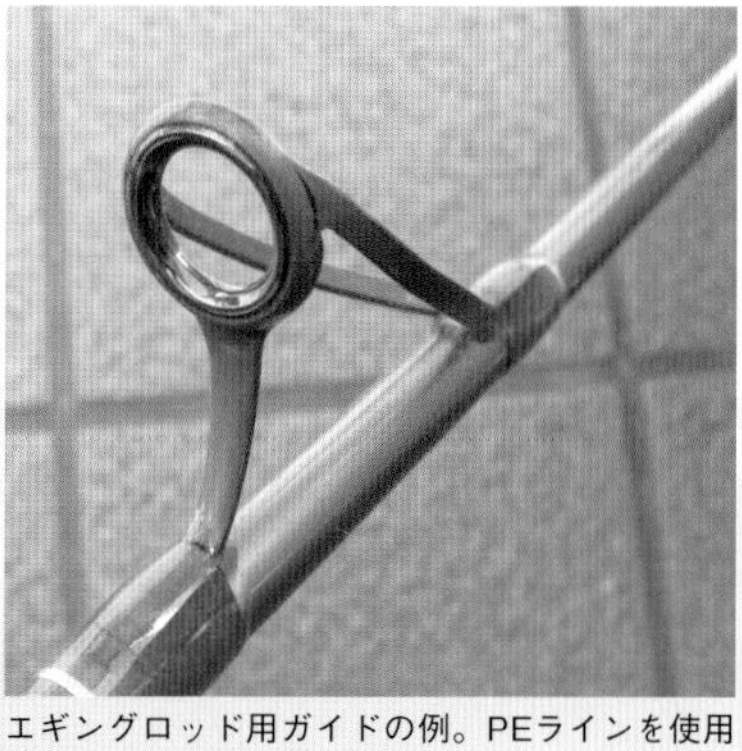
エギングロッド用ガイドの例。PEラインを使用するなら、SiCガイドが安心だ。

【エンペラ】胴の横にある薄いヒラヒラの部分。

【オフショア】ショアではないところ。いわゆる海上のこと。

【親イカ】春に釣れる産卵絡みのイカのこと。産卵を終えると、イカの多くはその一生を閉じる。

●か行

【カーブフォール】ラインテンションを残したまま、カーブ軌道でフォールさせること。テンションが残っているため、ラインの挙動でアタリが取れる利点がある。テンションを残さないで、完全に重力の支配するままに自由落下させることを「フリーフォール」と呼ぶ。

【カウントダウン】シンキングルアーを沈み込ませるときに、水深の目安として秒数を数えること。エギングでも着底させるときに行なう。カウントダウンの最中にアタリがあったり、エギやラインの挙動に変化があった場合は、次のキャストで同じ秒数を数えることにより、特定の水深を重点的に攻めることができる。秒数といっても、ストップウォッチなどで厳密に数える必要はないが、それでもなるべく同じ間隔で数えるよう努力しよう。

【活性】魚やイカなどターゲットの元気度。一日のうちでも、潮の具合や水中光量の変化で活性の高さは変わる。

【カラストンビ】イカの口の部分。鳥のクチバシのような形の歯と、それを動かす筋肉でできている。筋肉部分の薫製は珍味として有名。

【干潮】潮位が最も低く下がった状態。一日に2回、約12時間後に回ってく

カーブフォール

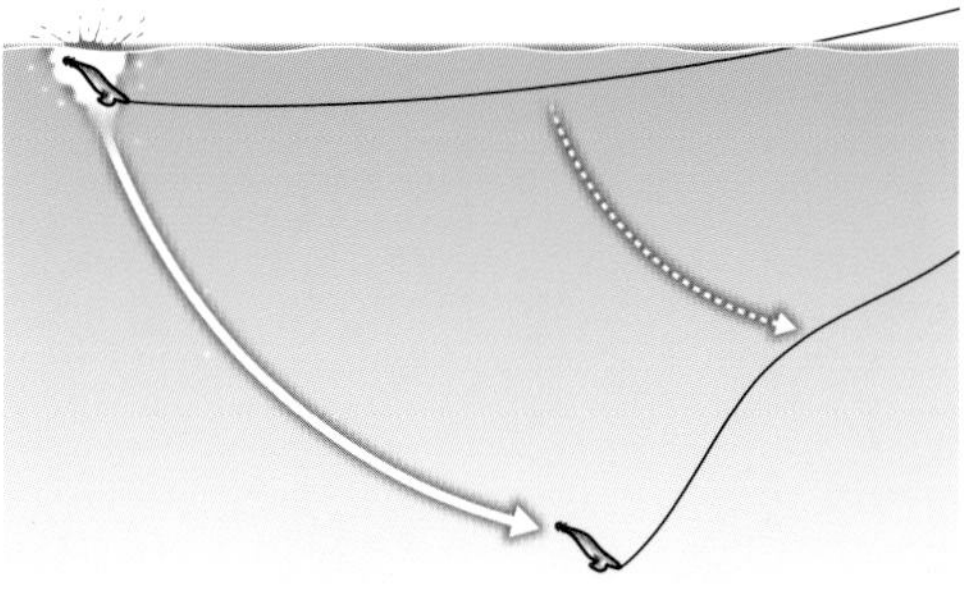

カウントダウン

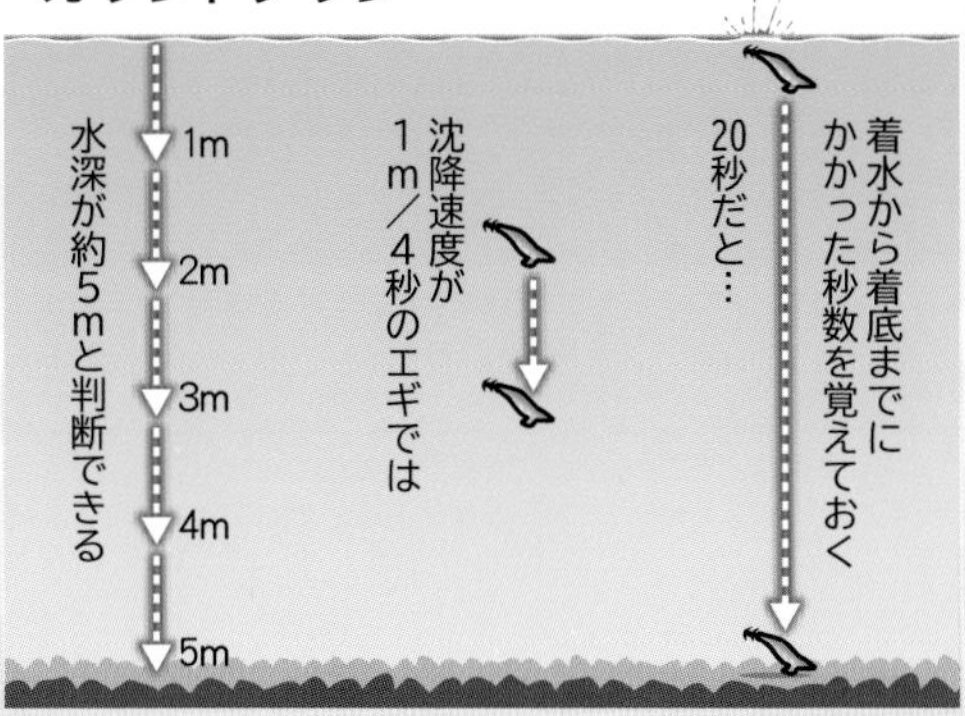
着水から着底までにかかった秒数を覚えておく
20秒だと…
沈降速度が1m／4秒のエギでは
水深が約5mと判断できる
1m
2m
3m
4m
5m

る。ソコリともいう。潮位が低いため、満潮時は海中に沈んでいる所が露出する。通常は歩けないような場所でも進めるため、行動範囲は格段に増すが、一方で普段釣っているポイントが完全に陸上になり、釣りにならない場合もある。干潮の時間帯や潮位変化の大小は、海で釣りをする際には必ず押さえておくべき最重要事項といえる。

全傘のカンナ。360度すべての方向にハリがついている。

【カンナ】エギの後部についている、傘状のハリのこと。

【キャスト】ルアーやエギを投げること。

【キャッチ&リリース】資源保護のために、釣り上げた魚やイカを元気なうちにリリースすること。アオリイカの場合は、触らずに、そのままハリを返してリリースするとよい。

【ギャフ】大型の魚やイカを取り込むための、先端がカギ状になった太い針。アオリイカ専用に開発されたものがあり、コンパクトに携帯できるため人気がある。

【漁港】漁業設備のある船着き場や堤防施設。アオリイカの好ポイントだが、あくまで漁業施設ということを意識してマナーを守ろう。

【グローカラー】夜光カラー、蓄光カラーの総称。強い光を照射すると、その光を内部に溜め込み、長時間発光し続ける。

【Kガイド】富士工業製の、自動解除システム搭載の傾斜ガイド。PEラインの飛距離を損なうことなく、ラインが絡みにくくなっている。

【ケイムラ】ケイムライトの略。通常、普通色は可視光線によって発色しているが、ケイムライトは紫外線に反応して蛍光色を発する。

【小磯】サーフなどが隣接する小規模な岩場。沖は砂地底の場合もある。アオリイカの好ポイントでもある。

【ゴリ巻き】大物が掛かっても、フルドラグにしてラインを出さずにゴリゴリとリールを巻くこと。アオリイカの場合は、根に潜られることがないので、ほとんど使わない。

第5章

●さ行

【サーフ】浜。砂浜。ゴロタ浜はゴロタサーフとも言う。一般的にはキスの投げ釣りや、ヒラメ・マゴチのルアー釣りにいいとされるが、海底に岩礁帯や藻場があれば、エギングのポイントにもなる。

【サーフェス】水面を含めた表層のことサーフェスまで出てきたイカや魚はたいてい活性が高いため、ルアーやエギで狙う際の好ターゲットとなる。

【サイトフィッシング】魚やイカを見つけてルアーやエギをキャストする釣り方。アオリイカは、秋シーズンがサイトフィッシングの好時期となる。また、釣りたいターゲットそのものではなく、ターゲットが好むとされているナブラやトリ山、ベイトの群れを狙ってエギやルアーなどをキャストすることも、広義ではサイトフィッシングとされている。

サーフは穴場ポイントになっていることも多い。

【潮目】流れの方向が異なる潮や、速度が異なる潮がぶつかったときにできる、潮の境目。好ポイントのひとつ。

【シェード】陰の部分。魚やイカが寄っていることが多い。

【締め具】アオリイカを締める道具。ピック状になっているものが多い。

【ジャーク】ロッドをグイッと強くあおるアクション。シャクリのアクションとイメージしてもよい。

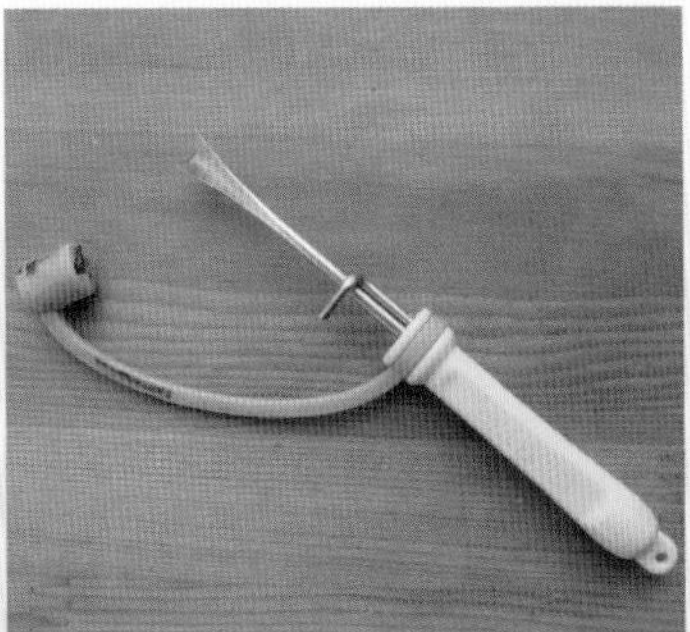
締め具。キープするなら、釣り上げたらすぐに締めておこう。

【シャロー】浅場のこと。エギのシャロータイプは、ウエイトを軽めにした沈下速度の遅いエギのこと。

【シャロースプール】メバルやアオリイカ用に開発された浅溝スプール。

【ショア】オフショアに対してのオンショアの略。岸という意味で使用する。

【ショアライン】延々と続く海岸線。

【ジョイント】ロッドやジョイントルアーの継ぎ目。

【常夜灯】漁港などにある外灯のこと。小魚などのエサが集まるため、アオリイカ狙いでもナイトゲームの一級ポイント。

【触腕】エサを取るときや、交尾などで使われる長い手。アオリイカは10本中2本が長い。

【スイベル】ヨリモドシ、サルカンのこと。エギによっては、ラインアイに使われていることもある。

【ストップ&ゴー】止めて、進めてを繰り返すリトリーブアクション。エギのなかには、シャクリを伴わず、これだけで水中を泳いで方向転換、一瞬止まってまた泳ぎだす小魚の動きを演出できるものがある。

【ストラクチャー】釣りのポイントとなる障害物。天然・人工、恒常的・一時的の4つのファクターで分類される。カケアガリや沈み根といった天然で恒常的なもの、常夜灯や橋脚といった人工で恒常的なもの、潮目やナブラなど天然で一時的なもの、係留船や温排水の放出など人工で一時的なものが挙げられる。

【ストレートリトリーブ】ロッドアクションをつけずに、一定のスピードで巻いてくるリトリーブアクション。タダ巻きともいう。エギングでは、ナイトゲームの表層引きで使う。

【スナップ】リーダー(ライン)にルアーやエギを接続する器具。

【スナップショットリグ】スナップにカンつきのツリガネオモリをセットし、エギのラインアイに装着してウエイトアップを図る方法。「アゴリグ」とも呼ばれる。おもにコウイカ狙いで使用されていたが、最近はアオリイカ狙いでも使われている。

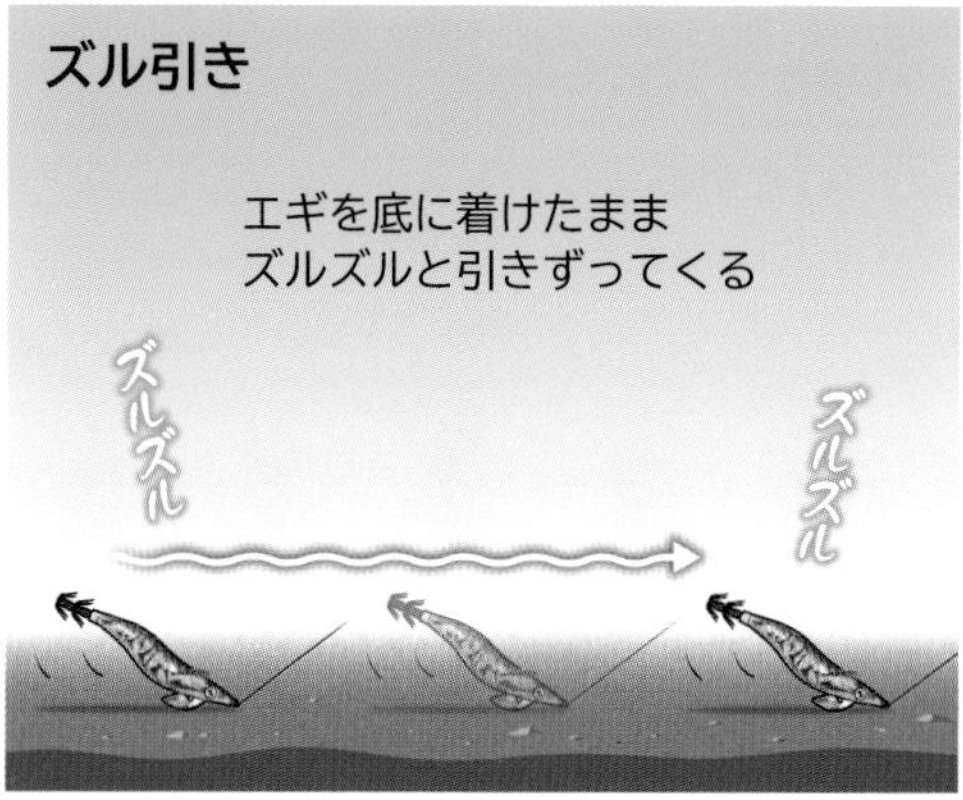
ズル引き
エギを底に着けたまま
ズルズルと引きずってくる
ズルズル
ズルズル

【スミ跡】釣り上げられたイカが吐いたスミの跡。釣れた場所の目安になるため釣り人にとってはありがたいが、これを残さないよう水で洗ってから移動するのがマナー。

【ズル引き】海底をずるずると引きずるリトリーブアクション。アオリイカでも実績あるアクション。

【スレる】釣り人の多い釣り場の魚やイカが、次々に飛んでくるルアーやエギをどんどん学習し、なかなか釣れなくなること。または、魚の場合は、口以外のところにフッキングすること。

【全傘】カンナが360度、全方向にハリ先が向いているもの。

●た・な行

【ダートアクション】横滑りするようなエギのアクション。なかでも、横方向への細かい「ブレ」を伴うものをこう呼ぶ。ブレを伴わない場合は「スライドアクション」と呼ぶこともある。

【高切れ】ハリ掛かりしたターゲットにラインを切られたときや、根掛かりしたときにラインの途中で切れること。

【タコエギ】マダコ用のエギ。ウエイトが重めで、ハリは強靭なものが上向きについている。おもにボトムを引きずって使用する。

【タダ巻き】ストレートリトリーブのこと。速くも遅くもなく、ノーアクションで引いてくること。

【ダブルハンドル】ハンドルノブが2本あるハンドル。ハンドルの重さで回転しないので、ラインスラックを調節するエギングでは人気のアイテム。

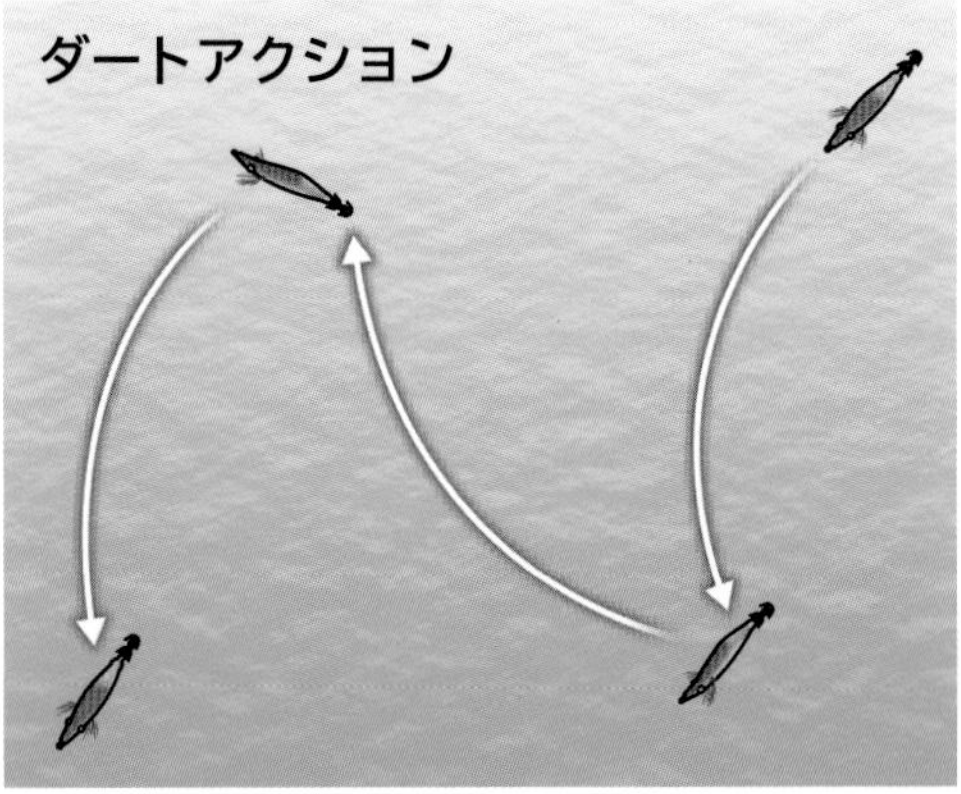

【テープ色】エギの布地の下に敷いてある、色つきの下地部分。下地テープともいう。ピンクや金、銀などがある。

【チューニング】ルアーやエギ、ロッドの簡単な改造。エギの場合、シンカーを足す、エギの表面に市販のラバーシートを貼るといった簡単なものから、ロッドのグリップを切り詰める、ガイドを交換するといった高度なものまでさまざまなものがある。最近の市販品は、マニアのニーズに応えてラインナップも細やかになったため、あえてチューニングを施す必要は少なくなった。

【ディープ】深場のこと。エギのディープタイプは、ウエイトを重くして着底を早めたもの。

【ティップ】ロッドティップ。竿先のこと。

【テンションフォール】ラインにテンションを残したままフォールさせること。カーブフォールと同義語で使われることが多い。

【トゥイッチング】ロッドティップを小刻みにシャクリ続けるアクション。エギが連続ダートする。

【胴長】一般的にアオリイカの大きさを表す場合、胴の長さを計る（手の長さは省く）。胴長30㎝で約1kgというのが標準的。

【トップウォーター】水面上のこと。

【ドラグ】リールのスプールにテンションをかけながら空回りさせる、ライン切れ防止機構。

【ナブラ】小魚の群れをフィッシュイーターが追い回している状態。

【二段シャクリ】ジャークを2回に分けて行なうシャクり方。同じ動作でも、1回より2回に分けたほうが、エギが高く跳ね上がると言われている。

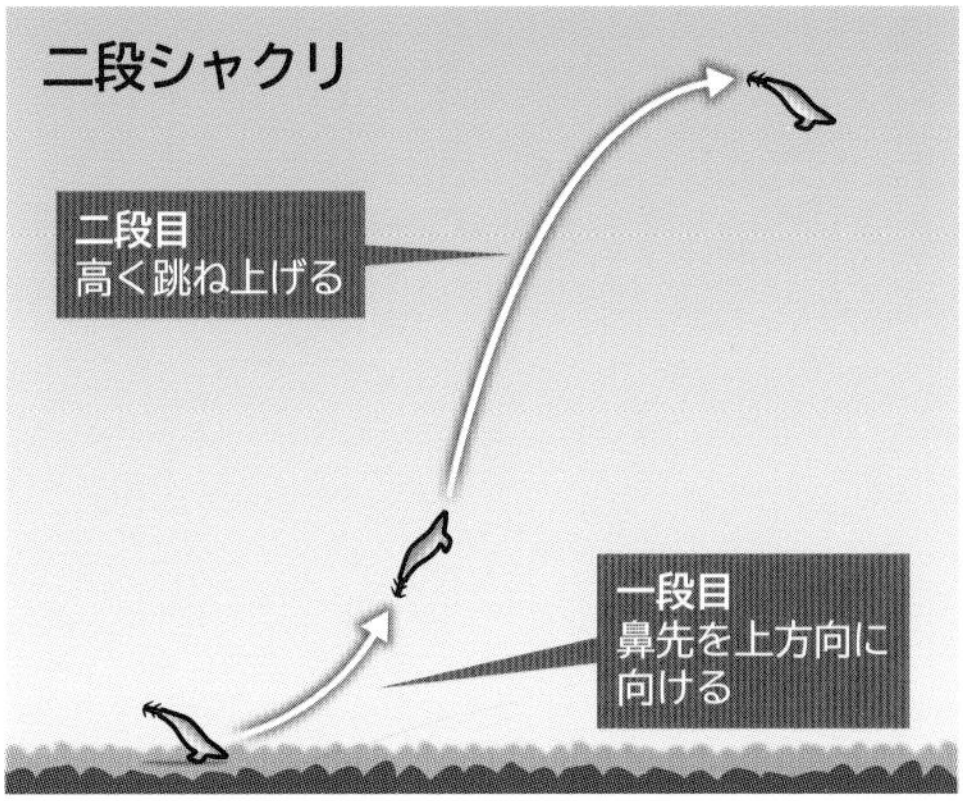

【根（ね）】海底の地形変化や隠れ岩といった、障害物の総称。流れの変化が生まれやすく、小魚や甲殻類などのベイトが集まることから、釣りの好ポイントになる。

【ノット】ラインを結ぶこと。または結び方。

ダブルハンドル。リールから目を離していても、必ずハンドルノブをつかめる。

【乗る】アオリイカがヒットしたときの様子。

●は行

【バーチカル】垂直方向。バーチカルエギングとは、船から真下に落とし込んで釣るエギングのことをいう。

【バット】ロッドのパワーバランスを左右する腰の部分にあたるところ。グリップの上の部分。

【半傘】カンナのハリが、上方向の半分しかないもの。

【春イカ】春に釣れる産卵絡みのイカ。

【反転流】潮の本流に引かれたり、本流脇でヨレたりする本流とは逆に流れる流れ。

【干潟（ひがた）】満潮と干潮の潮位差が大きいサーフエリア。砂泥地底の場所が多いためアオリイカのポイントにはなりにくい。

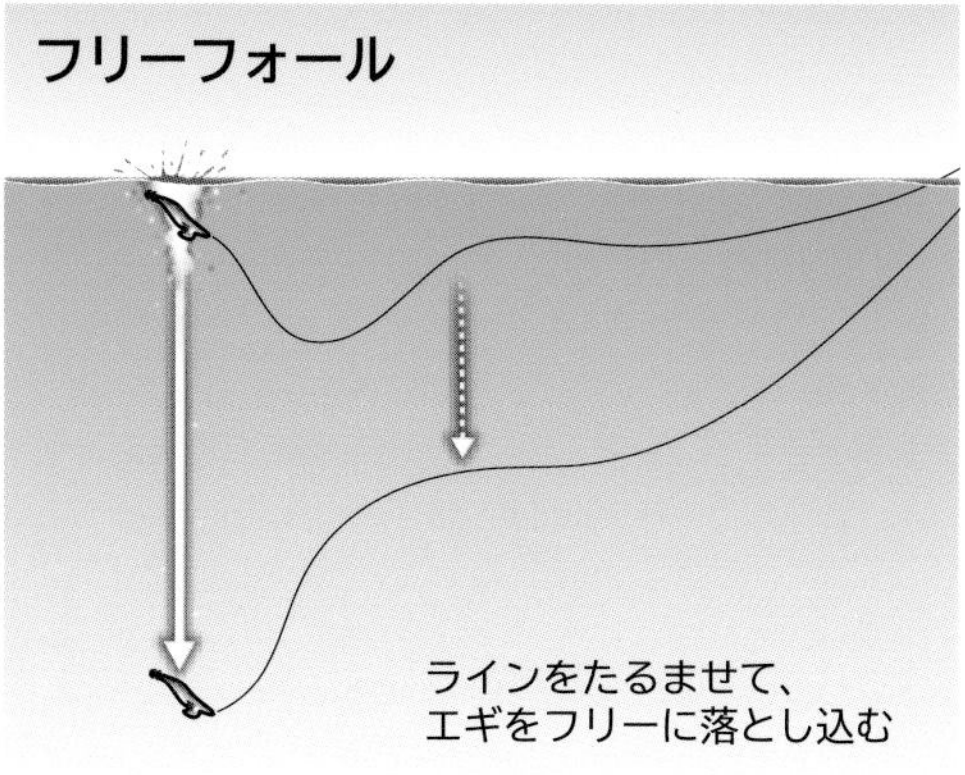
フリーフォール
ラインをたるませて、
エギをフリーに落とし込む

【引き潮】満潮から干潮にかけて、潮位が下がっていくときの潮の動き。

【ヒラ打ち】メタルジグやルアーに急激なアクションをつけて、ボディをギラリと反射させること。エギでも意識して行なうことがある。

【フィネスドラグ】ドラグマックスの設定を低く抑えることによって、微調整ができるようにしたドラグ。

【フォール】アクション中のルアーを沈み込ませること。

【フォロー】追い風。または、アオリイカのチェイスがあったのにエギを抱かなかったとき、次にキャストする食わせやすい小型のエギ。

【フッキング】アタリがあったときにハリを掛ける動作。

【プライヤー】先の長いペンチ。ルアー釣りでは、おもにハリ外しに使用するが、エギングではカンナの補修に使える。

【フリーフォール】ラインをフリーにしたまま、垂直にエギをフォールさせること。

【ブレイク】カケアガリのこと。傾斜地の途中で、急角度になるところ。

【ベイト】エサ全般のこと。またはルアーのこと。ベイトフィッシュとは、エサとなる小魚。

【ベリー】ロッドのアクションを決定づける胴（中間）の部分。

産卵を控えた春イカ。

【偏光グラス】水面からの乱反射をカットして、水中を見やすくするサングラス。紫外線もカットしてくれる。

【ボイル】青物などのフィッシュイーターに追われた小魚が、水面が沸騰したようにざわつく様子。近くにアオリイカの天敵である青物がいる印なので、ボイルが起こっているときは、アオリイカは避難していることが多い。

【ポーズ】アクションの途中で一時的にエギをストップさせること。長時間とどめておくことはステイと呼ぶ。

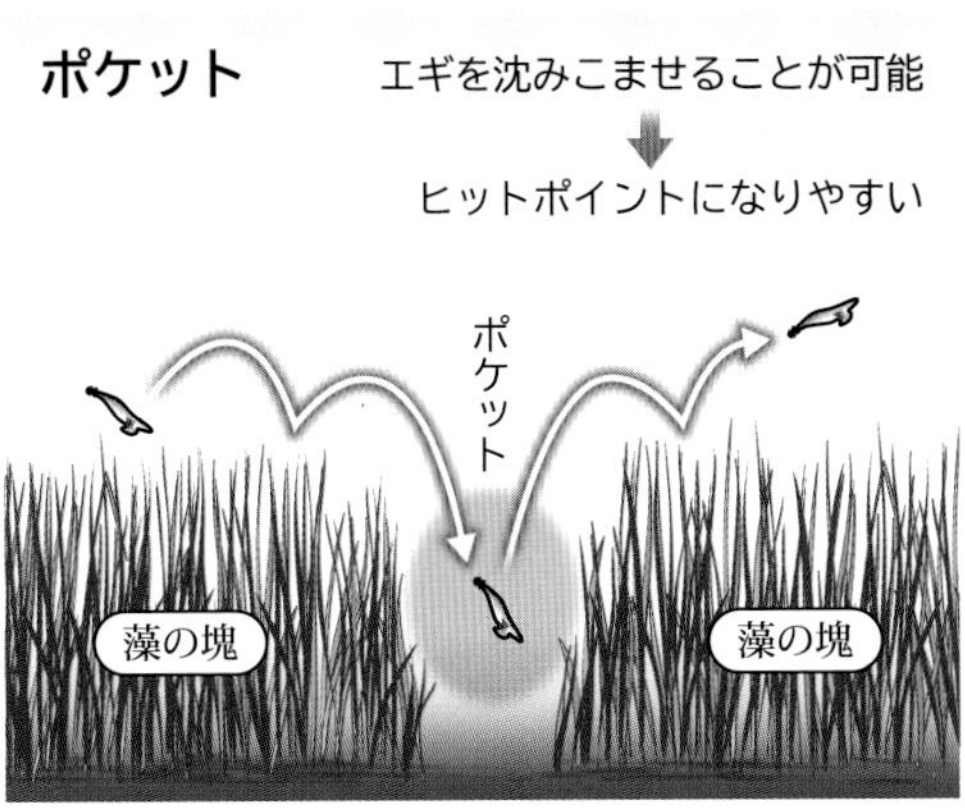

【ポケット】藻の塊と塊の隙間。

【ボトム】海底のこと。ボトムフィッシングとは、エギを海底から離さずに釣ること。

【ホンダワラ】石に根付く海藻。アオリイカの産卵場にもなる。

【ポンドテスト】ライン強度のこと。「Lb」という単位を用いる。仮に10Lbなら、10ポンドの負荷がかかったとき切れるようになっている。1ポンドは約450g。

【ポンピング】リールが巻けないような大物が掛かったときに、ロッドを起こしたぶんだけラインを巻き取る、やり取りのテクニック。ただし、ハリにカエシがついていないエギでは、バラシが多くなる。

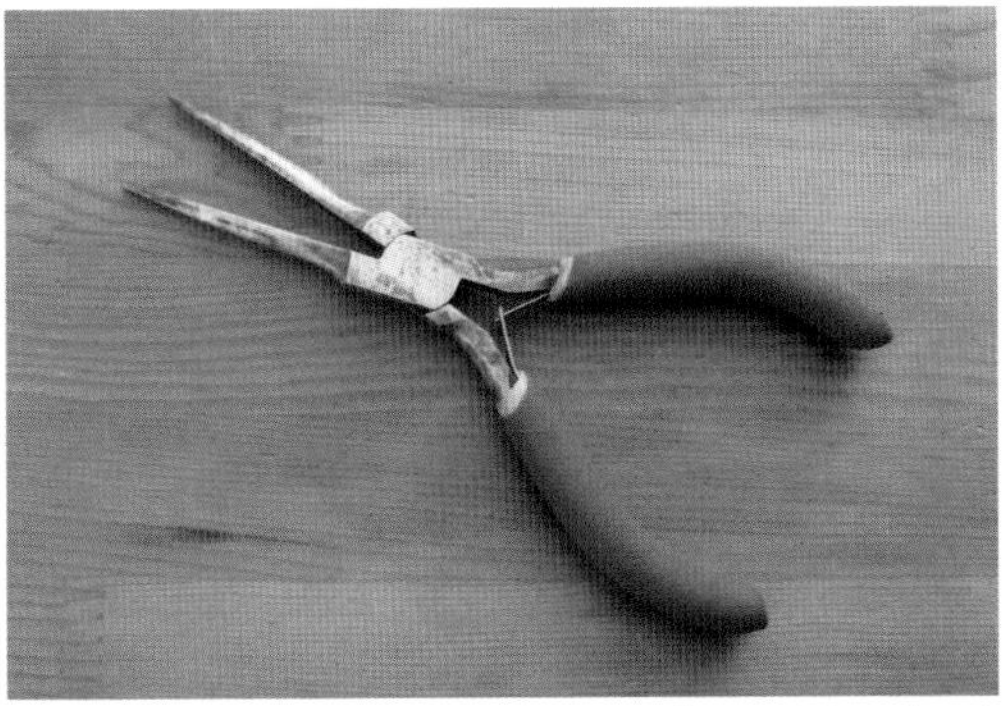
プライヤー。エギングでは取り込み時のハリはずしではなく、おもにカンナの補修で使う。

偏光グラス。エギングにかぎらず、昼の釣りでは必需品。

●ま・や・ら・わ行

【マーブル】大理石模様の虹色の下地カラー。

【マッチ・ザ・ベイト】ターゲットとなるイカがそのときに食べているエサに、エギのカラーやサイズを合わせること。

【満潮】潮位がもっとも高くまで上がった状態。一日に2回、約12時間ごとに回ってくる。

【見えイカ】水面上から見えるイカ。秋シーズンによく見ることができ、狙って釣ることもできる。

【ミオ筋】漁港内などにある船の通り道で、海底が周囲より深くなっているところ。

【満ち潮】干潮から満潮に掛けて、潮位が高くなっていくときの潮の動き。

【藻面】モヅラ。絨毯状に広がった海藻の上の面。

【ヤエン】生きたアジなどを泳がせて、抱きついたアオリイカを、道糸に通した掛けバリで掛けて釣り上げるエサ釣り方法。大型アオリイカの実績が高い人気の釣り方。

【タマヅメ】夕方のいっとき。日の入り直後から薄明かりが残る時間帯のこと。

【ライズ】フィッシュイーターが小魚を捕食したときに水面が割れる様子。

【ライン】エギングで使用する道糸のこと。

【ラインアイ】エギの先端にある、ラインを結ぶ（スナップを掛ける）金具部分。

【ラインスラック】キャスト時やアクション時にできる糸フケのこと。

写真下、エギの下地がまだらになっているほうがマーブル。

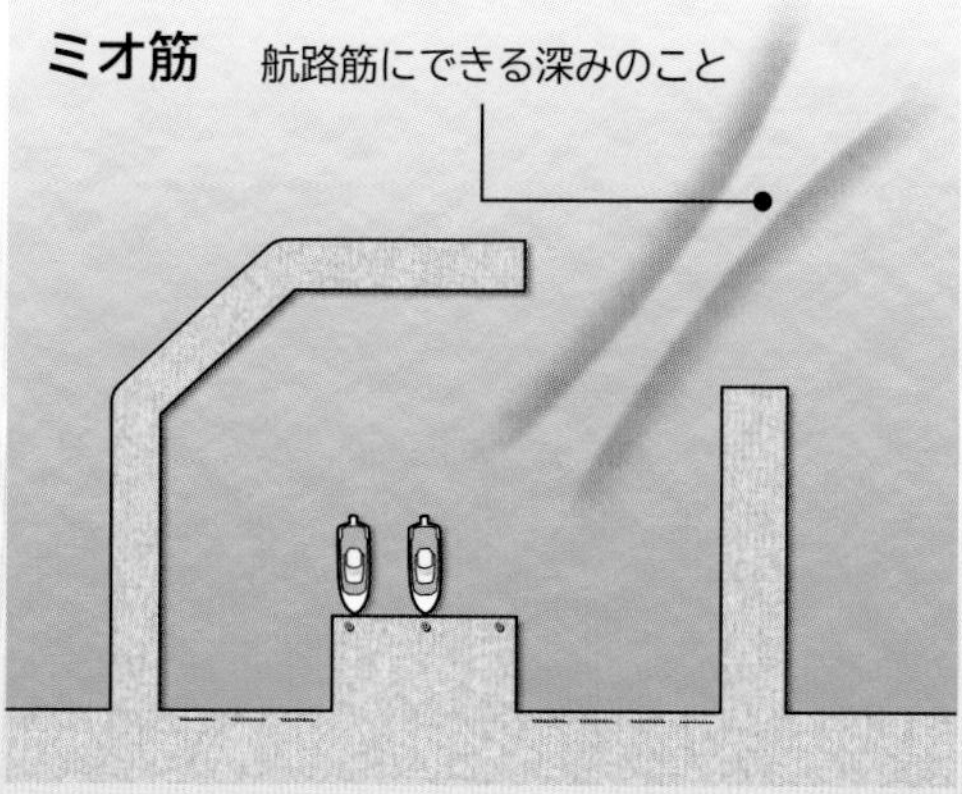

【ラインブレイク】ラインが切れて、魚やイカを逃がしてしまうこと。

【ランディング】手元まで寄せてきたターゲットを最終的に取り込むこと。

【リーダー】ラインの先に結ぶ、耐摩耗性に優れた先糸。ショックリーダーともいう。

リードワイヤー。鉛製の針金をエギに巻きつけ、オモリの役割を持たせる。

【リードワイヤー】糸オモリのこと。エギのウエイトを上げたいとき、エギの胴体に巻き付けて使用する。

【離岸流】岸にぶつかった潮流が、沖に向かって払い出す流れ。サーフの好ポイントのひとつ。

【リトリーブ】ラインを巻き取ること。ルアーやエギにアクションをつけるリーリングのこと。

【リフト&フォール】エギを持ち上げてから沈み込ませるアクション。

【レンジ】ルアーの泳層やターゲットの泳層を表すときの、層という意味。

【レンジトレース】一定の層をキープしながら、リトリーブを続けること。

リフト&フォール

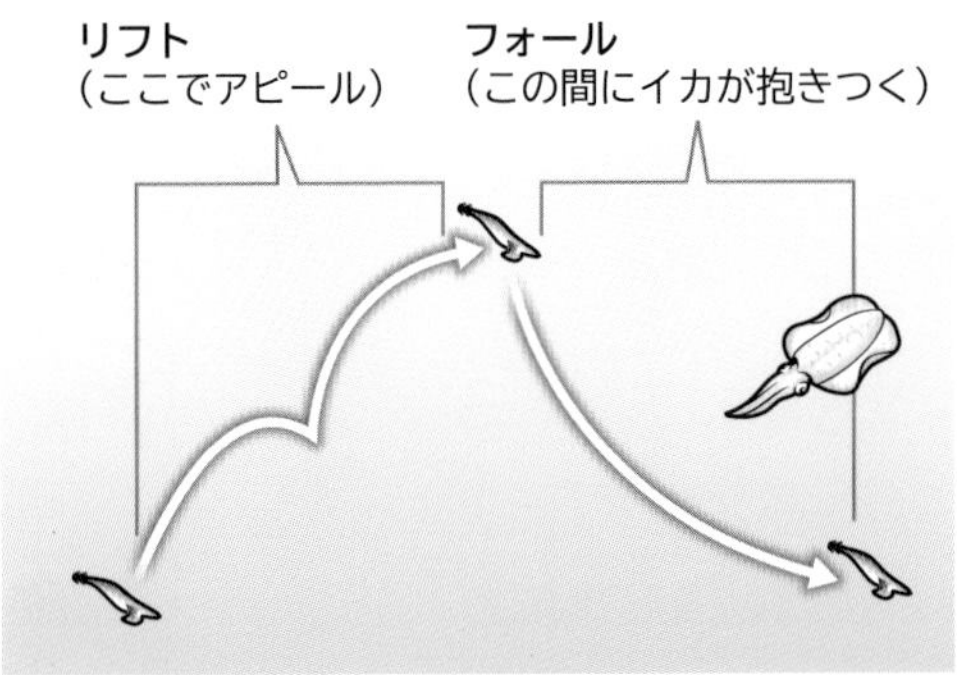

【漏斗】ロウト。スミを吐く部分。ここから、水を吐くことによって、ジェット噴射と呼ばれる高速遊泳をすることも可能となる。

【ロスト】ルアーやエギなどを、根掛かりなどによって失うこと。

【ロッドティップ】竿先の部分。感度やフッキング効率を左右する。

【ロングステイ】エギを海底付近で30秒～1分ほど、そのままにしておくこと。食い渋りに有効な方法だ。

【ワンド】磯やサーフなどで、入り江状になっている部分。

第5章

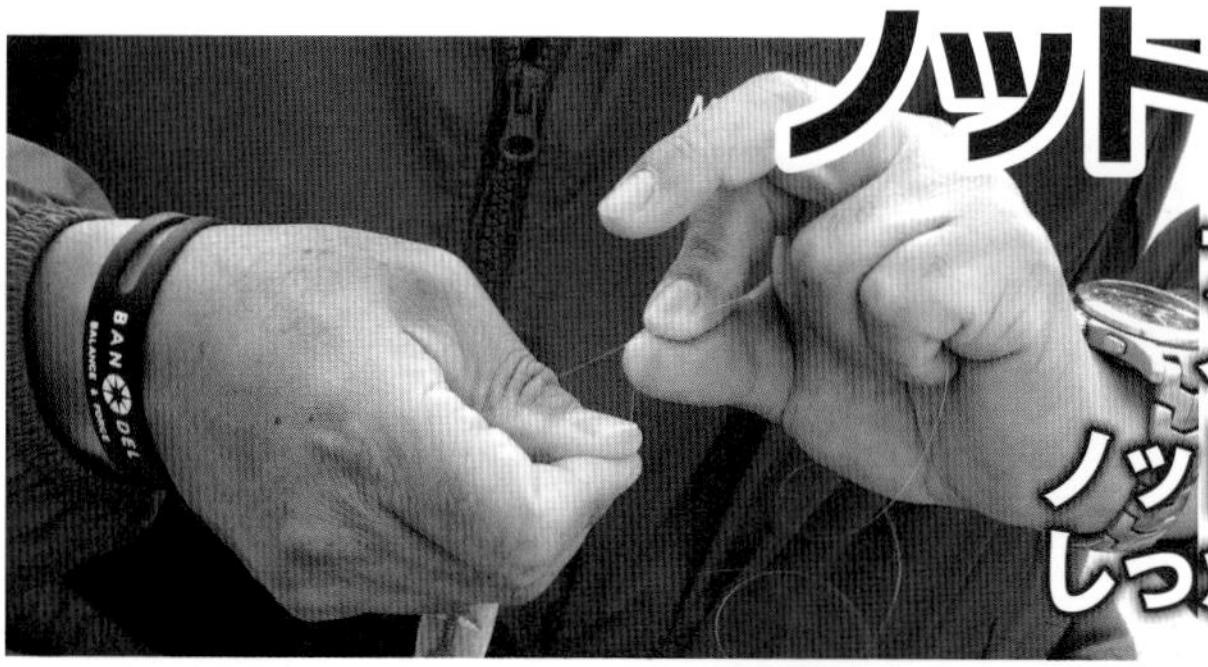

ノットの心得

アングラーとイカをつなぐノットを基本からしっかり覚えよう

どんな釣りでも、イトとイト、イトと金具を結ぶノットは重要だ。ノットの基本を覚えてしっかり結び、一回一回のキャストやシャクリをおろそかにしないこと。地味なようだが、これが釣果アップの秘訣なのだ。

よく見えるラインは強い味方

エギングでは、ピンクやグリーンといった、見やすい色のPEラインがよく使われる。よく見えるラインを使うと、エギがどこに飛んでいったか、今どこを泳いでいるかといった情報が、明確に伝わってくるからだ。

また、5m・10mといった一定の長さで色分けされているラインも人気だ。ラインがどのくらいの長さまで出ているかわかるため、底の地形を把握したり、ヒットした場所の特定をする際、強い味方となるからだ。

長さごとに色分けされたPEラインを巻くと、このようにスプールが規則正しいカラーチャートを描くようになる。

エギングで不可欠なPEラインとリーダーの組み合わせ

ラインシステムってなんだ?

ロッドをシャクってエギを水中で踊らせ、フォールで抱かせる現代のエギングにおいて、伸びがほとんどなく感度に優れたPEラインは必須である。

このPEラインだが、細い繊維をより合わせて1本にまとめているという構造上、摩擦には弱い。またしなやかすぎて、そのままエギに接続してしまうと、エギやイカの魚体にすぐからんでしまう。

これを避けるため、PEラインの先端に、摩擦に強くからみにくい「リーダー」と呼ばれる先糸を接続する。このPEラインとリーダーの組み合わせを「ラインシステム」と呼ぶ。

電車結び PEラインとリーダーを直結。先ずは覚えておきたい基本ノット

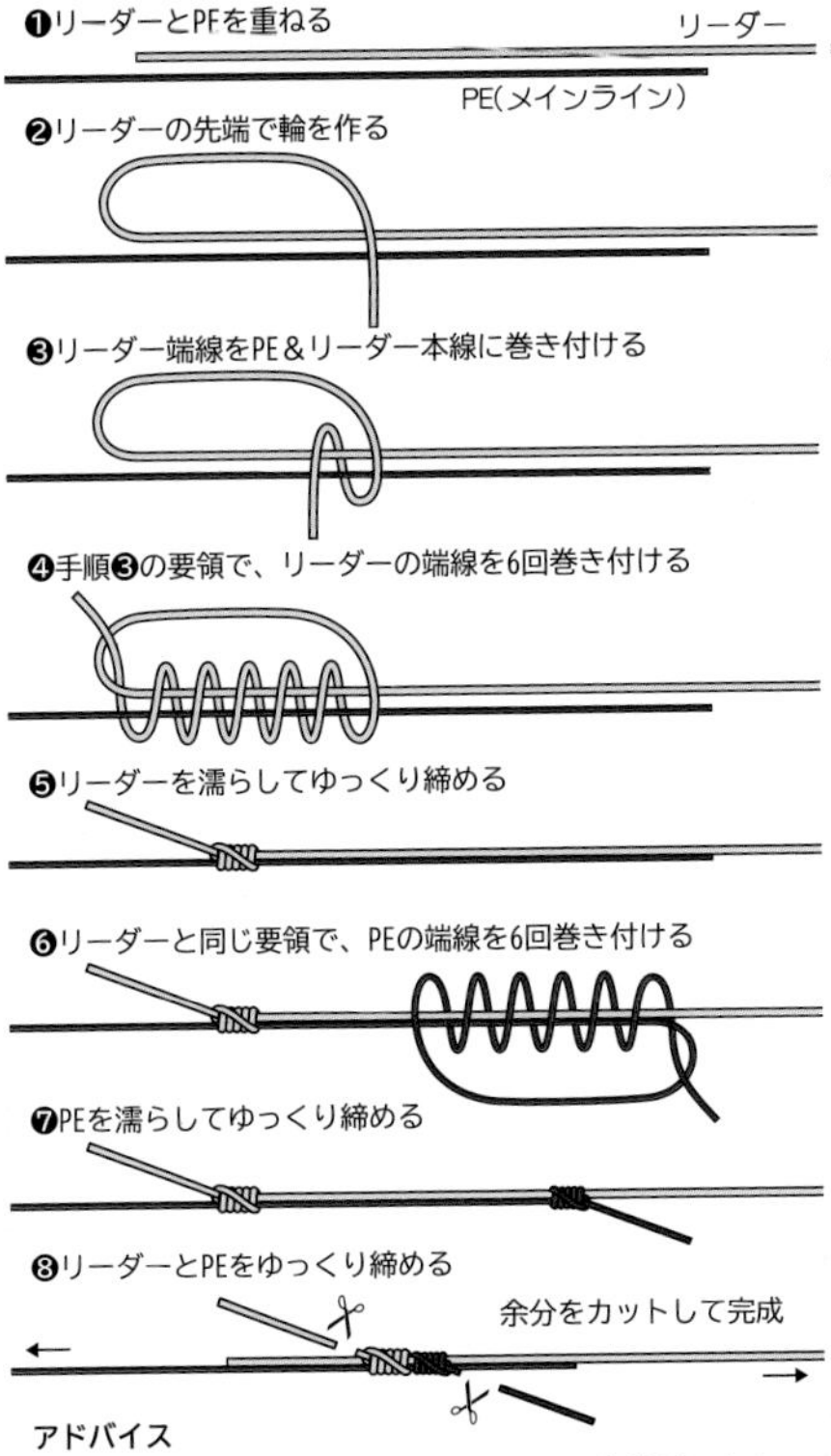

アドバイス
- ●リーダーやPEを輪にする時は大きくすると作業がしやすい。
- ●リーダーやPEを締め込む時はツバなどで濡らす。

ブリンソンノット スナップやエギを直結するときに抜群の結節強力を発揮する

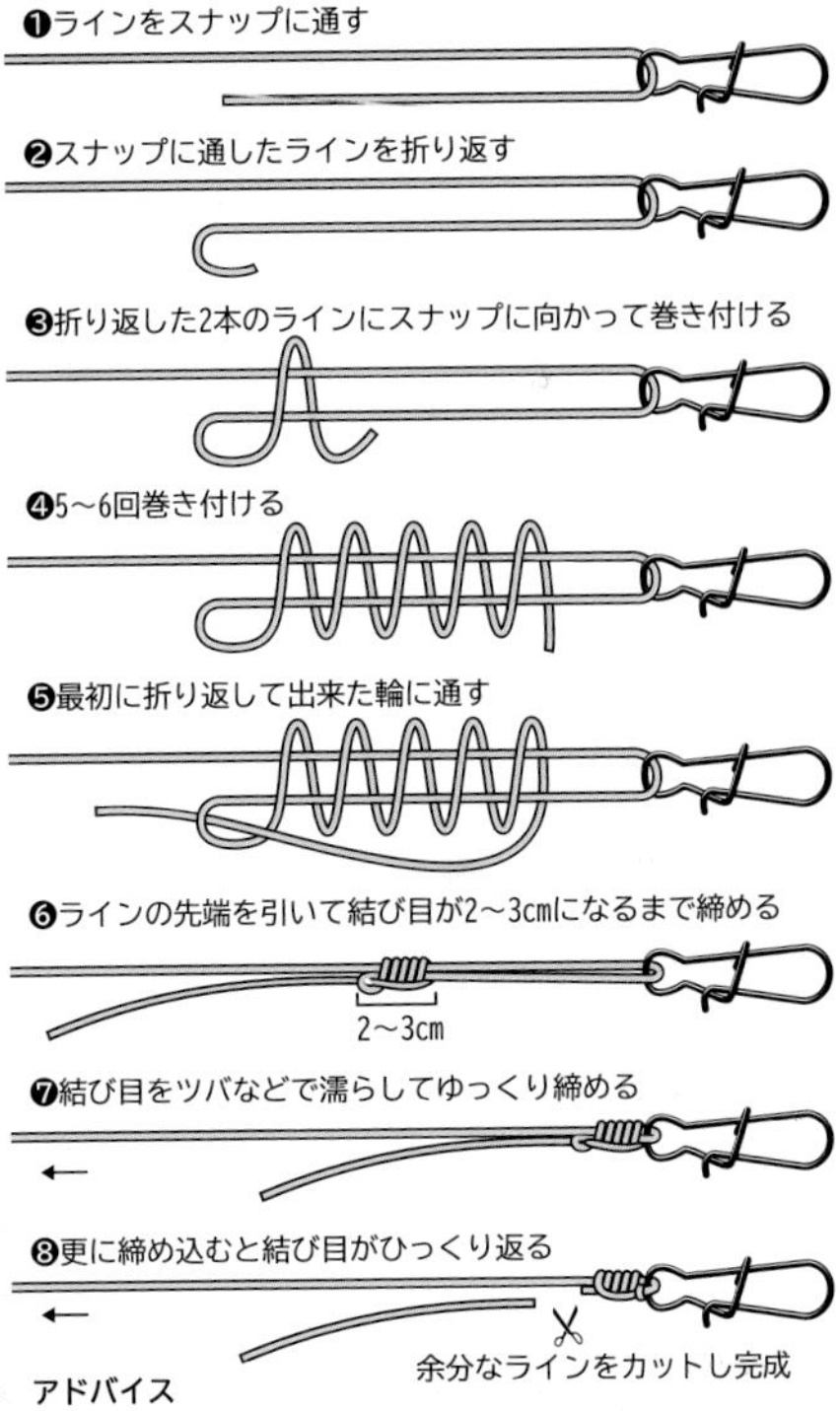

アドバイス
- ●ラインは張り気味にすると結びやすい。
- ●ラインを締め込む時はツバなどで濡らす。
- ●締め込んだ結び目がひっくり返ると成功、返らない時は結び直す（結んだ時に強力がわかる）。

まずは基本を覚えよう

このラインシステムを組むためには、PEラインとリーダーを接続する必要がある。またリーダーのその先には、金具を介してエギを接続する必要がある。このイト同士、あるいはイトと金具を接続する結び方を総称して「ノット」と呼ぶ。

このノットだが、簡単なものから複雑なものまで、実に多くの種類がある。これらすべてを覚えるのはさすがに無理だが、PEラインとリーダーを結ぶもの、そしてリーダーとエギのラインアイ、スナップなどの金具とつなぐもの、それぞれ基本となる1種類ずつは、必ず覚えておきたい。

イト同士を結ぶ「電車結び」、イトと金具を結ぶ「ブリンソンノット」の解説をイラストで紹介するので、参考にしていただきたい。

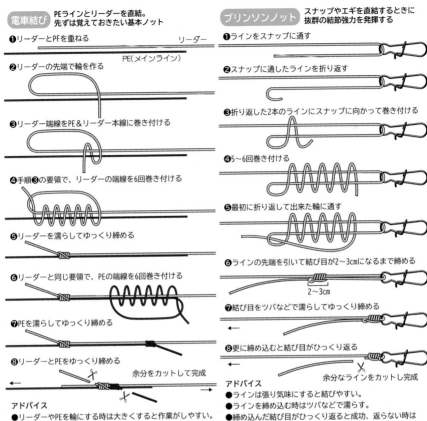

ラインとリーダーの太さは？

エギングの場合、PE ラインの２～３倍の号数があるリーダーを組み合わせると、バランスがよくなる。PE0.6 号のラインであれば、1.2 ～２号前後のリーダーといった具合いだ。長さは、アオリイカ狙いなら 1.5 ～２ｍでいいだろう。

また、一度使い始めたラインとリーダーは、なるべく太さを変えず、できれば年間通して使いたい。同じ太さのラインとリーダーを使い続けることで、水深の把握や潮、風の影響を感じ取る能力が鍛えられるようになる。

こちらは蛍光グリーンのラインでよく見えるようにした例。鋭い歯やヒレを持たず、またヒット後に岩に突っ込んだりしないアオリイカ相手であれば、ラインの2～3倍の号数を持つリーダーを接続すれば、バランスがちょうどよくなる。

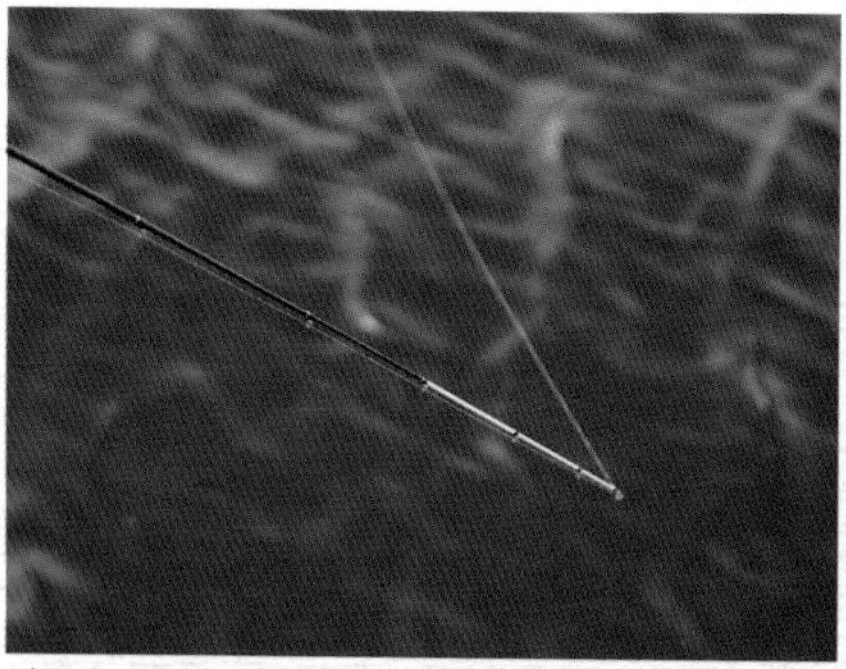

デイゲームが多いエギングで、ピンクの見えやすいラインを使うと、ここまで明確にエギのコースや現在位置がわかるようになる。

右の中指で余ったラインを固定しつつ、薬指で輪を作っている。左右5本ずつ、計10本の指全部を使うのが、理想的なノットの組み方だ。

ラインを結ぶ際のコツと注意点

どんなノットでも共通していることだが、いかに確実に、そして早く結べるかが重要だ。そのためには、ラインをしっかり固定すること、そして余ったラインを的確に処理すること。この2点ができているかどうかで、かなり差がついてくる。

具体的には、左右５本ずつの指、計10本をフル活用したい。釣りに限らず、ヒモ状のものを互いに結ぶという作業には、通常であれば左右の親指と人差し指の、計４本の指しか使わないだろう。だがもし、メインとなる結束作業の最中、余ったラインや動かしたくない部分をほかの指で押さえておくことができれば、効率はさらにアップするはずだ。

中指、薬指、そして小指までフルに使って結べるようになれば、ノットの達人と呼ばれる日も遠くない。

ノーネームノット PEラインとリーダーを接続。結節強力とキャスティング時の抜けを両立

❶リーダーで8の字を作る

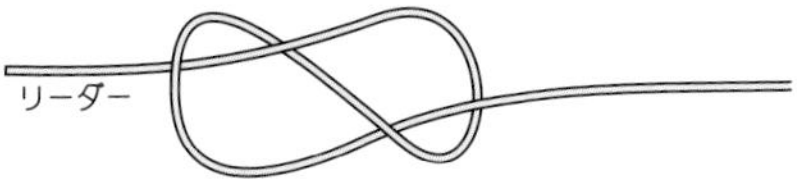

❷PEの端線を、8の字部分の下側から入れ、下側から抜く

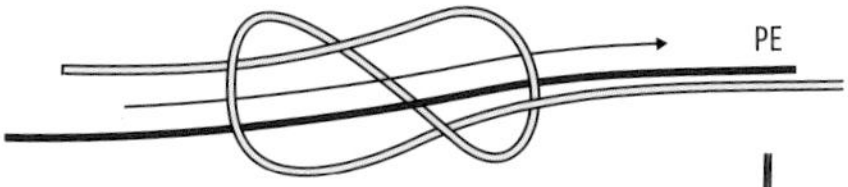

❸PEをリーダーに密に8回巻き付け、9回目にハーフヒッチで仮止めする

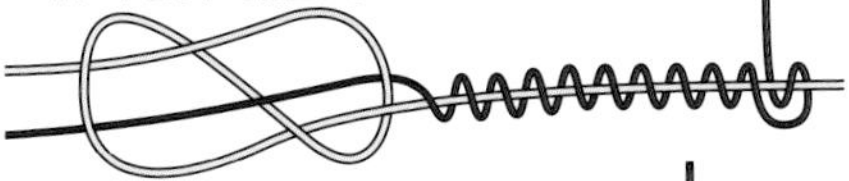

❹ハーフヒッチしたPEを軽く締める

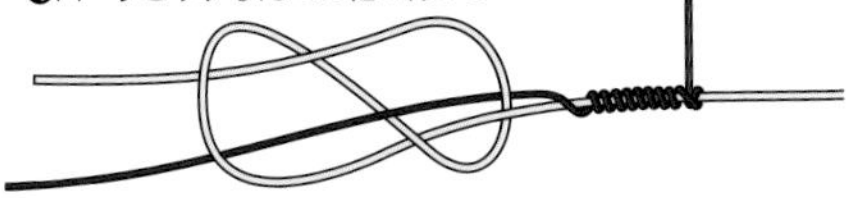

❺PEを同じ向きでリール側に向かって最初のPEの上に8回巻き付ける

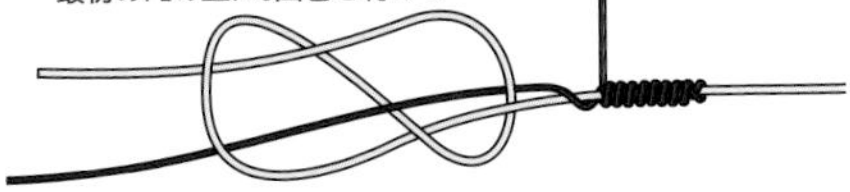

❻手順❷と同じ方向で逆からPE端線を通す。リーダーの端線側は3本になる

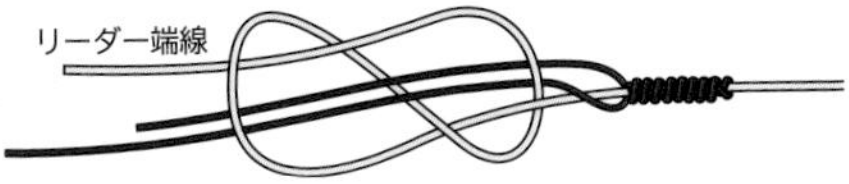

❼リーダーの8の字を先に締める

❽リーダーの根元部を口で咥え、PE2本とリーダーの先端部を3方向に締める

❾メインのPEとリーダーを束ね、PEの先端部を左右交互に計8回編み付ける

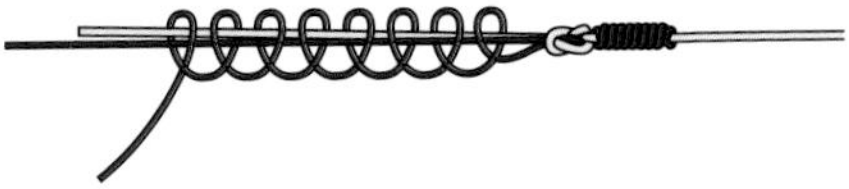

❿リーダーの根元部の余分をカット

⓫メインのPEにPE端線を左右交互に計4回編み付ける

⓬PEの余分をカットして完成

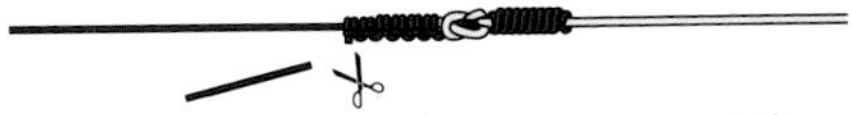

アドバイス

- リーダーはカットせず、引っ張った状態にすると作業がしやすい。
- リーダーやPEを締め込む時はツバなどで濡らす。
- PEをリーダーに巻き付ける時は8の字部分を指で固定する。

結節強度を知ろう

同じイトとイト、イトと金具を結ぶためのノットでも、結び方が違うと、その強さに違いが出てくる。このノットがどのくらい強いかという数値を、結節強度と呼ぶ。

前のページで紹介した電車結びの場合、結節強度は約55%。それぞれのイトが切れる負荷の約55%がかかると、結節部分が切れたり、ほどけたりする可能性がある。

これが、こちらで紹介するノーネームノットの場合、約80%までアップする。電車結びに比べてやや難易度は高いが、何度か練習すればすぐ習得できるはずだ。

なお、リーダーと金具を接続するブリンソンノットの結節強度は約95%と、リーダーの強度をほとんど損なうことがないことも、ここで付け加えておこう。

FGノット【ラインとリーダーの結束】

現場で簡単に作れる定番の結束方法

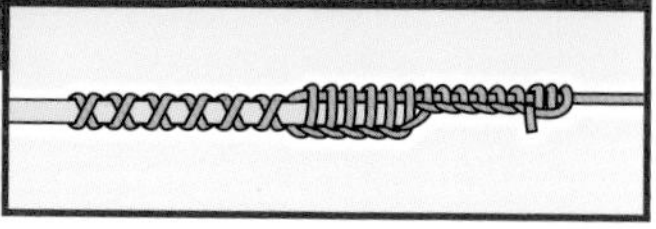

ガイドの干渉がなければ、キャストのストレスも減り、飛距離・精度とも大幅にアップする。

PEラインをリーダーに編み込むようにして結束強度を確保するFGノットは、結び目がきわめて小さく、キャスト時にロッドのガイドとほとんど干渉しないという強みを持つ。少々コツがいるが、必ず覚えておきたいノットだ。

ワンポイントアドバイス

リーダーへPEラインを編み込むように巻きつけることで強度を確保するFGノットを組む際、編み込んだあとにリーダーへ被せるハーフヒッチ部分は、ぐるぐる巻くだけでもいい。リーダーの余ったぶんが横に飛び出さないよう押さえる役割を果たせば、それで済むからだ。ただしPEライン本線へ巻き込むときは、5～6回のハーフヒッチをしっかりと掛け、最後に2～3回のハーフヒッチで締めくくることをお忘れなく。

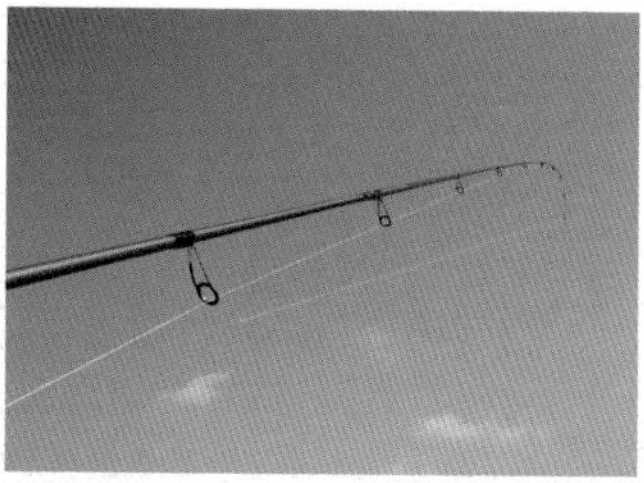

エギングロッドのガイドは、軽量化や感度の確保のため、内部の径が小さめになっているものが多い。できればこの中を、ノットの結び目をひっかけずに通過させたい。

結び方のコツ

FGノットは、リーダー側で編み込んでいくという別の方法で組むこともできる。この場合、1回編み込むごとにリーダーを強めに引き、編み込み部分が重ならないようにしよう。PEラインのテンションを保持するのがコツだ。

数々の利点を持つ定番ノット

FGノットの特徴は、リーダーにPEラインを編み込むようにして、結束強度を確保している点だ。単にぐるぐる巻きにしたものより、同じ面積に巻きついているPEラインが長いため、少ない編み込みでも十分な強度が確保できるのが特徴だ。

また、太いリーダーを折り曲げたり、結びコブを作る必要がないため、全体の結び目が非常に細いという利点もある。結び目が小さければ、キャスト時にガイドを通過する際の干渉も小さくなるため、ルアーの飛距離はそれだけ伸びるし、ライントラブルも減る。また、ラインとリーダーの太さが極端に違う場合も、問題なく接続できる。

エギングはもとより、ライトゲームからオフショアのジギングまで、なんにでも使えるノットといえる。

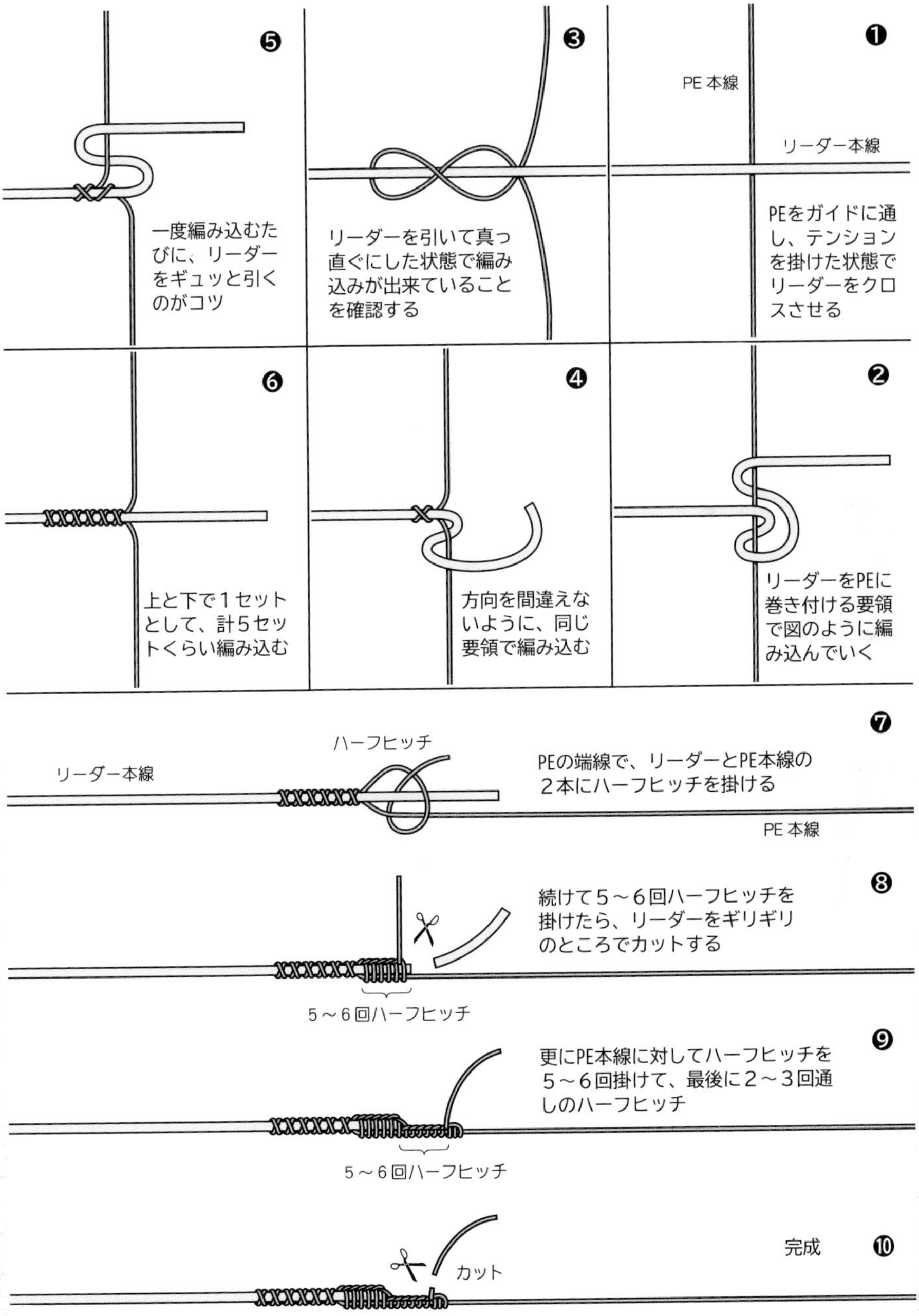
❶
PE本線
リーダー本線
PEをガイドに通し、テンションを掛けた状態でリーダーをクロスさせる
❷
リーダーをPEに巻き付ける要領で図のように編み込んでいく
❸
リーダーを引いて真っ直ぐにした状態で編み込みが出来ていることを確認する
❹
方向を間違えないように、同じ要領で編み込む
❺
一度編み込むたびに、リーダーをギュッと引くのがコツ
❻
上と下で１セットとして、計5セットくらい編み込む
❼
ハーフヒッチ
リーダー本線
PEの端線で、リーダーとPE本線の２本にハーフヒッチを掛ける
PE本線
❽
続けて５～６回ハーフヒッチを掛けたら、リーダーをギリギリのところでカットする
５～６回ハーフヒッチ
❾
更にPE本線に対してハーフヒッチを５～６回掛けて、最後に２～３回通しのハーフヒッチ
５～６回ハーフヒッチ
完成
❿
カット

ゼロから始める エギング入門

2021年8月27日　初版発行

STAFF

監　　修	中村正樹	執筆取材協力	岡田　学
編　　集	菅田正信		郡山善充
	関　正則		杉原正弘
カバー＆デザイン	田村たつき		鈴木　仁
イラスト	冨岡　武		広川嘉孝
	廣田雅之		広瀬達樹
			山本博勝

編集人／佐々木正和
発行人／杉原葉子
発行所／株式会社コスミック出版
〒154-0002　東京都世田谷区下馬6-15-4
代　表　TEL 03-5432-7081　FAX 03-5432-7088
振替口座：00110-8-611382　C0076
http://www.cosmicpub.com/
印刷・製本／株式会社 光邦
ISBN　978-4-7747-9238-5